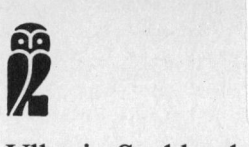

Ullstein Sachbuch

Alexander Kostjew

Schach lehren –
leichtgemacht

Ullstein Sachbuch

Ullstein Sachbuch
Ullstein Buch Nr. 34806
im Verlag Ullstein GmbH,
Frankfurt/M – Berlin
Aus dem Russischen
übersetzt von Otto Dietze

Ungekürzte Ausgabe

Umschlagentwurf:
Hansbernd Lindemann
Unter Verwendung eines Fotos von
Zefa, Düsseldorf/J. Gillmore
Alle Rechte vorbehalten
© 1986 by Sportverlag Berlin
Printed in Germany 1991
Druck und Verarbeitung:
Ebner Ulm
ISBN 3 548 34806 8

September 1991

Die Deutsche Bibliothek –
CIP-Einheitsaufnahme

Kost'ev, Aleksandr N.:
Schach lehren – leichtgemacht /
Alexander Kostjew. [Aus dem Russ. übers.
von Otto Dietze]. – Ungekürzte Ausg. –
Frankfurt/M; Berlin: Ullstein, 1991
   (Ullstein-Buch; Nr. 34806:
   Ullstein-Sachbuch)
   ISBN 3-548-34806-8
NE: GT

Vorwort

Der Sportverlag veröffentlichte 1985 erstmalig die „Schachlehre" von Dr. Ernst Bönsch. Mit diesem Werk wurde der – gelungene – Versuch unternommen, die Grundlagen des Schachsports (Geschichte, Theorie, Klassifizierung u. a. m.) darzulegen und die pädagogischen Aspekte des Schachunterrichts zu erläutern. Damit liegt ein Buch vor, das in der internationalen Schachliteratur einmalig sein dürfte. Da es jedoch unmöglich ist, in einem Buch sowohl die Probleme der Schachtheorie und ihrer Methodik als auch die Probleme der Praxis erschöpfend zu behandeln, Anleitungen dieser Art – praxisorientierte Lehrmaterialien – für eine Ausbildung aber dringend benötigt werden, folgte ich gern der Bitte des Sportverlags, eine zusammenfassende Darstellung auf der Grundlage früher erarbeiteter Bücher (Der Schachzirkel, 1980; Schachunterrichtsstunden, 1984) zu erarbeiten. Dort hatte ich konkrete methodische Empfehlungen zu grundlegenden Themen der Ausbildung junger Schachspieler gegeben, abgeleitet aus meinen langjährigen Erfahrungen und der bewährten Praxis in der UdSSR. Zugrunde lag beispielsweise das Programm, das ich im Auftrag des Ministeriums für Volksbildung der UdSSR für die Schachsektionen der Schulen und Pionierhäuser erarbeitete.

Mir ging es ganz wesentlich darum, Übungsleitern und Trainern anwendungsbereites Wissen anzubieten, denn erfahrungsgemäß gibt es gerade bei dieser für das Schachlehren so wichtigen Personengruppe zumeist Schwierigkeiten mit der Auswahl und Auf-

bereitung des zu vermitteln-
den Lehrstoffes. Ihnen wird
dieses Buch bestimmt helfen.
Die hier aufgenommenen
Lehrbeispiele sind durchgän-
gig getestet, wurden mit Kindern in der Schachschule des
Moskauer Pionierpalastes er-
probt. Es wird Übungsleitern
und Schachlehrern leichtfallen,
sich den Übungsstoff dieses
Buches anzueignen und zur
Vorbereitung ihres theoretischen und praktischen Schachunterrichts zu nutzen.
Ein besonderer Abschnitt, der
organisatorisch-methodische
Empfehlungen enthält, macht
mit den Prinzipien unseres Systems der Vorbereitung junger
Schachspieler, mit der Organisation unserer Kinderschachsektionen sowie mit dem Programm und der Stoffauswahl
für den Unterricht im ersten
und zweiten Ausbildungsjahr
bekannt.
Allen Freunden des Schachsports und vor allem den vielen an der Ausbildung des
Schachnachwuchses Beteilig-
ten wünsche ich viel Erfolg
bei ihrer verantwortungsvollen
Tätigkeit.
Mit meinem Buch hoffe ich,
das Schachlehren und damit
natürlich auch das Schachler-
nen zumindest ein wenig
leichter gemacht zu haben.

A. Kostjew

Eure Durchlaucht ziehe den Königsbauern auf das vierte Feld, von der Seite des Königsspringers aus, und setze, falls der Gegner in gleicher Weise spielt, den Springer auf das dritte Feld vor dem Königsläufer ...

(Aus „Göttinger Handschrift", 1490)

ERSTES KAPITEL

Allgemeines über das Schachspiel

1. Wo, wann, wie

Über den Ursprung des Schachspiels gibt es verschiedene Deutungen, aber die meisten Forscher sind sich darin einig, daß das Spiel in Indien in der Mitte des 6. Jahrhunderts entstanden ist. In der alten indischen Literatur finden sich viele Schachlegenden – eine sei hier wiedergegeben.

Der König und der Weise

Ein habgieriger und grausamer König, der viele Länder erobert und an sich gerissen hatte, dünkte sich als der mächtigste Eroberer. Deshalb geriet er in Zorn, als ihm die Worte eines armen Weisen zu Ohren kamen, daß ein König ohne sein Volk nicht einen Sieg erringen könnte. Der König befahl den Weisen in sei-

nen Palast und verkündete ihm: „Wenn Du Deine Worte nicht beweisen kannst, wirst Du hingerichtet. Eine Nacht sei Dir zum Überlegen vergönnt."

Der Beweis für seine Behauptung gereichte dem Weisen zur Ehre: Er überbrachte dem König ein originelles Spiel, das Schachspiel, dessen Regeln überzeugend darlegen, daß ein König ohne Hilfe seiner Figuren (das Volk) keine Partie zu gewinnen vermag.

Dem König gefiel das Schachspiel so, daß er dem Erfinder vorschlug, sich eine Belohnung zu wünschen. Wie verwundert war er allerdings, als der Weise weder Gold noch Edelsteine haben wollte, sondern lediglich Weizenkörner! Genauer gesagt, der Weise verlangte ein Weizenkorn auf das erste Schachfeld, zwei auf das zweite, vier auf das dritte, acht auf das vierte und so fortlaufend immer das Doppelte an Weizenkörnern.

Der König glaubte, einige Säcke Weizen würden reichen, und befahl seinen Dienern, die geforderte Weizenmenge auszurechnen. Es stellte sich jedoch heraus, daß eine solche Menge nicht vorhanden war, selbst wenn die Ernte der ganzen Welt zur Verfügung stünde. So war, wie die Legende schließt, der hochmütige Herrscher wiederum beschämt.

Selbstverständlich ist das Schachspiel keineswegs von einem Menschen allein erfunden worden, vielmehr stellt es das schöpferische Ergebnis vieler dar. Nachdem es im Osten entstanden war, verbreitete es sich in allen Teilen der Welt.

2. Tschaturanga

Bis zur Herausbildung der modernen Form des Schachspiels verging eine lange Zeit. In der Urform wurde es von vier Personen gespielt. Die Spielidee bestand nicht in der Mattstellung des Königs, sondern in der Vernichtung der Streitkräfte aller Gegner. Dabei wurden ein Spielwürfel benutzt und die Züge nach der Anzahl der geworfenen Augen ausgeführt. So zog, wenn die Zahl 2 fiel, der Turm, bei der 3 der Springer, bei der 4 der Läufer usw.

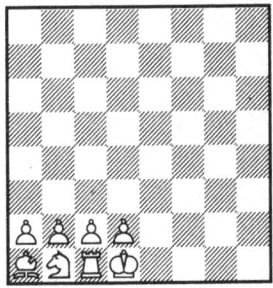

Es wurde Tschaturanga (vier Truppenteile) genannt und entstand in Nordindien nicht später als im 5. Jahrhundert.

3. Schatrandsch

Um die Wende vom 6. zum 7. Jahrhundert wandelte sich das Tschaturanga mit dem Schatrandsch (oder Tschatrang) zu einem Spiel für zwei

Gegner, das äußerlich dem heutigen Schach ähnlich war, aber nach anderen Regeln gespielt wurde.

Im Schatrandsch gab es keine Rochade, keinen Doppelschritt des Bauern, der nur in eine Dame umgewandelt werden durfte. Die Dame war nur eine schwache Figur und konnte lediglich ein Feld auf einer Diagonale ziehen. Der Läufer besaß noch nicht die Langschrittigkeit und bewegte sich, über Figuren oder Bauern springend, auf das übernächste Feld. Nur König, Turm und Springer zogen nach den modernen Regeln. Als Gewinn galt im Schatrandsch nicht nur das Matt, sondern auch das Patt. Außerdem war der Spieler Sieger, der alle gegnerischen Steine geschlagen hatte, selbst wenn die stärkere Seite zu diesem Zeitpunkt lediglich eine Figur oder einen Bauern besaß.

Im 9. Jahrhundert tauchte sogar eine spezielle Literatur über das Schatrandsch auf.

4. Tabijen

Durch das langwierige einleitende Spiel im Schatrandsch kam es zur Schaffung von Tabijen – zu ausgedachten Stellungen mit etwa gleichen Chancen für beide Seiten. Gewöhnlich begannen die Partien der Meister des Schatrandsch mit Tabijen.

Hier haben wir die Tabija „die Geflügelte" vor uns, eine Ausgangsstellung nach 12 Zügen. Sie ersann Abdulfarandsch Ladschladsch, der führende Theoretiker des Schatrandsch (er starb etwa um 970). Seiner Meinung nach ist der Vorstoß der Bauern g und h der beste strategische Plan für Weiß. Interessant ist, daß Jacques Mieses, der eine Reihe von Partien nach den Regeln des Schatrandsch spielte, die „Geflügelte" im Jahre 1911 untersucht hat. Er hielt den von Ladschladsch vorgeschlagenen Plan einfach für großartig.

9

5. Die Schachnotation

Das Schachspiel besitzt eine glückliche Besonderheit: Mit Hilfe eines speziellen Systems der Felderbezeichnung kann man den „Lebensweg" jeder Schachpartie beschreiben. Die Schachnotation beruht auf dem algebraischen Prinzip, besteht also aus Buchstaben und Ziffern, wobei jedes Feld als Schnittpunkt von Horizontalen, Reihen genannt, und Vertikalen, Linien genannt, aufgefaßt wird. Die Reihen werden mit Ziffern, die Linien mit Buchstaben des lateinischen Alphabets bezeichnet.

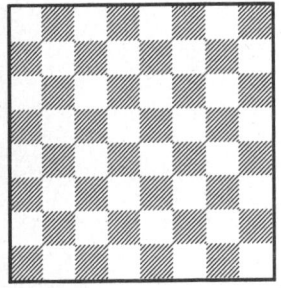

Die Figuren werden nur durch ihre Anfangsbuchstaben gekennzeichnet: K – König, D – Dame, T – Turm, L – Läufer, S – Springer, die Bauern nur durch die Koordinaten der Felder. Weiterhin finden folgende zusätzliche Zeichen Verwendung: + (Schach), : (Schlagen), ! (starker Zug), ? (schwacher Zug), 0–0 (kurze Rochade), 0–0–0 (lange Rochade).

Aus dem klassischen Erbe

Philidor-Verteidigung
Morphy–Konsultanten
Paris 1858

Die Schachlaufbahn des Amerikaners Paul Morphy war ungewöhnlich: Innerhalb von zwei Jahren (1857–1859) besiegte er die besten Schachspieler der Welt, dann zog er sich vom praktischen Spiel zurück. Seine berühmteste Partie spielte Morphy während einer Vorstellung des „Barbiers von Sevilla". Morphys Gegner waren Herzog Karl v. Braunschweig und Graf Isouard.
1.e4 e5 2.♘f3 d6 (diese Verteidigung wurde von dem bedeutenden französischen Schachspieler Philidor, 1726–1795, eingeführt und trägt seinen Namen) **3.d4 ♗g4?** (die Konsultanten greifen sogleich zu Beginn fehl; richtig ist 3. … ♘d7 oder 3. … ♘f6) **4.de! ♗:f3** (4. … de verbietet sich wegen 5.♕:d8+ ♔:d8 6.♘:e5) **5.♕:f3 de 6.♗c4**

Weiß geht als erster zum Angriff über – die Folgen von 3. ... ♗g4?

6. ... ♘f6? (eine weitere Ungenauigkeit – besser war 6. ... ♕e7; Schwarz sieht nicht den drohenden Doppelangriff) **7.♕b3! ♕e7 8.♘c3** (natürlich konnte Weiß einen Bauern gewinnen, aber Morphy wollte nicht die Damen tauschen: 8.♕:b7 ♕b4+) **8. ... c6 9.♗g5 b5??**

Der Herzog und der Graf zeigen unangebrachte Aktivität und denken überhaupt nicht an die Figurenentwicklung. Gespielt werden mußte 9. ... ♕c7. Jetzt greift Morphy energisch an.

10.♘:b5! cb 11.♗:b5+ ♘bd7 12.0-0-0!
Ein Zug von ungewöhnlicher Stärke. Die lange Rochade ermöglicht es dem Anziehenden, augenblicklich die Dame und den Turm in den Kampf zu führen und gleichzeitig den eigenen König in Sicherheit zu bringen; außerdem steht auch jetzt der Königsturm bereit, jederzeit in den Angriff einbezogen zu werden.

12. ... ♖d8

13.♖:d7. Mit diesem Opfer verschafft Morphy seinen Figuren die völlige Überlegenheit im entscheidenden Kampfabschnitt und fädelt, nachdem die gegnerischen Streitkräfte gebunden sind, eine feine Kombination ein:
13. ... ♖:d7 14.♖d1 ♕e6 15.♗:d7+ ♘:d7 16.♕b8+ ♘:b8 17.♖d8 matt.
Das Verdienst, die algebraische Notation erfunden zu haben, kommt dem im 18. Jahrhundert lebenden syrischen Schachspieler Philipp Stamma zu. Die moderne Art der Notation wird seit dem Jahre 1784 angewandt, nachdem sie Moses Hirschel vervollkommnet hatte. In letzter Zeit geht man immer häufiger dazu über, in Schachbüchern anstelle der Buchstaben die Symbole der Figuren und Bauern zu verwenden.

11

6. Wiederholen wir die Regeln!

Es wird erzählt, daß Capablanca einmal bei einer Simultanveranstaltung ein Gegner auffiel, der nicht einen Springerzug ausgeführt hatte. Es stellte sich dann heraus, daß dieser Spieler die Gangart des Springers einfach gar nicht kannte!

Diese Anekdote bringt mir die folgende Stellung in Erinnerung, die aus einer Partie zwischen zwei jungen Spielern der Leistungsklasse 3 stammt.

Die schwarze Stellung (Klimenok–Sanozki 1979) ist schlechter, denn der Turm auf a8 ist angegriffen, und auch dem Springer auf e5 droht Gefahr. Schwarz fand gegen keine der Drohungen eine Verteidigung und gab die Qualität (1. ... 0–0). Hätte er jedoch die lange Rochade ausgeführt, wäre ihm das Opfer erspart geblieben. Aber Wolodja Sanozki hatte in jenem Moment nicht gewußt, daß ein angegriffener Turm in die Rochade einbezogen werden darf.

Es erweist sich also durchaus als nützlich, die Regeln zu wiederholen. Hier einige Fragen: Was bedeutet Schlagen im Vorübergehen? Wie geschieht die Umwandlung eines Bauern in eine Figur? Wann darf man rochieren und wann nicht? Was ist unter Patt zu verstehen? Welchen Wert besitzt eine Schachfigur? Wieviel Damen dürfen sich auf einem Schachbrett befinden?

7. Dame gegen König

Die Dame ist die stärkste Figur; deshalb läßt sich mit ihr der alleinige König rasch matt setzen. Einprägen muß man sich nur, daß die Dame mit ihrem König zusammenwirkt und daß die Gefahren eines Patts nicht übersehen werden dürfen.

1.♛g5 (das Stadium der Einengung beginnt – das typische

Verfahren für alle Arten des Mattstellens eines alleinigen Königs) **1. ... ♔d4! 2.♔b3** (das übereinstimmende Vorgehen der weißen Figuren verbürgt den Erfolg) **2. ... ♔d3** (falls 2. ... ♔e4, würde folgen 3.♔c3 ♔f3 4.♔d3 ♔f2 5.♕g4 ♔f1 6.♔e3 ♔e1 7.♕e2 matt) **3.♕f4 ♔e2 4.♔c3 ♔e1**

8. Turm gegen König

Der Turm besiegt leicht den König. Durch das ungleiche Kräfteverhältnis verbleibt der schwächeren Seite keinerlei Rettungschance. König und Turm treiben mühelos den gegnerischen König in eine Ecke des Brettes.

5.♕h2. Ein grober Fehler wäre 5.♕f3? – patt. In solchen Situationen ist es am besten, den König auf der letzten Reihe abzuschneiden (eine pattverhütende Maßnahme!) und dann einfach den eigenen König heranzuführen. **5. ... ♔f1 6.♔d3 ♔e1 7.♕e2 matt.** Obgleich ein solches Verfahren der Mattführung ein paar Züge mehr erfordert, bewahrt es dafür die Schachanfänger vor Pattenttäuschungen.

1.♔b2 ♔d5 2.♔c3 ♔c5 3.♖h5+. Stehen sich die Könige gegenüber, führt ein seitliches Schach zum Raumgewinn. **3. ... ♔d6 4.♔c4 ♔e6** (4. ... ♔c6 5.♖h6+) **5.♔d4 ♔f6 6.♔e4 ♔g6 7.♖f5 ♔g7 8.♔e5 ♔g6 9.♔e6 ♔g7 10.♖g5+**

13

Falls jetzt 10. ... ♔f8, gewinnt Weiß mit dem typischen Abwartezug: 11.♖g6! ♔e8 12.♖g8 matt; auf 10. ... ♔h8 geschieht 11.♔f7 ♔h7 12.♖h5 matt; nach 10. ... ♔h7 funktioniert das gleiche Verfahren – 11.♔f7 ♔h6 12.♖f5 ♔h7 13.♖h5 matt. Übrigbleibt 10. ... ♔h6, jedoch nach 11.♔f6 ♔h7 12.♔f7 ♔h6 13.♖f5 ♔h7 setzt Weiß 14.♖h5 matt.

9. Das Läuferpaar gegen den König

Die Läufer jagen den König in jede beliebige Brettecke. Die Methode der Einengung ist äußerst einfach.

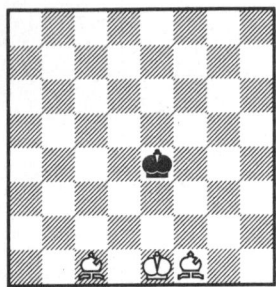

1.♔f2 ♔d4 2.♗d2 ♔e4
3.♗e3 ♔d5 4.♔f3 ♔e5
5.♗d3 ♔d5 6.♔f4 ♔e6
7.♗e4 ♔d6 8.♔f5 ♔e7
9.♗f4 ♔d7 10.♔f6 ♔e8
11.♗f5 ♔d8 12.♗e6 ♔e8
13.♗c7 ♔f8 14.♗d7 ♔g8
15.♔g6 ♔f8 16.♗d6+ ♔g8
17.♗e6+ ♔h8 18.♗e5 matt.

10. Läufer und Springer gegen den König

Die Mattführung mit Läufer und Springer bewältigen Anfänger nicht, jedoch lösen erfahrene Spieler der Leistungsklasse 3 erfolgreich diese Aufgabe. Hierbei reicht es allerdings noch nicht zum Gewinn, den gegnerischen König in eine beliebige Ecke zu drängen, vielmehr muß es ein Eckfeld sein, das der Läufer beherrscht.

Weiß hat die Aufgabe, den schwarzen König auf das Feld a8 zu treiben. 1.♘f7+ ♔g8 2.♗e4! Ein typisches Verfahren zum Tempogewinn. 2. ... ♔f8 3.♗h7 ♔e8 4.♘e5! Noch ein erprobtes Verfahren, denn es muß vermieden werden, daß der schwarze König über die Felder d8, c7, b6 seinem Gefängnis entflieht. Die Falle schnappt, wie vorgesehen, rechtzeitig zu. 4. ... ♔d8 (schlechter wäre 4. ... ♔f8

14

5.♘d7+ ♔e8 6.♔e6 ♔d8
7.♔d6 ♔e8 8.♗g6+ usw.)
5.♔e6 ♔c7 6.♘d7 ♔c6

7.♗d3! Jetzt befindet sich der schwarze König auf dem Damenflügel in sicherem Gewahrsam. 7. ... ♔c7 8.♗e4 ♔d8 9.♔d6 ♔e8 10.♗g6+ ♔d8 11.♗h5! Wieder ein Tempogewinn. 11. ... ♔c8 12.♘c5! Erneut das bekannte Springermanöver. 12. ... ♔d8 13.♘b7+ ♔c8 14.♔c6 ♔b8 15.♗g4 ♔a7 16.♔c7 ♔a6 17.♗e2+ ♔a7

18.♘d6! Und nun geht Weiß zur Lösung der Hauptaufgabe über – der Umgruppierung

für die Endphase. 18. ... ♔a8 19.♗b5! (ein Tempo!) 19. ... ♔a7 20.♘c8+ ♔a8 21.♗c6 matt!

In einem wirklichen Endspiel wird natürlich die Zugfolge der Mattführung etwas anders sein, aber die grundlegenden Spielverfahren bleiben die gleichen: Treiben des Königs auf das vom Läufer beherrschte Eckfeld, Tempogewinn durch den Läufer, Umgruppierung vor der Endphase.

11. Fachausdrücke und Begriffe

Eine Schachpartie besteht aus einem Anfangsteil (Eröffnung), einem Mittelteil (Mittelspiel) und dem Schlußteil (Endspiel). Natürlich gibt es Ausnahmen, zum Beispiel, wenn durch einen groben Fehler eine Partie bereits in der Eröffnung endet.

Spannende Auseinandersetzungen gibt es in jedem Stadium der Partie, und wenn auch jeder Partieteil seinen eigenen Gesetzen unterliegt, so stehen sie dennoch alle untereinander in einer Wechselbeziehung. Die Schachstrategie (so wird die gesamte Planung der Handlungen während eines Spiels genannt) und die Schachtaktik (Wahl der verschiedenen Verfahren, die in den konkreten Spielsituationen zur Erreichung eines Zieles eingesetzt werden) sind sowohl in der Eröffnung als auch im Mittelspiel und im Endspiel eng miteinander verknüpft.

Die Methoden der Kampfesführung in einer Schachpartie bedingen sich gegenseitig. In gewissen Spielmomenten gebührt dem ruhigen Positionsspiel der Vorzug, doch wenn der Kampf zwischen den Gegnern entbrannt ist, werden kombinatorische Verwicklungen bevorzugt.

Eine Reihe von Fachausdrükken gilt es zu beachten:

Variante – eine Serie logisch miteinander verbundener Züge;

Zusammenwirken der Figuren – die zielgerichtete Aufstellung der Figuren, einer einheitlichen Idee untergeordnet;

Abwartezug – ein Zug, in dessen Ergebnis die Stellung im wesentlichen unverändert bleibt, aber der anderen Seite die Zugpflicht auferlegt wird;

der Anzug – das Recht des ersten Zuges;

Initiative – das aktive Vorgehen, das auf die Schaffung von Drohungen für den Gegner, die Einengung seiner Stellung und die Lahmlegung der Beweglichkeit seiner Figuren gerichtet ist;

kombinatorischer Blick – die Fähigkeit, eine Kombinationsmöglichkeit frühzeitig zu erkennen;

Kompensation – das Erreichen bestimmter Vorteile auf Kosten gewisser Zugeständnisse, wobei die Kompensation sowohl materieller als auch positioneller Art sein kann;

Konsolidierung – Festigung der Stellung, Vereinigung der Kräfte vereinzelter Figuren;

Gegenspiel – Gegenmaßnahmen als Antwort auf gegnerische Operationen;

Manöver – einige Züge mit Figuren oder mit einer Figur zur Erreichung eines bestimmten Zieles;

Stellungsbewertung – Erkennen der Besonderheiten und Möglichkeiten einer Stellung;

Zugumstellung – Veränderung der Zugfolge in einer feststehenden Variante;

„schlechte Figur" – eine Figur, deren Beweglichkeit und Kampfstärke verringert ist;

Bauernkette – Bauern gleicher Farbe, die auf einer Diagonale stehen und sich gegenseitig verteidigen;

schwaches Feld – ein Feld, das von einer gegnerischen Figur besetzt und nur durch eine Schwächung der eigenen Stellung vertrieben werden kann;

folglich ist ein eigenes schwaches Feld für den Gegner ein starkes;

Tempo – Bezeichnung des Zeitfaktors im Schach; ein Tempo gewinnen heißt, dem Gegner um einen Zug voraus sein;

Technik – die Beherrschung der Verfahren zur Kampfesführung in typischen Stellungen;

stiller Zug – ein Zug ohne Schach und ohne auf den ersten Blick erkennbare Drohungen;

fixieren – festigen;

forcieren – erzwingen;

forcierte Variante – eine Variante, die für einen und manchmal für beide Spieler verpflichtend ist.

Fast in allen Eröffnungen lassen sich Züge finden, die von der Theorie abweichen, aber zum Ausgangspunkt einer ganzen Kombination werden, wenn sie ein erfahrener und starker Spieler anwendet.
Michail Tschigorin

ZWEITES KAPITEL

Die Gesetzmäßigkeiten der Eröffnung

12. Drei Hauptprinzipien

Schachanfänger spielen den Partieanfang gewöhnlich nicht sehr überzeugend. Hier sind es zumeist nicht die konkreten Züge, die Schwierigkeiten hervorrufen, sondern ihr Zusammenwirken. Was sieht man nicht alles in Partien von Neulingen! Da werden unnütze Bauernvorstöße unternommen, die Dame spaziert über das ganze Brett und zeigt völlige Gleichgültigkeit gegenüber dem Schicksal des eigenen Königs. Die Mannigfaltigkeit der Möglichkeiten in der Eröffnung wirken einfach verwirrend auf unerfahrene Spieler. Früher oder später jedoch wird der Anfänger gezwungen, darüber nachzudenken, wie die Anfangsphase einer Schachpartie richtig zu spielen ist. Und hier stellt die Beach-

tung der Eröffnungsprinzipien eine wertvolle Hilfe dar.

Die Kenntnis und Befolgung von drei wichtigen Prinzipien genügt vollauf, um grobe Fehler in der ersten Zeit zu vermeiden. *Zentrum, Mobilisierung, Sicherheit* – das sind die *Grundgesetze*, von denen jetzt die Rede sein soll.

13. Das Zentrum

Das Problem des Zentrums hat die Schachspieler immer schon beschäftigt. Vor langer Zeit war man der Auffassung, daß der Spieler, der die Zentralfelder (e4, d4 oder e5, d5) besetzt, die Wege zu einem schnellen Sieg findet. Die moderne Schachtheorie schließt sich durchaus nicht einem so unbedingten Urteil an, bestreitet aber auch nicht das erste Eröffnungsprinzip: *Das Wich-*

tigste in der Eröffnung ist das Zentrum. Deshalb muß man danach streben, das Zentrum mit Bauern zu besetzen und die Figuren in Richtung Zentrum zu entwickeln (zu ziehen).

Aus dem klassischen Erbe
Italienisch

In einem Manuskript, bekannt unter dem Namen „Pariser Traktat" (1623), des im 17. Jahrhundert lebenden italienischen Schachspielers Gioacchino Greco wird eine eingehende Untersuchung einer der Eröffnungsvarianten angeführt, die überzeugend die Stärke und Zielstrebigkeit eines Angriffs zentralisierter Figuren und Bauern zeigt. **1.e4 e5 2.♘f3 ♘c6 3.♗c4 ♗c5** Auf diese Weise entwickelten die italienischen Schachspieler des 16. und 17. Jahrhunderts die Figuren. Von daher rührt auch der Name der Eröffnung – Italienische Partie. **4.c3** Der Plan des Weißen beinhaltet die Bildung eines starken Bauernzentrums. **4. ... ♘f6 5.d4 ed 6.cd ♗b4+ 7.♘c3**

Wenn Schwarz zaghaft spielt, setzt sich das weiße Bauernzentrum in Bewegung und verdrängt die gegnerischen Figuren. **7. ... ♘:e4 8.0-0** Weiß hat einen Bauern geopfert, aber dafür eine Reihe von Vorteilen erlangt: Seine Figuren stehen auf Zentralfeldern und sind bereit, einen Angriff zu beginnen. Ein derartiges Opfer wird Gambit genannt (vom Italienischen „dare il gambetto" = ein Bein stellen). **8. ... ♘:c3** (die moderne Theorie empfiehlt 8. ... ♗:c3) **9.bc ♗:c3** (so spielte man in alten Zeiten; stärker ist natürlich 9. ... d5).

10.♕b3! Kampfesrausch und Hasardangriff, völlige Gleichgültigkeit gegenüber trockenen Varianten und die grenzenlose Überzeugung, daß der hingeworfene Fehdehandschuh aufgehoben wird, kennzeichnen seit dieser Zeit die Spielführung, was voll und ganz allen Kriterien des naivromantischen Stils der italienischen Meister des 17. Jahrhunderts entspricht. Heute würde dieser Zug Befremden hervorrufen, denn moderne Analysen haben bewiesen, daß Weiß nach 10.♗a3 gewinnt, während der Damenzug bei richtiger Verteidigung (10. ... d5) Schwarz gutes Gegenspiel gibt. 10. ... ♗:a1 11.♗:f7+ ♔f8 12.♗g5! ♘e7 13.♘e5!

In diesem Zug liegt der Kern der ganzen Kombination – durch die Lähmung seiner Figuren kann sich Schwarz gegen die zahlreichen Drohungen nicht retten. 13. ... ♗:d4 14.♗g6! d5 15.♕f3+ ♗f5 16.♗:f5 ♗:e5 17.♗e6+ ♗f6

18.♗:f6 gf 19.♕:f6+ ♔e8 20.♕f7 matt.
Weiß hat natürlich zu waghalsig angegriffen und Schwarz hat sich schwach verteidigt – all das ist typisch für jene Zeit.
Jedoch auch nach dreieinhalb Jahrhunderten bleibt die von Greco ausgedachte Partie eines der hervorragendsten Beispiele dafür, welchen Vorteil die Zentrumsstrategie in der Eröffnung bietet.

14. Mobilisierung

Unter dem Begriff Mobilisierung versteht man im Schach die schnellste Entwicklung der Figuren in die gewählte Angriffsrichtung. In der Eröffnung gilt gewöhnlich das Zentrum als diese Richtung. Deshalb lautet das zweite Eröffnungsprinzip wie folgt:
Eine schnelle und völlige Mobilisierung aller Streitkräfte im zentralen Bereich bietet die Gewähr für ein erfolgreiches Spiel in der Anfangsphase der Partie.
Man darf keine planlosen Züge ausführen, mit Figuren auf der Stelle treten und die Bauern unnötigerweise ziehen. Sehr viele Partien werden wegen Nichtbefolgung dieses einfachen Prinzips verloren.

Aus dem klassischen Erbe
Morphy–Amateur

Diese Partie spielte Morphy gegen einen schwachen Spieler, und deshalb gab er ihm den Turm a1 vor. In modernen Turnieren ist es nicht erlaubt, mit Vorgabe zu spielen, weil dies keinem der Gegner von Nutzen ist.

1.e4 e5 2.♘f3 ♘c6 3.♗c4 ♗c5 4.b4!

Dieses Bauernopfer stammt von dem englischen Kapitän Evans, der es erstmalig im Jahre 1824 anwandte, und so erhielt diese Eröffnung den Namen „Evans-Gambit".

4. ... ♗:b4 5.c3 ♗a5 6.d4 ed 7.0–0

Der Sinn des Gambits liegt darin, rasch das Zentrum mit Figuren und Bauern zu besetzen und den Gegner an der Rochade zu hindern.

7. ... ♘f6 8.♗a3 ♗b6? (besser ist 8. ... d6 mit Überdeckung der Diagonale des Läufers a3; das unnütze Treten auf der Stelle von Schwarz wird rasch bestraft) 9.♕b3! d5 10.ed ♘a5

Der Angriff auf die Dame ist bereits zwecklos, denn die weiße Armee steht nach ihrer völligen Mobilisierung zum entscheidenden Angriff bereit.

11.♖e1+ ♗e6

12.de! ♘:b3 13.ef+ ♔d7 14.♗e6+ ♔c6 15.♘e5+ ♔b5 16.♗c4+ ♔a5 17.♗b4+ ♔a4 18.ab matt.

Die Ursache der schwarzen Niederlage beruht auf der Verletzung des Gesetzes der Kräftemobilisierung in der Eröffnung.

15. Sicherheit

Die wichtigste Figur in einer Schachpartie ist der König. Folglich muß man von den ersten Zügen an auf die Sicherheit des Königs bedacht sein. Die Züge sind am besten so zu wählen, daß der König bald rochieren kann. Auf keinen Fall darf man eine Figur oder einen Bauern jagen und dabei seinen eigenen, noch nicht rochierten König vergessen. Halten wir uns an das dritte Eröffnungsprinzip: *Die Sicherheit des Königs ist wichtiger als Materialgewinn!*

Aus dem klassischen Erbe

Mayet–Anderssen
Berlin 1855

Der König der Kombination –
so sprachen die Zeitgenossen
und Nachfahren von Anderssen. Adolf Anderssen kombinierte unvergleichlich. In seinen Partien spürt man wirk-
lich Angriffsgeist, Eingebung
und unbändige Energie. Die
Gegner des deutschen Mei-
sters brauchten nur in der
Entwicklung zurückzubleiben,
die Rochade zu unterlassen
oder sich zu einem Bauernge-
winn verleiten zu lassen –
schon folgten unverzüglich
Opfer, die den Figuren den
Weg für einen Königsangriff
bahnten.

1.d4 d5 2.c4 e6 3.a3? (ein völlig unnötiger Zug) 3. ... c5
4.dc ♗:c5 5.♘f3 a5
Alle Aktionen Anderssens
sind sehr konkret. Offenbar
beabsichtigte Weiß, mit dem
Zug a2–a3 einen Bauernan-
griff auf dem Damenflügel
(b2–b4) vorzubereiten. Sogleich gelänge das jedoch
nicht: 5.b4? ♗:f2+ 6.♔:f2
♕f6+ nebst 7. ... ♕:a1. Deshalb spielte Weiß 5.♘f3, aber
jetzt beeilt sich Schwarz auch,
das Feld b4 zu „versiegeln".
6.e3 ♘c6 7.cd ed 8.♗b5 ♘f6
9.♘e5?
Heute weiß jeder durch-
schnittlicher Schachspieler, daß
man mit nur zwei Figuren
nicht angreifen darf, zumal

wenn der eigene König noch
nicht rochiert hat.

9. ... 0–0!
Schnellste Kräftemobilisierung, Sicherheit für den eigenen König und das Streben
nach Initiative – das sind die
Hauptprinzipien, nach denen
Anderssen in seinen Partien
vorging.
10.♘:c6 bc 11.♗:c6

11. ... ♗a6!
Der König wird um jeden
Preis an der Rochade gehin-
dert und dann mit allen Kräf-
ten angegriffen – diese für die
Mitte des 19. Jahrhunderts
fortschrittliche Idee war das

schöpferische Credo Anderssens.

12.♗:a8 ♕:a8 13.♕f3 (Weiß wehrt die Drohung d5–d4 ab, doch jetzt erhält der schwarze Springer die Möglichkeit, mit Tempogewinn auf d3 einzufallen) **13. ... ♘d7 14.♘c3 ♘e5 15.♕:d5 ♘d3+ 16.♔d1 ♕c8** (die schwarze Dame ist in Angriffsstellung gegangen; die prosaische Variante 16. ... ♘:f2+ interessiert Anderssen nicht) **17.♔c2 ♖d8 18.♕h5 ♘f4!** Weiß gab auf in Anbetracht der Abwicklung 19.ef ♗d3+ **20.♔b3 ♕e6+ 21.♔a4 ♕c4+ 22.b4 ♗c2+ 23.♔:a5 ♖a8 matt**.

Es hat wohl kaum einen Sinn, Weiß für die antipositionellen Züge 3.a3 oder 11.♗:c6 Vorwürfe zu machen. Die richtigen Empfehlungen der heutigen Eröffnungstheoretiker sind vielfach dank solcher Fehler zustande gekommen. Was Anderssen damals intuitiv tat, ist heute schachliches Allgemeinwissen.

16. Fallen

Im Anfangsstadium einer Partie dienen die Eröffnungsprinzipien als eine Art Kompaß. Allerdings schützen diese Wegweiser nicht immer vor Riffen, also vor Fallen der verschiedensten Art, d. h. Situationen, die von einem der Spieler bewußt herbeigeführt

werden, um seinen Gegner zu einem Fehler zu verleiten. Eine solche Spielweise bringt zuweilen Erfolg, führt jedoch in vielen Fällen zur Verletzung irgendeines Eröffnungsprinzips in der eigenen Stellung, und wenn die Falle nicht zuschnappt, folgt unverzüglich die Vergeltung.

Aus dem klassischen Erbe

Anderssen–Kieseritzky
London 1851

Mit dieser Partie hat man sich auf Hunderten von Seiten in Schachzeitschriften und -büchern befaßt. Bemerkt sei nur, daß sie in den Wandelgängen während des 1. Internationalen Schachturniers in London bei den inoffiziellen Begegnungen gespielt wurde. Die Partie ist für die Spielweise der beiden Kontrahenten charakteristisch. Kieseritzky stellt die ganze Zeit kleine Fallen, doch Anderssen strebte um jeden Preis einen Entwicklungsvorsprung an, um so die Voraussetzungen für Kombinationen zu schaffen. Die Zeitgenossen nannten diese Partie die „Unsterbliche".

1.e4 e5 2.f4
Das bekannte Königsgambit, eine Eröffnung der Ritter ohne Furcht und Tadel. Um die Mitte des vergangenen Jahrhunderts war sie der (oder fast) beliebteste Spielbeginn. Heute kommt diese Eröffnung

selten vor, weil Schwarz gelernt hat, die Angriffsglut des Weißen abzukühlen.

2. ... ef 3.♗c4 ♛h4+
Schwarz verdirbt seinem Gegner die Rochade, dafür jedoch gerät seine Dame unter Beschuß durch die weißen Leichtfiguren.

4.♔f1 b5 (keinerlei Achtung vor den Bauern – Kieseritzky will den Läufer vom Punkt f7 ablenken) **5.♗:b5 ♘f6**
An und für sich ist dieser Zug nicht schlecht, aber er paßt nicht zu den bisherigen schwarzen Zügen. Jetzt bleibt die Dame am Königsflügel stecken.

6.♘f3 ♛h6 7.d3 ♘h5 (hier haben wir wieder das typische Fallenspiel vor uns; es droht 8. ... ♘g3+, das nicht widerlegt zu werden braucht und das nur die schwarze Stellung verschlechtert) **8.♘h4 ♛g5** (und wiederum eine einzügige Drohung) **9.♘f5 c6** (etwas besser war 9. ... g6).

10.g4! (von diesem Moment an versetzte Anderssen seinem Gegner Schlag auf Schlag)
10. ... ♘f6 11.♖g1! cb 12.h4 ♛g6 13.h5 ♛g5 14.♛f3 ♘g8 (es drohte 15.♗:f4 mit Damengewinn) **15.♗:f4 ♛f6**
Die Folgen des Fallenspiels werden offensichtlich: Schwarz hat nur die Dame im Spiel, aber Weiß fast alle Figuren mobilisiert. In solchen Fällen spielt Materialüberlegenheit keinerlei Rolle.

16.♘c3 ♗c5 17.♘d5!
Die weiße Stellung ist bereits so stark, daß der Anziehende den entfernten Brettabschnitten keine Aufmerksamkeit widmet. Anderssen spielt auf Matt.

17. ... ♛:b2 18.♗d6! ♗:g1

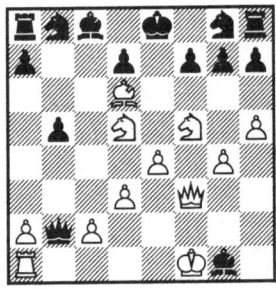

19.e5!! (die letzte Feinheit; die schwarzen Figuren sind vom Hauptkampfplatz abgeschnitten) **19. ... ♛:a1+ 20.♔e2 ♘a6 21.♘:g7+ ♔d8 22.♛f6+ ♘:f6 23.♗e7 matt.**
Die Schlußstellung begeistert alle Generationen von Schachspielern.

Speziell auf Fallen zu spielen kann also nicht empfohlen

werden. Anders verhält es sich, wenn sich eine Falle aus dem Spielverlauf heraus anbietet. Das trifft immer dann zu, wenn die eigene Stellung – selbst wenn der Gegner die Falle durchschaut – keine Verschlechterung erfährt.

Aus dem klassischen Erbe
Fine–Judowitsch
Moskau 1937

Der bekannte amerikanische Großmeister Reuben Fine war zu einer Gastspielreise in die Sowjetunion eingeladen worden, um den jungen sowjetischen Meistern seine Erfahrungen zu vermitteln. Im Turnier spielte Fine sehr erfolgreich, aber in der Partie gegen Michail Judowitsch erlitt er eine vernichtende Niederlage. Der sowjetische Meister stellte dem amerikanischen Großmeister eine heimtückische Falle.
1.d4 d5 2.c4 e6 3.♘c3 ♘f6 4.♘f3 c5 5.♗g5 cd 6.♘:d4 e5 7.♘db5
Diese Variante des Damengambits war bereits in einer der Partien Fines vorgekommen, in der Schwarz 7. ... a6 spielte und der Amerikaner mit 8.♘:d5 den Springer opferte. Jetzt folgt auf 8. ... ab das natürliche 9.♘:f6+ gf 10.♕:d8+ ♔:d8 11.♗:f6+ nebst 12.♗:h8 mit Materialvorteil für Weiß. Meister Judowitsch, der zusammen mit seinem Freund, dem späteren

Großmeister Ragosin, eine Widerlegung der Kombination von Fine gefunden hatte, spielte gelassen die ganze Variante.
7. ... a6 8.♘:d5 (Fine führte diesen Zug ohne zu überlegen aus)
8. ... ab! 9.♘:f6+

9. ... ♕:f6!!
Hier ist sie – Judowitschs Falle. Für Fine kam dieser Damenzug völlig überraschend. Weiß verliert nämlich eine Figur, weil auf 10.♗:f6 Schwarz nach 10. ... ♗b4+ 11.♕d2 ♗:d2+ 12.♔:d2 gf die Dame zurückgewinnt. Zu ebendieser Variante gestaltete sich die Partie, und Schwarz gewann rasch.

17. Das Eröffnungsrepertoire

Die Vielfalt der Schacheröffnungen jagt Anfängern oft Schrecken ein. Dutzende von Namen, Hunderte von Varianten, Tausende von Fortsetzungen ... Wie soll man sich in diesem Ozean der Schachzüge orientieren? Muß man denn, um eine Eröffnung richtig zu spielen, die ganze Masse der Schachinformationen studieren?

Natürlich nicht. Bereits gegen Ende des 19. Jahrhunderts schrieb Emanuel Lasker ein Buch, das die Schachspieler sowohl wegen seines unkonventionellen Titels „Gesunder Menschenverstand im Schach" wie auch durch den ungewöhnlichen Inhalt in Erstaunen versetzte – über ein kompliziertes Thema sprach der Weltmeister einfach, volkstümlich, zugleich aber sehr weise. Besonders den Schachanfängern riet Lasker, sich auf einige Eröffnungssysteme zu beschränken.

Die heutige Schachpädagogik vertritt ebenfalls eine solche Auffassung. Anfängern wird empfohlen, ein bis zwei Eröffnungen für Weiß und für Schwarz zu wählen, ihre Grundideen zu studieren und in der Spielpraxis mutig anzuwenden. Im Laufe der Zeit kann man das Eröffnungsrepertoire allmählich erweitern. Welche Eröffnungen sollen den Vorzug verdienen? Genaue Rezepte lassen sich hier nicht geben, jedoch erscheint es im allgemeinen für den Anfänger nützlicher, offene Spielweisen anzuwenden. Viele hervorragende Schachmeister meinen, daß jeder Vervollkommnung anstrebende Schachspieler in seiner Ausbildung der Schachgeschichte Aufmerksamkeit widmen sollte, um sich mit der Evolution der Schachideen vertraut zu machen. Die Geschichte der Schacheröffnungen begann nämlich mit den offenen Spielweisen. Deshalb ist es empfehlenswert, in der ersten Zeit die Italienische Partie und das Evans-Gambit, die Schottische Partie und das Königsgambit zu spielen. Nach und nach kann man dann in das Eröffnungsrepertoire das Zweispringerspiel, die Spanische Partie, geschlossene und halboffene Eröffnungen einbeziehen.

18. Wie soll man eine Eröffnung studieren?

Nehmen wir einmal an, daß wir uns bereits für eine Eröffnung entschieden haben, beispielsweise gefällt uns die Italienische Partie. Doch wie soll man sie studieren? Vor allem muß man ein Eröffnungsbuch zur Hand nehmen und sich die Hauptvarianten ansehen. Dabei ist es notwendig, die grundlegende Spielidee für Weiß und Schwarz in dieser Eröffnung zu verstehen. Für die Italienische Partie gilt besonders, daß Weiß einen Kampf um die Beherrschung der Zentrumsfelder und einen Angriff auf dem Königsflügel führen wird; das schwarze Gegenspiel soll auf die Schaffung fester Positionen im Zentrum, auf die Erhöhung der Sicherheit des Königs und auf die allmähliche Neutralisierung der gegnerischen Initiative gerichtet sein.

Diese allgemeinen Grundsätze sind durch konkrete Partiebeispiele, die man gewöhnlich aus Lehrbüchern, Turniersammlungen und Schachzeitschriften auswählt, zu veranschaulichen. Für Schachneulinge ist es dabei nicht notwendig, eine Fülle von Musterpartien zu kennen; einige typische Partien aus einem Eröffnungsführer reichen völlig aus, die Idee der Hauptvarianten zu verstehen. Danach muß man diese Varianten selbst spielen, die Partien aufschreiben, die Fehler analysieren und mit einem stärkeren Spieler die eigenen Partien untersuchen.

Während einer solchen schöpferischen Arbeit denkt sich gewöhnlich jeder Schachspieler eigene Fortsetzungen in den Haupt- und Nebenvarianten aus, findet häufig originelle Wege, denn das Schachspiel ist unerschöpflich, und in jeder Stellung können die unterschiedlichsten Ideen verborgen sein. So schafft sich ein Schachspieler nach und nach ein Eröffnungsrepertoire und erweitert es. Prüfen wir jetzt alles Gesagte an einem Beispiel.

19. Die Italienische Partie – Ideen und Pläne, Varianten und Beispiele

Traditionsgemäß wird empfohlen, das Studium der Eröffnungen mit der Italienischen Partie zu beginnen. Für dieses Vorgehen gibt es eine einfache Begründung. Zum einen begann nämlich die Eröffnungstheorie mit der Italienischen Partie, zum anderen lassen sich am Beispiel dieser Eröffnung strategische Ideen, typische Pläne, taktische Verfahren ziemlich einfach erklären und leicht verstehen.

Was soll nun ein Schachanfänger von der Italienischen Partie wissen? Nachfolgend ein Mindestmaß an Informationen, die den Lernenden befähigen, sich das Grundwissen über diese Eröffnung anzueignen. Im 16. Jahrhundert stand die italienische Schachschule, deren Vertreter die Mehrzahl ihrer Partien mit den Zügen 1.e4 e5 2.♘f3 ♘c6 3.♗c4 ♗c5 eröffneten, in hoher Blüte. Diese Zugfolge war auch der Grund, einen solchen Eröffnungsaufbau die Italienische Partie zu nennen. Im Verlaufe von fünf Jahrhunderten ist die Italienische Partie so gut erforscht worden, daß es in letzter Zeit als erwiesen galt, in ihr gäbe es keine unbegangenen Pfade mehr. Dennoch kam diese Eröffnung im Jahre 1981 im Weltmeisterschaftskampf vor.

In der Diagrammstellung verfügt der Anziehende über zwei Hauptpläne. Der erste enthält eine ruhige symmetrische Entwicklung, die zu gleichem Kampf führt; der zweite gründet sich auf das Bestreben von Weiß, durch Besetzung des Zentrums Eröffnungsvorteil zu erlangen. Sehen wir uns beide Pläne an.

Knorre–Tschigorin
Petersburg 1874

1.e4 e5 2.♘f3 ♘c6 3.♗c4 ♗c5 4.0–0
In den alten italienischen Handschriften wurde diese Variante „giuoco piano" (ruhiges Spiel) genannt. Weiß entwickelt einfach die Figuren und entfaltet keine Aktivitäten. Eine solche Strategie stellt

Schwarz vor keinerlei Probleme.
4. ... d6 5.d3 ♘f6 6.♗g5 h6 7.♗h4?

Eine „friedfertige" Entwicklung trägt selten gute Früchte. Notwendig war, auf f6 zu tauschen oder nach e3 zurückzugehen. Die Läuferstellung auf h4 verschafft Schwarz ein sehr wichtiges Tempo zur Organisierung eines Angriffs auf dem weißen Königsflügel.
7. ... g5! 8.♗g3 h5!
Schwarz hat sich eine prächtige Kombination ausgedacht, die darauf beruht, daß der weiße König frühzeitig seine Position festgelegt hat.
9.♘:g5
Knorre verfolgt seinen Hauptplan, sollte aber lieber 9.h4 antworten und versuchen, den Angriff der schwarzen Figuren (9. ... ♗g4 10. ... ♕d7 11. 0–0–0 usw.) abzuwehren.
9. ... h4! 10.♘:f7

10. ... hg! (Schwarz spielt auf
Matt) **11.♘:d8** (falls 11.♘:h8,
so 11. ... ♛e7) **11. ... ♗g4!**
12.♛d2 ♘d4! (es droht zwei-
zügiges Matt – 13. ... ♘e2+
nebst 14. ... ♖:h2 matt)
13.♘c3 ♘f3+! (ein elegantes
Finale) **14.gf ♗:f3.** Weiß gab
auf, da es keine Verteidigung
gegen das Matt gibt.

Schiffers–Harmonist
Frankfurt am Main 1887

**1.e4 e5 2.♘f3 ♘c6 3.♗c4
♗c5 4.c3**
Weiß beginnt den Kampf um
das Zentrum – eine sehr richtige Strategie.
4. ... ♘f6
Wie die Praxis lehrte, ist das
der stärkste Zug, der sich auf
die Idee eines Königsangriffs
im Zentrum gründet. Eine
passive Verteidigung erweist
sich als bedeutend schlechter,
was die Partie Leonhardt–Maróczy (1909) bewies: 4. ... d6
5.d4 ed 6.cd ♗b6 7.♘c3 ♘f6
8.0–0 0–0 9.♗b3 ♗g4
10.♗e3 ♖e8 11.♛d3 ♗h5
12.♖ae1 ♗g6 13.♗g5 h6
14.♗h4 ♗h5 15.♘d5 g5.

16.♘:g5 ♘:d5 17.ed hg 18.dc
gh 19.cb ♖b8 20.♛f5, und der
weitere Kampf ist zwecklos.
5.d4 ed 6.cd ♗b4+ 7.♗d2
Das ist ein Versuch, Übergewicht zu erlangen, ohne sich
zu sehr festzulegen. Die Fortsetzung 7.♘c3 führt zu einem
Gambitspiel und wird in der
nächsten Partie betrachtet.
7. ... ♗:d2+ 8.♘b:d2 d5 (unvorteilhaft ist 8. ... ♘:e4 wegen 9.d5! ♘:d2 10.♛:d2 ♘e7
11.d6! cd 12.0–0 mit Stel-
lungsvorteil) **9.ed ♘:d5**

Die entstandene Stellung wird
als annähernd gleich eingeschätzt. Weiß verfügt über die
bessere Figurenentwicklung,
jedoch hat Schwarz keine

Schwächen in seinem Lager.
10.♕b3 ♘ce7
Zu schwierigem Spiel würde
10. ... ♘a5 11.♕a4+ ♘c6!
12.♗b5 0–0 führen. Andererseits ergäbe das übereilte
Schach 10. ... ♕e7+? nach
11.♔f1 Figurenverlust für
Schwarz, da sowohl 12.♖e1
als auch 12.♗:d5 droht.
11.0–0 0–0 12.♖fe1 c6
Zu dieser Stellung äußerte
sich Lasker später, daß
„... Weiß dank des Bauern d4
ein gewisses Übergewicht besitzt ...". Dennoch sollte
Schwarz bei genauer Verteidigung über Ausgleichschancen
verfügen.
13.a4 ♕c7 (dieser Damenzug
kostet ein Tempo; eine beque-
mere Figurenpostierung
brächte das folgende Abspiel:
13. ... ♘b6 14.♗d3 ♗e6
15.♕c2 h6, und Schwarz hat
keinerlei Probleme) **14.♖ac1**
(jetzt droht 15.♗:d5) **14. ...
♘f4 15.♘g5 ♘eg6**

16.♖e8! (die ungünstige Stellung der schwarzen Figuren
ermöglicht es Schiffers, eine

typische Kombination einzuleiten)
**16. ... ♖:e8 17.♗:f7+ ♔h8
18.♗:e8 ♘e2+** (dieses Schach
mußte Weiß lange vorher berücksichtigen) **19.♔h1 ♘:c1
20.♘f7+ ♔g8 21.♘h6+ ♔f8
22.♕g8+ ♔e7 23.♗:g6 hg
24.♕:g7+ ♔d8 25.♕f8+
♔d7 26.♘e4** (krönt den weißen Angriff) **26. ... ♕d8
27.♕d6+ ♔e8 28.♘f6+.**
Schwarz gab auf.

Barczay–Portisch
1969

**1.e4 e5 2.♘f3 ♘c6 3.♗c4
♗c5 4.c3 ♘f6 5.d4 ed 6.cd
♗b4+ 7.♘c3**
Das ist die Hauptfortsetzung
in der Italienischen Partie.
Schwarz muß das Bauernopfer
annehmen, da er sonst die Eröffnungsprobleme nicht lösen
kann. Lehrreich für diesen
Plan ist die Partie Steinitz–
Bardeleben (Hastings 1895):
**7. ... d5 8.ed ♘:d5 9.0–0 ♗e6
10.♗g5 ♗e7**

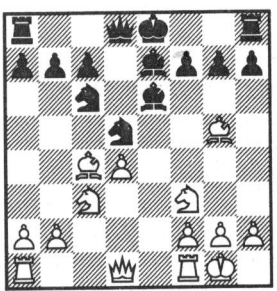

**11.♗:d5 ♗:d5 12.♘:d5 ♕:d5
13.♗:e7 ♘:e7 14.♖e1 f6**

15.♕e2 ♛d7 16.♖ac1 (stärker war 16.d5; auf den Textzug sollte Schwarz die künstliche Rochade durchführen) 16. ... c6? 17.d5! cd 18.♘d4 ♔f7 19.♘e6 ♖hc8 20.♕g4 g6. Hier unternahm Weiß eine Kombination, die den Schachspielern der nachfolgenden Generationen im Gedächtnis blieb. Nach dem einleitenden Springerschach – 21.♘g5+ ♔e8 – dringt der erste Weltmeister mit seinem Turm auf die siebente Reihe vor.

22.♖:e7+! ♔f8 (falls 22. ... ♔:e7 [22. ... ♛:e7 23.♖:c8], so 23.♖e1+ ♔d6 [23. ... ♔d8 24.♘e6+ ♔e7 25.♘c5+] 24.♕b4+ ♔c7 25.♘e6+ ♔b8 26.♕f4+ ♖c7 27.♘:c7 ♛:c7 28.♖e8 matt). In der Partie folgte 23.♖f7+ ♔g8 24.♖g7+! ♔h8 25.♖:h7+, und nach diesem Zug war der Gegner von Steinitz so verärgert, daß er das Spiel abbrach und den Saal verließ. Der Sieg wurde Wilhelm Steinitz zugesprochen, aber auch bei einer Fortsetzung des Kampfes wäre

Schwarz verloren: 25. ... ♔g8 26.♖g7+ ♔h8 27.♕h4+ ♔:g7 28.♕h7+ ♔f8 29.♕h8+ ♔e7 30.♕g7+ ♔e8 31.♕g8+ ♔e7 32.♕f7+ ♔d8 33.♕f8+ ♛e8 34.♘f7+ ♔d7 35.♕d6 matt.

7. ... ♘:e4 8.0–0 ♗:c3
Der Zug 8. ... ♘:c3 führt zu dem bekannten Angriff Grecos. Angemerkt sei nur, daß im Falle von 9.bc ♗:c3 die Fortsetzung von Keres 10.♗a3! einen sehr starken Angriff auf den schwarzen König verschafft.
9.d5! (mit diesem Zug beginnt der lange bekannte Möller-Angriff) **9. ... ♗f6** (zahlreiche Analysen haben bewiesen, daß dies der beste Zug ist) **10.♖e1 ♘e7 11.♖:e4 d** (auf 11. ... 0–0 könnte 12.d6 folgen mit Initiative für Weiß) **12.♗g5 ♗:g5 13.♘:g5 h6!**

Bis zu dieser Partie wurde in allen Theoriewerken die kurze Rochade (13. ... 0–0) empfohlen und die folgende forcierte Variante angeführt: 14.♘:h7 ♔:h7 15.♕h5+ ♔g8 16.♖h4

31

f5 17.♕h7+ ♔f7 18.♖h6
♖g8 19.♖e1 ♕f8 20.♗b5
♖h8 21.♕:h8 gh 22.♕h7+
♔f6 23.♖:e7 ♕:e7 24.♕:h6
mit ewigem Schach. Der Zug
13. ... h6 wurde getadelt, weil
man der Ansicht war, daß
Weiß nach 14.♗b5+ ♗d7
15.♕e2 ♔f8 16.♖ae1 eine
Angriffstellung erlangt.
Portisch hatte jedoch im
15. Zug eine Verstärkung vorbereitet, welche die bisherige
Einschätzung der Hauptva-
riante des Möller-Angriffs in
Zweifel zog.
**14.♗b5+ ♗d7 15.♕e2 ♗:b5!
16.♕:b5+ ♕d7 17.♕e2** (es
zeigt sich, daß ein direkter
Angriff nicht durchschlägt:
17.♖:e7+ ♔:e7 18.♖e1+
♔d8 19.♕:b7 ♖c8!, und bei
Schwarz ist alles in Ordnung)
17. ... ♔f8! (Schwarz hat alle
unmittelbaren Drohungen ab-
gewehrt und kann jetzt auf
Sieg spielen) **18.♘:f7** (dieses
Opfer wird widerlegt) **18. ...
♔:f7 19.♖e1 ♔g8! 20.♖e6
♔f8! 21.f4 ♘f6 22.♖e7
♖e8!**, und Schwarz gewann.
Die angeführten Partien haben
eine allgemeine Vorstellung
von den Hauptideen dieser interessanten Eröffnung vermittelt. Die Betrachtung der Italienischen Partie möchten wir
mit den Worten Emanuel Laskers beschließen: „Nach diesen Beispielen und Mustern
möge der Leser seine eigenen
Versuche anstellen, ohne
Furcht noch Vorurteil, mit ein

wenig Fleiß, viel Humor und
dem Streben, die Prinzipien
gewissenhaft zu befolgen."

20. Partiebeispiele zum Eröffnungsrepertoire

Offene Spiele

Im folgenden werden Partien
mit solchen Eröffnungen vor-
gestellt, die im allgemeinen
Spieler mittlerer Leistungs-
stärke in ihr Repertoire auf-
nehmen.

Das *Evans-Gambit* **1.e4 e5
2.♘f3 ♘c6 3.♗c4 ♗c5 4.b4**
war eine der populärsten Eröffnungen des vergangenen
Jahrhunderts. Für den Bauern
erhält Weiß eine langanhal-
tende Initiative.
Anderssen–Zukertort, 1858:
**4. ... ♗:b4 5.c3 ♗c5 6.d4 ed
7.0–0** (möglich ist auch 7.cd
♗b4+ 8.♔f1!? mit starkem
Zentrum und Angriff anstelle
der Rochade) **7. ... d6 8.cd
♗b6.** Die „Normalstellung des
Evans-Gambits", die auch bei
5. ... ♗a5 entstehen kann, ist
erreicht. **9.d5.**
In der Partie Tschigorin–
Gunsberg, 1895, geschah
9.♘c3 ♗g4 10.♗b5 ♔f8
11.♗e3 ♘ge7 12.a4 a5 13.♗c4
♗h5 14.♔h1 ♘b4 15.d5 ♗:e3
16.fe ♔g8 17.♖c1 ♘g6
18.♗e2 h6 19.♘d4 ♗:e2
20.♕:e2 ♘a6 21.♖f3 ♘e5
22.♖g3 ♘c5 23.♖f1 ♔h7

24.♕h5, und obwohl der
weiße Angriff bedrohlich aus-
sieht, verfügt Schwarz über
Verteidigungsressourcen.
**9. ... ♘a5 10.♗b2 ♘e7
11.♗d3 0–0 12.♘c3 ♘g6
13.♘e2 c5 14.♖c1 ♖b8
15.♕d2 f6 16.♔h1 ♗c7
17.♘g3 b5 18.♘f5 b4** (stärker
ist 18. ... c4 mit ausgezeich-
netem Gegenspiel) **19.♖g1 ♗b6
20.g4 ♘e5 21.♗:e5 de
22.♖g3 ♖f7 23.g5 ♗:f5 24.ef
♕:d5 25.gf ♖d8 26.♖cg1
♔h8 27.fg+ ♔g8 28.♕h6
♕d6,** und hier sagte Weiß ein
Matt in fünf Zügen an
(29.♕:h7+ ♔:h7 30.f6+ usw.).
Tschigorin–Pillsbury, 1899:
6.0–0 Dieser Zug läßt die Las-
ker-Verteidigung zu, in der
Schwarz den Kampf in ein
gleiches Endspiel lenkt: **6. ...
d6 7.d4 ♗b6! 8.de de
9.♕:d8+ ♘:d8 10.♘:e5 ♗e6
11.♘d2 ♘e7 12.♗a3 f6
13.♘d3 ♘g6 14.♖ab1 ♔f7
15.♗d5 ♖e8 16.c4 c6
17.♗:e6 ♘:e6 18.♘b3 ♖ad8
19.♘bc1 ♖d7 20.c5 ♗c7
21.g3 ♘e5 22.♘:e5+ ♗:e5
23.♘b3 g5 24.♖fd1 ♖ed8
25.♖:d7+ ♖:d7 26.h3 ♗c7
27.♔f1 b5 28.♗b4 h5
29.♔g2 ♖d3 30.♖c1 ♘d4
31.♖c3 ♖:c3 32.♗:c3 ♘:b3
33.ab a5 34.♔f3 ♗e6 35.♔e3
g4 36.hg hg 37.♔d3 a4 38.ba
ba 39.♗b4 ♗e5 40.♗a3 ♗a1
41.♗c1 f5 42.♗a3 ♔e5 43.ef
♔:f5 44.♔e3 ♔e5 45.f4+
♔d5 46.f5 ♗e5 47.♔f2 ♔e4.**
Weiß gab auf.

Timman–Tatai, 1977: **5. ...
♗e7.** Das ist eine seltene
Fortsetzung. **6.d4 ♘a5 7.♘:e5
♘:c4 8.♘:c4 d5 9.ed ♕:d5
10.♘e3 ♕a5 11.0–0 ♘f6
12.c4 0–0 13.d5 b5 14.♘d2 bc
15.♘d:c4 ♕a6 16.♗b2 ♖e8
17.♖c1 ♖b8 18.♗e5 ♖b7
19.♖e1 ♗d7 20.d6 cd
21.♗:f6 gf 22.♘d5 ♗e6
23.♖c3 ♔h8 24.♘:e7 ♖e:e7
25.♕d4 ♔g7 26.♖g3+ ♔f8
27.♕:f6 ♔e8 28.♘e5,** und
Schwarz gab auf.

Königsgambit: **1.e4 e5 2.f4.** Neben dem Evans-Gambit war
dies die populärste Eröffnung
des vergangenen Jahrhunderts.
Tschigorin–Marshall, 1903:
2. ... ef 3.♗c4 (Läufergambit)
3. ... d5 (stärker ist 3. ... ♘f6
4.♘c3 c6 5.♗b3 d5 6.ed cd
7.d4 ♗d6 8.♘ge2 0–0 9.0–0
g5 10.♘:d5 ♘c6 11.h4 h6
12.hg hg mit gleichem Spiel)
**4.♗:d5 ♕h4+ 5.♔f1 g5 6.g3
♕h6 7.♘c3 ♘f6 8.d4 ♘c6
9.♔g2 ♗d7 10.h4 ♖g8
11.♘f3 gh 12.♘e2 h3+
13.♔f1 fg 14.♗:h6 g2+
15.♔g1 ♗:h6 16.♕d3 ♘g4
17.♖:h3 ♗e3+ 18.♔:g2
♘f2+ 19.♖g3 ♖:g3+
20.♔:g3 ♘:d3 21.cd,** und die
Partie ging in ein annähernd
gleiches Endspiel über, in
dem Weiß schließlich einen
Fehler beging und im 58. Zug
verlor.
Tschigorin–Dawydow, 1874:
3.♘f3 (Springergambit) **3. ...
g5 4.♗c4 g4 5.0–0** (Muzio-

Gambit) 5. ... gf 6.♕:f3 ♕f6
7.e5 ♕:e5 8.d3 ♗h6 9.♘c3
♘e7 10.♗d2 ♘bc6 11.♖ae1
♕f5 12.♘d5 ♔d8 13.♗c3
♖e8 14.♗f6 ♗g5 15.g4 ♕g6
16.♗:g5 ♕:g5 17.h4 ♕:h4
18.♕:f4 d6 19.♘f6 ♘e5 (richtig ist 19 ... ♖f8) 20.♖:e5 de
21.♕:e5 ♗:g4 22.♕d4+ ♔c8
23.♗e6+ ♔b8 24.♘d7+ ♔c8
25.♘c5+ ♔b8 26.♘a6+ ba
27.♕b4 matt.

Pillsbury–Tschigorin, 1903:
3.♘f3 g5 4.h4 g4 5.♘e5 (Kieseritzky-Gambit) 5. ... ♘f6
6.♗c4 (die moderne Theorie empfiehlt 6.d4 d6 7.♘d3
♘:e4 8.♗:f4 ♗g7 9.c3 ♕e7
10.♕e2 ♗f5 11.♘d2 mit Initiative für den Bauern) 6. ...
d5 7.ed ♗d6 8.d4 0–0 9.♗:f4
♘h5 10.g3 f6 11.♘d3 ♘:g3
12.♗:g3 ♗:g3+ 13.♔f1 ♕e8
14.♘c3 ♕e3 15.♕e2 ♕:d4
16.♕e4 ♕b6 17.♔g2 f5
18.♕e7 ♗d6 19.♕g5+ ♔h8
20.♖hf1 ♕d4 21.♘f4 ♖g8
22.♕h6 ♘d7 23.♗d3 ♗f8
24.♕h5 ♘f6 25.♕f7 ♗d7
26.♘h5 ♘:h5 27.♕:h5 ♕e3
28.♗:f5 ♕h3+ 29.♔f2 ♗:f5
30.♕:f5 ♗c5+ 31.♔e1
♖ae8+ 32.♘e2 ♖gf8. Weiß gab auf.

Tschewtschik–Hahnemann, 1975: 3. ... ♗e7 4.♗c4 ♘f6
5.e5 ♘g4 6.♘c3 d6 7.d4
♗h4+ (dieses Schach ist nicht gerechtfertigt; richtiger ist
7. ... de 8.de ♕:d1+ 9.♘:d1
♗e6 10.♗:e6 fe 11.h3 ♘h6,
obwohl auch hier nach
12.♗:f4 Weiß in der Partie

Bronstein–Cholmow, 1965,
Übergewicht erhielt) 8.♔f1
♘e3+ 9.♗:e3 fe 10.♕d3
♗g5 11.ed c6 (11. ... cd
12.♕e4+ ♗e7 13.♘g5!)
12.♕e4+ ♔f8 13.♖e1 g6
14.♘:g5 ♕:g5 15.♖:e3 ♕f5+
16.♖f3 ♕:e4 17.♖:f7+ ♔e8
18.♘:e4 ♘d7 19.♖e7+ ♔d8
20.♘g5 ♖f8+ 21.♘f7+.
Schwarz gab auf.

Planinc–Gligorić, 1977: 3. ...
d6 (moderne Variante) 4.d4
g5 5.h4 g4 6.♘g1 ♗h6 7.♘c3
♘c6 8.♘ge2 f3 9.♘f4 f2+
10.♔:f2 g3+ 11.♔:g3 ♘f6
12.♗e2 ♖g8+ 13.♔f2 ♘g4+
14.♗:g4 ♗:g4 15.♕d3 ♗g7
16.♗e3 ♕d7 17.♘ce2 0–0–0
18.♘g3 f5 19.♘:f5 ♖df8
20.♘:g7 ♕:g7 21.♔e1 ♘b4
22.♕c3 ♕e7 23.♕:b4 ♖:f4
24.♔d2 ♕e4 25.♖ag1 ♗f5
26.♕b3 ♖g3 27.♖h2 ♖f2+.
Weiß gab auf.

Spasski–Bronstein, 1960: 3. ...
d5 (ein anderes Abspiel der modernen Verteidigung) 4.ed
♗d6 (stärker ist 4. ... ♘f6
5.♗b5+ c6 6.dc ♘:c6 7.d4
♗d6 8.♕e2+ ♗e6 9.♘g5 0–0
10.♘:e6 fe 11.♗:c6 bc 12.0–0
♕c7 13.♕:e6+ ♔h8 mit Initiative für den Bauern) 5.♘c3
♘e7 6.d4 0–0 7.♗d3 ♘d7
8.0–0 h6 9.♘e4 ♘:d5 10.c4
♘e3 11.♗:e3 fe 12.c5 ♗e7
13.♗c2 ♖e8 14.♕d3 e2
15.♘d6! ♘f8 16.♘:f7 ef♕+
17.♖:f1 ♗f5 18.♕:f5 ♕d7
19.♕f4 ♗f6 20.♘3e5 ♕e7
21.♗b3 ♗:e5 22.♘:e5+ ♔h7
23.♕e4+. Schwarz gab auf.

Schulten–Morphy, 1857: **2. ...
d5 3.ed e4** (Falkbeer-Gegen-
gambit) **4.♘c3 ♘f6 5.d3** (stärker ist 5.♕e2 ♗f5 6.h3 h5
7.b3 mit kompliziertem Spiel)
**5. ... ♗b4 6.♗d2 e3! 7.♗:e3
0–0 8.♗d2 ♗:c3 9.bc ♖e8+
10.♗e2 ♗g4 11.c4** (richtig ist
11.♔f2) **11. ... c6 12.dc ♘:c6
13.♔f1 ♖:e2 14.♘:e2 ♘d4
15.♕b1 ♗:e2+ 16.♔f2
♘g4+ 17.♔g1 ♘f3+ 18.gf
♕d4+ 19.♔g2 ♕f2+
20.♔h3 ♕:f3+ 21.♔h4 ♘h6
22.h3 ♘f5+ 23.♔g5 ♕h5**
matt.
Bronstein–Waisman, 1976:
**4.d3 ♘f6 5.de ♘:e4 6.♘f3
♗c5 7.♕e2 ♗f5 8.♘c3**
In der Partie Spielmann–Tarrasch, 1923, spielte Weiß 8.g4
und geriet nach 8. ... 0–0! unter einen starken Angriff: 9.gf
♖e8 10.♗g2 ♘f2 11.♘e5
♘:h1 12.♗:h1 ♘d7 13.♘c3 f6
14.♘e4 fe 15.♘:c5 ♘:c5 16.fe
♕h4+ 17.♔f1 ♖f8 18.♔g1
♕d4+ 19.♗e3 ♕:e5 20.♖e1
♘d7 21.♕c4 ♔h8 22.♗e4
♖ae8 23.♗d4 ♕f4 24.♖e2
♘f6 25.♗:f6 gf 26.h3 ♖g8+,
und Weiß gab auf.
**8. ... ♕e7 9.♗e3 ♗:e3
10.♕:e3 ♘:c3 11.♕:e7+
♔:e7 12.bc ♗:c2 13.♔d2
♗a4 14.♖e1+ ♔d6 15.♘g5
♔:d5 16.♖e4 ♖e8 17.♖d4+
♔c6 18.♗e2 ♘d7 19.♗f3+
♔b6 20.♖b1+ ♔a5 21.♖:b7
h6 22.♖:c7 ♖b8 23.♘:f7
♗:f7 24.♖c:d7.** Schwarz gab
auf.

Schottisch: **1.e4 e5 2.♘f3 ♘c6
3.d4.** Eine alte Eröffnung, in
der Schwarz nicht in Schwierigkeiten geraten muß.
Aljechin–Lasker, 1914: **3. ...
ed 4.♘:d4 ♘f6 5.♘c3 ♗b4
6.♘:c6 bc 7.♗d3 d5 8.ed cd
9.0–0 0–0 10.♗g5 ♗e6
11.♕f3 ♗e7 12.♖ae1 h6
13.♗:h6 gh 14.♖:e6 fe
15.♕g3+ ♔h8 16.♕g6**, re-
mis.
Timman–Karpow, 1984:
**5.♘:c6 bc 6.e5 ♕e7 7.♕e2
♘d5 8.c4 ♗a6 9.♕e4 ♘b6
10.♘d2 0–0–0 11.c5 ♗:f1
12.cb ♗a6 13.ba ♔b7
14.♘b3 f6 15.f4 fe 16.fe ♖e8
17.♗f4 ♕h4+ 18.g3 ♕h5
19.♖c1 ♕a8 20.h4 d5 21.♕e3
g5 22.♗:g5 ♗b4+ 23.♔f2
♖hf8+ 24.♔g2 ♖:e5
25.♕:e5 ♕f3+ 26.♔h2
♕f2+.** Weiß gab auf.
Estrin–Schewetschek, 1968/69:
4.c3. (Schottisches Gambit)
**4. ... d5 5.ed ♕:d5 6.cd
♗b4+ 7.♘c3 ♗g4 8.♗e2
0–0–0 9.0–0 ♕a5 10.♗e3
♘ge7 11.♘a4 ♘g6 12.h3
♗e6 13.a3 ♗e7 14.b4 ♕d5
15.♘c3 ♕d7 16.♕a4 ♗:h3
17.d5 ♘b8 18.♘b5 ♖de8
19.gh.** Schwarz gab auf.

Zweispringerspiel im Nachzug:
**1.e4 e5 2.♘f3 ♘c6 3.♗c4
♘f6.** In dieser alten Eröffnung ist Schwarz durch den
Gegenangriff auf den Bauern
e4 bestrebt, die Initiative an
sich zu reißen. Die entstandene Stellung bietet viele

35

Möglichkeiten für Angriff und Gegenangriff.

Polerio–Domenico, 1602:
4.♘g5 d5 5.ed ♘:d5
Eine alte Variante, in der sich Schwarz freiwillig einem Angriff aussetzt. Möglich ist aber auch der scharfe Zug 5. ... ♘d4?!, der zu sehr verworrenem Spiel führt: 6.c3! b5! (oder 6. ... ♘f5 7.d4 ed 8.0–0 ♗e7) 7.♗f1 ♘:d5.
6.♘:f7! ♔:f7 7.♕f3+ ♔e6 8.♘c3 ♘e7 9.d4 c6 10.♗g5 h6 11.♗:e7 ♗:e7 12.0–0–0 ♖f8 13.♕e4 ♖:f2 14.de ♗g5+ 15.♔b1 ♖d2 16.h4 ♖:d1+ 17.♖:d1 ♗:h4 18.♘:d5 cd 19.♖:d5 ♕g5 20.♖d6+ ♔e7 21.♖g6.
Schwarz gab auf.

Arnold–Tschigorin, 1885:
5. ... ♘a5 (die Hauptvariante)
6.♗b5+ c6 7.dc bc 8.♗e2 h6 9.♘f3 e4 10.♘e5 ♕c7 11.f4 ♗d6 12.d4 0–0 13.0–0 c5 14.c3 ♖b8 15.♘a3 cd 16.♘b5 (richtig ist 16.cd) **16. ... ♖:b5! 17.♗:b5 ♕b6 18.a4 d3+ 19.♔h1 a6 20.♘c4 ♘:c4 21.♗:c4 ♗g4 22.a5 ♕a7 23.♕a4 ♗e2 24.♖e1 ♘g4 25.h3 ♕f2 26.♗d2 ♗c5 27.♗:f7+ ♖:f7 28.♕e8+ ♔h7 29.♕:f7 ♕:g2+ 30.♔:g2 ♗f3+ 31.♔f1 ♘h2** matt.

Tschigorin–Albin, 1897: **4.d4 ed 5.0–0 ♗c5** (der Max-Lange-Angriff) **6.e5 d5 7.ef dc 8.♖e1+ ♗e6 9.♘g5 ♕d5 10.♘c3 ♕f5 11.♘ce4 0–0–0 12.g4 ♕d5** (stärker ist 12. ...

♕e5 13.♘:e6 fe 14.fg ♖hg8 15.♗h6 mit kompliziertem Spiel) **13.fg ♖hg8 14.♘f6 ♕d6 15.♘ge4 ♕e5 16.f4 d3+ 17.♔g2 ♕d4 18.c3!** Schwarz gab auf.

Kapengut–Antoschin, 1965:
4.d4 ed 5.0–0 ♘:e4 6.♖e1 d5 7.♗:d5 ♕:d5 8.♘c3 ♕h5 (stärker ist 8. ... ♕a5 9.♘:e4 ♗e6 10.♗d2 ♗b4 11.♘:d4 ♘:d4 12.c3 mit schwierigem Spiel) **9.♘:e4 ♗e6 10.♗g5 h6 11.♗f6 ♕a5 12.♘:d4 gf 13.♘:f6+ ♔e7 14.♘:e6 fe 15.♕d7+ ♔:f6 16.♖:e6+ ♔g5 17.h4+ ♔:h4 18.♖g6.** Schwarz gab auf.

Spanisch: **1.e4 e5 2.♘f3 ♘c6 3.♗b5.** Von allen offenen Spielweisen gilt diese Eröffnung als die gehaltvollste und die mit den meisten Spielplänen.

Ljubojević–Spasski, 1982:
3. ... ♘d4 (die Bird-Verteidigung, in der Weiß das freiere Spiel erhält) **4.♘:d4 ed 5.0–0 c6 6.♗c4 g6 7.c3 ♗g7 8.♕f3 ♕e7 9.d3 ♘f6 10.cd d5 11.ed cd 12.♗b5+ ♔f8 13.♘c3 ♗e6 14.a3 h6 15.♗f4 ♔g8 16.♖fe1 ♔h7 17.♗e5 ♖hd8 18.h3 ♖ac8 19.♗a4 ♘g8 20.♗b3 ♕d7 21.♗a4 ♕e7 22.♘e2 ♗d7 23.♗b3 ♗c6 24.♘c3 ♕d7 25.♖e3 f6 26.♗h2 ♘e7 27.g4 g5 28.♖ae1 ♘g6 29.♗g3 f5 30.gf ♘f4 31.♗:f4 gf 32.♖e6 ♖g8 33.♔f1 ♖cf8 34.♗:d5**

♖:f5 35.♕e4 ♖f8 36.♖:c6.
Schwarz gab auf.
Tarjan–Mariotti, 1974: 3. ...
♗c5 (die alte Cordel-Verteidigung, die von der modernen
Theorie als günstig für Weiß
eingeschätzt wird) 4.0–0 ♕f6
5.d3 h6 6.♗e3 ♗b6 7.c4 ♘d4
8.♘:d4 ed 9.♗d2 c6 10.♗a4
♕h4 11.f4 ♘f6 12.♗e1 ♕h5
13.e5 ♕:d1 14.♗:d1 ♘h7
15.♘d2 d6 16.ed ♗f5 17.g4
♗:d3 18.♖f3 ♗e2 19.♗:e2
d3+ 20.♗f2 de 21.c5 ♗d8
22.♖e3+ ♔d7 23.♘c4 ♗f6
24.♖e1 ♖ae8 25.♖1:e2 ♖:e3
26.♖:e3. Schwarz gab auf.
Timman–Borm, 1980: 3. ... f5
(das Jänisch-Gambit, das zu
einem verworrenen Spiel
führt) 4.♘c3 fe 5.♘:e4 d5
6.♘:e5 de 7.♘:c6 ♕g5 (ein
interessantes Spiel ergibt 7. ...
♕d5) 8.♕e2 ♘f6 9.f4 ♕h4+
10.g3 ♕h3 11.♘e5+ c6
12.♗c4 ♗c5 13.d3 ♘g4
14.♘f7 ♗f2+ 15.♔d1 e3
16.♕f3 ♘h6 17.♕e4+ ♔f8
18.♗:e3 ♗g4+ 19.♔d2 ♖e8
20.♘e5. Schwarz gab auf.
Romanischin–Knežević, 1980:
3. ... ♘f6 (Berliner Verteidigung) 4.0–0 ♘:e4 5.d4 ♗e7
6.♕e2 ♘d6 7.♗:c6 bc 8.de
♘b7 9.b3 0–0 10.♗a3 ♗:a3
11.♘:a3 ♕e7 12.♘c4 d5
13.♘e3 f5 14.c4 f4 15.♘c2
♗g4 16.♘cd4 ♘d8 17.h3
♗h5 18.e6 c5 19.♕e5 cd
20.♕:h5 dc 21.♖fe1 c5
22.♕d5 ♖b8 23.♕:c4 ♗f5
24.♖e4 ♖b4 25.♕d3 ♖f8
26.♖ae1 ♖e8 27.♖e5 h6

28.♕g6 d3 29.♕:d3 ♖b6
30.♕c4 ♘:e6 31.b4. Schwarz
gab auf.
Teichmann–Bernstein, 1907:
3. ... ♘f6 4.0–0 ♗e7 (die alte
Behandlung der Steinitz-Verteidigung, in der Schwarz eine
beengte, aber dauerhafte Stellung erhält) 5.♖e1 d6 6.c3
0–0 7.d4 ♗d7 8.♗a4 ♖e8
9.♘bd2 ♗f8 10.♗c2 h6
11.h3 ♘h7 12.♘f1 g6 13.♘e3
♗g7 14.♘d5 ♘e7 15.♗b3
♘:d5 16.♗:d5 c6 17.♗b3
♘f6 18.de de 19.♗c4 ♕e7
20.♕b3 b5 21.♗f1 c5 22.♕c2
♗c6 23.c4 b4 24.a3 b3
25.♕b1 a5 26.♗d2 ♕b7
27.♗d3 a4 28.♗c3 ♘h5
29.♘d2 ♘f4 30.f3 ♖ad8
31.♗f1 ♖d6 32.♖e3 ♕d7
33.♕e1 ♖d8 34.♖d1 ♘e6
35.♕f2 h5 36.♗a5 ♖a8
37.♗c3 f6 38.♖de1 ♗h6
39.♖3e2 ♘f4 40.♖e3 ♘e6
41.♖3e2 ♘d4 42.♗:d4 ♖:d4
43.♘b1 ♖:c4 44.♖e3 ♖c2
45.♖3e2 ♕d4 46.♘c3 ♗d2
47.♖d1 ♗:c3. Weiß gab auf.
Cholmow–Kimelfeld, 1970:
3. ... d6 (die moderne Behandlung der Steinitz-Verteidigung) 4.d4 ed 5.♘:d4 ♗d7
6.♘c3 g6 7.♗e3 ♗g7 8.♕d2
♘f6 9.♗:c6 bc 10.♗h6 ♗:h6
11.♕:h6 ♘g4 12.♕d2 ♕h4
13.g3 ♕h3 14.f4 0–0
15.0–0–0 ♘f6 16.e5 de 17.fe
♘g4 18.♘f3 ♗f5 19.♖he1
♖ad8 20.♕:d8 ♖:d8
21.♖:d8+ ♔g7 22.♖d2 ♕h6
23.h4 ♕h5 24.b3 ♘h6
25.♘g5 ♕g4 26.♘ce4 ♗:e4

27.♖:e4 ♕:g3 28.e6 ♘g4
29.ef ♘e5 30.♖d8. Schwarz
gab auf.
Lasker–Capablanca, 1911:
3. ... a6 4.♗:c6 (die Ab-
tauschvariante, deren Idee
darin besteht, daß Weiß im
Endspiel sein Bauernüberge-
wicht am Königsflügel ausnutzen will; Schwarz erhält jedoch gewöhnlich gutes Gegenspiel) 4. ... dc 5.d4 ed 6.♕:d4
♕:d4 7.♘:d4 ♗d6 8.♘c3
♘e7 9.0–0 0–0 10.f4 ♖e8
11.♘b3 f6 12.f5 b6 13.♗f4
♗b7 14.♗:d6 cd 15.♘d4
♖ad8 16.♘e6 ♖d7 17.♖ad1
♘c8 18.♖f2 b5 19.♖fd2
♖de7 20.b4 ♔f7 21.a3 ♗a8
22.♔f2 ♖a7 23.g4 h6 24.♖d3
a5 25.h4 ab 26.ab ♖ae7
27.♔f3 ♖g8 28.♔f4 g6
29.♖g3 g5+ 30.♔f3 ♘b6
31.hg hg 32.♖h3 ♖d7
33.♔g3 ♔e8 34.♖dh1 ♗b7
35.e5 de 36.♘e4 ♘d5
37.♘6c5 ♗c8 38.♘:d7 ♗:d7
39.♖h7 ♖f8 40.♖a1 ♔d8
41.♖a8+ ♗c8 42.♘c5.
Schwarz gab auf.
Fischer–Gligorić, 1966: 5.0–0
f6 6.d4 ♗g4 7.c3 ed (genauer
ist 7. ... ♗d6 8.h3 ♗h5
9.♘bd2 ♕e7 10.♘c4 0–0–0)
8.cd ♕d7 9.h3 ♗e6 10.♘c3
0–0–0 11.♗f4 ♘e7 12.♖c1
♘g6 13.♗g3 ♗d6 14.♘a4
♗:g3 15.fg ♔b8 16.♘c5 ♕d6
17.♕a4 ♔a7 18.♘:a6 ♗:h3
19.e5 ♘:e5 20.de fe 21.♘c5+
♔b8 22.gh e4 23.♘:e4 ♕e7
24.♖c3 b5 25.♕c2. Schwarz
gab auf.

Schlechter–Tschigorin, 1904:
3. ... a6 4.♗a4 ♘f6 5.0–0
♗e7 6.♖e1 b5 7.♗b3 d6 8.c3
0–0 9.h3. (die Tschigorin-Va-
riante, eine der Hauptvarianten
in der Spanischen Partie; der
Kampf ist auf beiden Seiten
sehr kompliziert) 9. ... ♗e6
(häufig spielte Tschigorin sofort 9. ... ♘a5 10.♗c2 c5
11.d4 ♕c7 usw.) 10.d4 ed
11.cd ♗:b3 12.♕:b3 ♘a5
13.♕d3 c5 14.♘c3 ♘c6
15.♗g5 h6 16.♗h4 ♖e8
17.♖ad1 c4 18.♕b1 ♘b4
19.e5 ♘fd5 20.♗:e7 ♕:e7
21.♘:d5 ♘:d5 22.♖e4 ♘f6
23.♖h4 de 24.de ♘d7
25.♖e1 ♘c5 26.♖g4 ♘d3
27.♖e3 ♕c5 28.♕c2 ♘:e5
29.♘:e5 ♖:e5 30.♖eg3 g5
31.h4 ♔g7 32.hg hg 33.b4
♖e1+ 34.♔h2 ♖h8+
35.♖h3 ♖:h3+ 36.♔:h3
♕e5 37.g3 f6 38.♕d2 ♕e2
39.♕d7+ ♔g6. Weiß gab auf.
Rauser–Rjumin, 1936: 8. ...
♘a5 9.♗c2 c5 10.d4 ♕c7
11.♘bd2 ♘c6 12.a4 ♖b8
13.ab ab 14.dc dc 15.♘f1
♗e6 16.♘e3 0–0 17.♘g5
♖fd8 18.♕f3 ♖d6 19.♘f5
♗:f5 20.ef h6 21.♘e4 ♘:e4
22.♗:e4 ♘f6 23.♗e3 ♘e7
24.b4 c4 25.g3 ♖d7 26.♖a7
♕d8 27.♖:d7 ♕:d7 28.h4
♔h8 29.g4 ♘g8 30.g5 ♗e7
31.♖d1 ♕c7 32.f6 ♗:f6 33.gf
♘:f6 34.♗c2 ♖d8 35.♗:h6
♖:d1+ 36.♗:d1 e4 37.♗f4
♕d8 38.♕e2. Schwarz gab
auf.

Capablanca–Marshall, 1918:
3. ... a6 4.♗a4 ♘f6 5.0–0
♗e7 6.♖e1 b5 7.♗b3 0–0
8.c3 d5 (Marshall-Angriff)
9.ed ♘:d5 10.♘:e5 ♘:e5
11.♖:e5 ♘f6 12.♖e1 ♗d6
13.h3 ♘g4 14.♕f3 ♕h4
15.d4 ♘:f2 16.♖e2 ♗g4
17.hg ♗h2+ 18.♔f1 ♗g3
19.♖:f2 ♕h1+ 20.♔e2 ♗:f2
21.♗d2 ♗h4 22.♕h3 ♖ae8+
23.♔d3 ♕f1+ 24.♔c2 ♗f2
25.♕f3 ♕g1 26.♗d5 c5 27.dc
♗:c5 28.b4 ♗d6 29.a4 a5
30.ab ab 31.♖a6 bc 32.♘:c3
♗b4 33.b6 ♗:c3 34.♗:c3 h6
35.b7 ♖e3 36.♗:f7+ und
Matt in vier Zügen (36. ...
♖:f7 37.b8♕+ ♔h7
38.♖:h6+ ♔:h6 39.♕h8+
nebst 40.♕h5 matt).
Karpow–Kortschnoi, 1981:
3. ... a6 4.♗a4 ♘f6 5.0–0
♘:e4 (offene Spielweise) 6.d4
b5 7.♗b3 d5 8.de ♗e6
9.♘bd2 (andere Pläne sind:
9.♕e2 ♗e7 10.♖d1 0–0 11.c4
bc 12.♗:c4 mit kompliziertem
Spiel; 9.c3 ♗e7 – auch 9. ...
♗c5 oder 9. ... ♘c5 ist möglich – 10.♘bd2 0–0 11.♗c2
f5 mit gegenseitigen Chancen)
9. ... ♘c5 10.c3 d4 11.♗:e6
♘:e6 12.cd ♘c:d4 13.♘e4
♗e7 14.♗e3 ♘:f3+ 15.♕:f3
0–0 16.♖fd1 ♕e8 17.♘f6+
♗:f6 18.ef ♕c8 19.fg ♖d8
20.h4 c5 21.♖ac1 ♕c7 22.h5
♕e5 23.h6 ♕:b2 24.♖d7
♖:d7 25.♕:a8+ ♖d8
26.♕:a6 ♕e2 27.♖f1 ♖d1
28.♕a8+ ♖d8 29.♕c6 b4
30.♕a4 ♕d3 31.♖c1 ♕d5

32.♕b3 ♕e4 33.♕c2 ♕:c2
34.♖:c2 f5 35.f4 ♔f7 36.g4
♖d5 37.gf ♖:f5 38.♖d2 ♖f6
39.♖d7+ ♔g8 40.f5 ♖:f5
41.♖e7 ♘:g7 42.♖:g7+ ♔h8
43.♖c7 ♔g8 44.♗:c5 ♖g5+
45.♔f2 ♖g6 46.♗e3. Schwarz
gab auf.

Halboffene Spiele

Skandinavisch: 1.e4 d5
Eine alte halboffene Eröffnung, deren Grundgedanke es
ist, Schwarz aktives Gegenspiel im Zentrum zu verschaf-
fen, und mit dieser Zielstel-
lung wird sofort die Dame in
den Kampf geführt. Allerdings
erweist sich eine solche Eröff-
nungsstrategie als ziemlich ris-
kant, weil Weiß leicht die Initiative erlangt.
Radulov–Berg, 1983: 2.ed
♕:d5 (die alte Fortsetzung)
3.♘c3 ♕a5 4.d4 ♘f6 5.♘f3
c6 6.♗c4 ♗g4 7.h3 ♗h5 8.g4
♗g6 9.♘e5 e6 10.♘:g6 hg
11.♗d2 ♗b4 12.a3 ♗:c3
13.♗:c3 ♕b6 14.♕f3 ♘d5
15.0–0–0 ♘:c3 16.♕:c3 ♘d7
17.f4 0–0–0 18.f5 gf 19.gf ef
20.♗:f7 ♘f8 21.d5 ♕c7 22.dc
♖:d1+ 23.♖:d1 ♕:f7
24.♕a5, und Schwarz gab auf
in Anbetracht der Variante
24. ... ♕c7 25.♕:a7 ♘e6
26.♕a8+ ♕b8 27.cb+ ♔c7
28.♕a5+ ♔:b7 29.♕d5+.
Bronstein–Lutikow, 1960:
2. ... ♘f6 (die moderne Fortsetzung) 3.♗b5+ (auch ein
anderer Weg ist möglich: 3.d4

♘:d5 4.♘f3 g6 5.c4 ♘b6 6.h3
♗g7 7.♘c3 ♘c6 8.♗e3 0-0
9.♕d2 e5 10.d5 ♘a5 11.b3 f5
12.♗h6 e4 13.♗:g7 ♔:g7
14.♘d4 c5 15.dc ♘:c6
16.0-0-0 ♘f6 17.♗:c6 bc
18.♕d4 mit Übergang in ein
annähernd gleiches Endspiel,
Suetin–Smagin, 1984) 3. ...
♗d7 4.♗e2 ♘:d5 5.d4 g6
6.c4 ♘b6 7.♘c3 ♗g7 8.c5
♘c8 9.d5 c6 10.♕b3 b6
11.♗f3 0-0 12.♗e3 cd
13.♗:d5 ♘c6 14.♖d1 ♕c7
15.♘b5 ♕b7 16.♘d4 ♖b8
17.♘gf3 e5 18.♗:f7+ ♖:f7
19.♘:c6 ♗:c6 20.♖d8+ ♗f8
21.♘:e5 bc 22.♗h6 c4
23.♕:b7 ♖b:b7 24.♘:f7 ♖:f7
25.♖:c8 ♗:g2 26.♖g1 ♗b7
27.♖:f8+ ♖:f8 28.♗:f8 ♔:f8
29.♖g5. Schwarz gab auf.

Aljechin-Verteidigung: 1.e4 ♘f6
Diese Erfindung Aljechins
(1921) stellt sich das Ziel, die
weißen Zentrumsbauern zu
einem frühzeitigen Vorstoß zu
verlocken und dadurch eine
Schwächung der Bauernkonfi-
guration hervorzurufen. Die
Praxis beweist, daß der Anziehende das freiere Spiel erlangt.
Timman–Kovačević, 1980:
2.e5 ♘d5 3.c4 ♘b6 4.d4 d6
5.f4 (Vierbauernsystem) 5. ...
de 6.fe ♘c6 (die Hauptfortsetzung; der Zug 6. ... c5 führt
zu äußerst verworrenem Spiel,
zum Beispiel: 7.d5 e6 8.♘c3
ed 9.cd c4 10.♘f3 ♗g4
11.♕d4 ♗:f3 12.gf ♗b4

13.♗:c4 0-0 14.♖g1 g6
15.♗g5 ♕c7 16.♗b3 ♗c5
17.♕f4 ♗:g1 18.d6 ♕c5
19.♘e4 ♕d4 20.♖d1 ♗:b2
21.♘f6+ ♔h8 22.♖d2 ♕b1+
23.♔e2 ♘8d7 24.♕h4 h5
25.♘:h5 gh 26.♗f6+ ♘:f6
27.♕:f6+ ♔h7 28.♗c2+
♕:c2 29.♖:c2, und Weiß gewann, Moura–Rinaldi, 1983)
7.♗e3 ♗f5 8.♘c3 e6 9.♘f3
♗e7 10.d5 ed 11.cd ♘b4
12.♘d4 ♗d7 13.♕b3 c5 14.dc
bc 15.♖d1 ♘6d5 16.♘:d5
♘:d5 17.♗c4 ♖b8 18.♕d3
♘:e3 19.♕:e3 ♕a5+ 20.♖d2
♗b4 21.♗:f7+ ♔e7
22.♕g5+ ♔:f7 23.0-0+ ♔g8
24.♘f5 ♗:f5 25.♕:f5 ♕c5+
26.♖ff2 ♕c1+ 27.♖f1 ♕c5+
28.♖ff2 remis.
Nunn–Waganjan, 1984: (ein
ruhiges System, in dem Weiß
den Spielverlauf nicht forciert)
3.d4 d6 4.♘f3 g6 5.♗c4 c6
6.0-0 ♗g7 7.ed ♕:d6 8.♖e1
♗g4 9.♘bd2 0-0 10.h3 ♗:f3
11.♘:f3 e6 12.♗f1 b5 13.a4
b4 14.c4 ♘e7 15.a5 c5 16.dc
♕:c5 17.♗e3 ♕c7 18.♘d4
♘bc6 19.♘b5 ♕b8 20.a6
♘f5 21.♗c5 ♖d8 22.♕a4
♗:b2 23.♖ab1 ♗f6 24.♗:b4
♘:b4 25.♕:b4 ♗e7 26.c5
♖d5 27.♖ec1 ♕f8 28.♘c7
♖:c5 29.♕b7 ♖c8 30.♕:a7
♗d6 31.♘:e6 fe 32.♖:c5
♗:c5 33.♕d7 ♖e8 34.a7 ♘g7
35.♖b2 ♖a8 36.♗c4 ♖:a7
37.♗:e6+ ♔h8 38.♕d5
♖a1+ 39.♔h2 ♕d6+ 40.g3
♘:e6. Weiß gab auf.

Pirc-Ufimzew-Verteidigung: **1.e4 d6 2.d4 ♘f6 3.♘c3 g6.**
Diese von dem jugoslawischen Großmeister Pirc und dem sowjetischen Meister Ufimzew erfundene Spielweise führt zu schwierigen Stellungen, die denen der Königsindischen Verteidigung ähneln.
Geller–Přibyl, 1984: **4.♘f3 ♗g7 5.♗e2 0–0 6.0–0 ♗g4 7.♗e3 ♘c6 8.♕d2 ♖e8 9.♖fe1 a6 10.♖ad1 e5 11.de de 12.♕c1 ♕e7 13.♘d5 ♘:d5 14.ed ♘d8 15.c4 f5 16.c5 ♘f7 17.d6 cd 18.cd ♕d7 19.♕c7 ♖ad8 20.♗c4 h6 21.♗g5 ♕:c7 22.dc ♖:d1 23.♖:d1 f4 24.h3 ♗c8 25.♘h4.** Schwarz gab auf.
Sznapik–van der Wiel, 1984: **4.f4 ♗g7 5.♘f3 0–0 6.♗d3 ♘a6 7.0–0 c5 8.d5 ♖b8 9.♕e1 ♘b4 10.♕h4 b5 11.f5 c4 12.a3 ♘:d3 13.cd cd 14.♗h6 b4 15.ab ♖:b4 16.fg fg 17.♘g5 ♗:h6 18.♕:h6 ♖b7 19.♖ad1 ♕b6+ 20.♔h1 ♕:b2 21.♖:d3 ♖c7 22.♖df3 ♗g4 23.♘d1 ♕c1 24.♖f4 e5 25.de ♗:d1 26.h3 ♕a1 27.e5 ♕:e5 28.♘e4 ♕h5 29.♘:f6+ ♖:f6 30.♕:h5 ♗:h5 31.♖:f6 g5 32.♖f8+ ♔g7 33.♖d8 ♖e7 34.♖d7.** Schwarz gab auf.
Balaschow–Pfleger, 1979: **4.♗e2 ♗g7 5.h4 c5 6.dc ♕a5 7.♔f1 ♕:c5 8.♗e3 ♕a5 9.h5 gh 10.♘h3 ♗g4 11.♘f4 ♗:e2+ 12.♕:e2 ♘c6 13.♘:h5 ♘:h5 14.♖:h5 ♕c7 15.♘d5 ♕d7 16.c3 e6**

Caro-Kann-Verteidigung: **1.e4 c6.**
Die Ehre, die Erstentdecker dieses Spielanfangs zu sein, gebührt den deutschen Schachspielern P. Caro und M. Kann. Die Eröffnung führt zu komplizierten positionellen Aufbauweisen.
Nimzowitsch–Capablanca, 1927: **2.d4 d5 3.e5** (ein altes System) **3. ... ♗f5 4.♗d3 ♗:d3 5.♕:d3 e6 6.♘c3 ♕b6 7.♘ge2 c5 8.dc ♗:c5 9.0–0 ♘e7 10.♘a4 ♕c6 11.♘:c5 ♕:c5 12.♗e3 ♕c7 13.f4 ♘f5 14.c3 ♘c6 15.♖ad1 g6 16.g4 ♘:e3 17.♕:e3 h5 18.g5 0–0 19.♘d4 ♕b6 20.♖f2 ♖fc8 21.a3 ♖c7 22.♖d3 ♘a5 23.♖e2 ♖e8 24.♔g2 ♘c6 25.♖ed2 ♖ec8 26.♖e2 ♘e7 27.♖ed2 ♖c4 28.♕h3 ♔g7 29.♖f2 a5 30.♖e2 ♘f5 31.♘:f5+ gf 32.♕f3 ♔g6 33.♖ed2 ♖e4 34.♖d4 ♖c4 35.♕f2 ♕b5 36.♔g3 ♖c:d4 37.cd ♕c4 38.♔g2 b5 39.♔g1 b4 40.ab ab 41.♔g2 ♕c1 42.♔g3 ♕h1 43.♖d3 ♖e1 44.♖f3 ♖d1 45.b3 ♖c1 46.♖e3 ♖f1.** Weiß gab auf.
Karpow–Miles, 1984: **3.♘d2 de 4.♘:e4 ♘f6 5.♘:f6 gf** (ein kompliziertes System) **6.c3 ♗f5 7.♘f3 ♘d7 8.♗f4 ♕b6 9.♗d3 ♗:d3 10.♕:d3 ♕:b2**

11.0–0 ♕a3 12.♖fb1 ♘b6
13.♗c7 ♗h6 14.♗:b6 ab
15.♖:b6 ♖a7 16.♖ab1 0–0
17.♖:b7 ♕:a2 18.g3 e6
19.♔g2 ♖a3 20.♖d7 ♗e3
21.♖f1 ♗h6 22.♖e1 ♕b3
23.d5 ed 24.♕f5 ♕:c3
25.♖ee7 ♕d3 26.♕:f6 ♕g6
27.♕:g6 hg 28.♘e5 ♗g5
29.♖:f7 ♖:f7 30.♘:f7 ♗f6
31.♘h6+ ♔h8 32.♖d6 ♗g7
33.♘f7+ ♔g8 34.♘g5 ♖a8
35.♖:c6 d4 36.♖:g6 ♔h8
37.♖d6 ♖e8 38.♘f3. Schwarz
gab auf.

Short–Miles, 1984: 2.c4
(Panow-Angriff) 2. ... d5 3.ed
cd 4.cd ♘f6 5.♘c3 ♘:d5
6.♘f3 ♘c6 7.d4 ♗g4 8.♕b3
♗:f3 9.gf ♘b6 10.♗e3 e6
11.0–0–0 ♗e7 12.d5 ed
13.♗:b6 ab 14.♘:d5 0–0
15.♖g1 (gefährlich ist
15.♘f6+ ♗:f6 16.♖:d8 ♖f:d8
mit der Drohung 17. ... ♘d4
usw.) 15. ... ♗f6 16.♖g4
♖a5 17.♔b1 ♖c5 18.♘:b6
♘d4 19.♕b4 ♖c6 20.♘c4
♕d7 21.♖e4 ♖fc8 22.a3 ♖d8
23.♘a5 ♖e6 24.♗h3 ♕c7
25.♖e:d4 ♖:d4 26.♖:d4
♗:d4 27.♗:e6 fe 28.♕:b7
♕e5 29.♘c6 ♕e1+ 30.♔a2
♗f6 31.♕b3 h5 32.♕c2 ♕h1
33.a4 ♕:f3 34.a5 ♕d5+
35.♔a3 ♕d6+ 36.b4 ♕:h2
37.a6 ♕h3+ 38.♔a4 ♕f1
39.a7 ♕a6+ 40.♔b3 h4
41.♕c4 ♕a1 42.♕:e6+ ♔h7
43.♕e4+ g6 44.♘e5 ♕d1+
45.♔c4 ♕f1+ 46.♘d3.
Schwarz gab auf.

Van der Wiel–Miles, 1984:
2.d4 d5 3.♘d2 de 4.♘:e4
♗f5 (die Hauptvariante)
5.♘g3 ♗g6 6.h4 h6 7.♘f3
♘d7 8.h5 ♗h7 9.♗d3 ♗:d3
10.♕:d3 ♕c7 11.♗d2 e6
12.0–0–0 ♘gf6 13.♘e4
0–0–0 14.g3 ♘c5 15.♘:c5
♗:c5 16.c4 ♗b6 17.♗c3
♖he8 18.♕e2 c5 19.♔b1
♖e7 20.a3 cd 21.♘:d4 ♖ed7
22.c5 ♕:c5 23.♖c1 ♖c7
24.♘b5 ♖c6 25.♗e5 ♕:f2
26.♕:f2 ♗:f2 27.♘d6+ ♔d7
28.♘:b7 ♖:c1+ 29.♖:c1 ♖c8
30.♖f1 ♘e4 31.♖d1+ ♔e7
32.♗:g7 ♗:g3 33.♖d4 f5
34.♗:h6 ♖h8 35.♗e3 ♖:h5
36.♖a4 ♖h1+ 37.♔a2 ♖e1
38.♗:a7 ♖e2 39.♖b4 f4
40.♗b8 f3 41.♖:e4 ♗:b8
42.♘c5 ♗d6. Weiß gab auf.

Französisch: 1.e4 e6.
Ihren Namen erhielt die Eröffnung nach dem Sieg der französischen Schachspieler in
einer Fernschachpartie London–Paris im Jahre 1836.
Sweschnikow–Elvest, 1984:
2.d4 d5 3.e5 (Nimzowitsch-Sy-
stem) 3. ... c5 4.c3 ♕b6
5.♘f3 ♗d7 6.a3 ♗b5 7.c4
♗:c4 8.♗:c4 dc 9.♘bd2 ♕a6
10.♕e2 cd 11.♘:d4 ♗c5
12.♘4f3 c3 13.♘e4 ♕:e2+
14.♔:e2 cb 15.♗:b2 ♘a6
16.♖hd1 ♘e7 17.♖ac1 b6
18.♘d6+ ♔f8 19.♘g5 h6
20.♘g:f7 ♖h7 21.♖c3 g6
22.♖f3 ♔g8 23.♗c1 ♔g7
24.♘:h6 ♖f8 25.♖:f8 ♔:f8
26.♖d3 ♘c6 27.♘g4 ♘d4+

28.♔f1 ♘f5 29.♘b5 ♖b7
30.♖d8+ ♔e7 31.♗g5+ ♔f7
32.♖h8 ♗f8 33.♗f6 ♖d7
34.♖h7+ ♔e8 35.♗g5 ♗g7
36.♔e2 ♖d5 37.♖:g7 ♖:b5
38.♖:a7 ♖b2+ 39.♔f3
♖b3+ 40.♔f4 ♖:a3
41.♘f6+. Schwarz gab auf.
Tal–Uhlmann, 1971: 3.♘d2
(Tarrasch-System) 3. ... c5
4.♘gf3 ♘c6 5.♗b5 de
6.♘:e4 ♗d7 7.♗g5 ♕a5+
8.♘c3 cd 9.♘:d4 ♗b4 10.0–0
♗:c3 11.bc ♕:c3 12.♘f5 ef
13.♖e1+ ♗e6 14.♕d6 h6
15.♗d2 ♕:c2 16.♗b4 a6
17.♕f8+ ♗d7 18.♖ed1+
♔c7 19.♕:a8. Schwarz gab
auf.
Kupreitschik–Waiser, 1984:
3. ... ♘f6 4.e5 ♘fd7 5.c3 c5
6.♗d3 ♘c6 7.♘e2 cd 8.cd f6
9.f4 fe 10.fe ♘:d4 11.0–0 (die
Gambit-Variante) 11. ... ♕b6
12.♔h1 ♘:e5 13.♘f4 g6
14.♘b3 ♘dc6 15.♕e2 ♗d6
16.♗e3 d4 17.♗g1 ♗d7
18.♕e4 ♘:d3 19.♘:e6 ♘de5
20.♘b:d4 ♘:d4 21.♘g7+
♔d8 22.♗:d4 ♕c6 23.♕h4+
♗e7 24.♕g3 ♘g4 25.♖ad1
♖f8 26.♖fe1 ♖f6 27.♗:f6
♘:f6 28.♕e5. Schwarz gab
auf.
Ronde–Speelman, 1984:
3.♘c3 ♘f6 4.♗g5 de (Rubin-
stein-System) 5.♘:e4 ♗e7
6.♗:f6 gf 7.♘f3 f5 8.♘c3
♗f6 9.♗c4 ♘c6 10.♗b5 ♗d7
11.♕d2 ♕e7 12.0–0–0 0–0–0
13.♖he1 ♘b4 14.♔b1 ♗:b5
15.♘:b5 a6 16.♘c3 ♖d6
17.♘e5 c5 18.♕f4 ♖:d4

19.♖:d4 cd 20.♕:d4 ♕c7
21.♕:b4 ♗:e5 22.♘a4 ♖d8
23.♘b6+ ♔b8 24.c3 ♗d6
25.♕b3 ♗c5 26.♘c4 ♗:f2
27.♖e2 ♕:h2 28.a4 ♕:g2.
Weiß gab auf.
Ljubojević–Beljawski, 1984:
3.♘c3 ♗b4 4.e5 c5 (Hauptvariante) 5.a3 ♗:c3+ 6.bc ♘e7
7.♕g4 ♕c7 8.♕:g7 ♖g8
9.♕:h7 cd 10.♘e2 ♘bc6
11.f4 dc 12.h4 ♗d7 13.♖h3
0–0–0 14.♖:c3 ♘f5 15.♕h5
d4 16.♖d3 ♘ce7 17.♗b2
♘d5 18.♖c1 ♖c6 19.g3 ♖h8
20.♕g4 ♕a5+ 21.♔f2 ♘de3
22.♕h3 ♕d5 23.♘:d4 ♘:d4
24.♔:e3 ♕f3+ 25.♔d2 ♕f2+
26.♔c3 ♖d5 27.♖:d4 ♖:d4
28.♗d3 ♖hd8 29.h5 ♖8d5
30.a4 ♖c5+ 31.♔b3 ♖d5+
32.♔a3 ♖:d3 33.cd ♖:c1.
Weiß gab auf.

Sizilianisch: 1.e4 c5.
Das ist gegenwärtig die populärste halboffene Eröffnung.
Die Vielfalt der strategischen
und taktischen Ideen gestaltet
den Eröffnungskampf sehr
schwierig und interessant. In
der Regel erlangt Weiß die Initiative im Zentrum und am
Königsflügel; Schwarz konzentriert das Gegenspiel auf die
halboffene c-Linie und auf
den Damenflügel. Sizilianisch
weist sehr viele verschiedenartige Spielsysteme auf.
Beckwinkel–Gheorghiu, 1984:
2.♘c3 (geschlossene Spielweise) 2. ... ♘c6 3.g3 g6
4.♗g2 ♗g7 5.d3 d6 6.♗e3

♘d4 7.♕d2 ♕a5 8.f4 ♗d7
9.♘f3 e6 10.0-0 ♘e7 11.♕f2
♘ec6 12.♘h4 0-0 13.g4 ♕d8
14.♖ac1 ♖c8 15.♔h1 b5
16.a3 a5 17.♘b1 f5 18.gf ef
19.c3 fe 20.de g5 21.cd cd
22.♗d2 gh 23.h3 ♔h8
24.♕e2 b4 25.ab ♘:b4
26.♕h5 ♗e8 27.♕f3 ♗b5
28.♖:c8 ♕:c8 29.♖c1 ♕d7
30.♘a3 ♗a6 31.♕h5 ♘d3
32.♖c2 ♘:f4 33.♗:f4 ♖:f4
34.♕:a5 ♗f1 35.♖c7 ♗g2+
36.♔:g2 ♕e8. Weiß gab auf.
Sweschnikow–Georgadse,
1984: 2.c3 (Sweschnikow-System) 2. ... d5 3.ed ♕:d5 4.d4
e6 5.♘f3 ♘f6 6.♗e2 ♗e7
7.0-0 0-0 8.♘e5 cd 9.cd
♕d8 10.♘c3 ♘c6 11.♗e3
♘b4 12.♗f3 ♘bd5 13.♕b3
a5 14.♖ac1 h6 15.♖fd1 ♖a6
16.♗d2 ♘b6 17.♕b5 a4
18.a3 ♕e8 19.♕f1 ♘bd5
20.♗e2 ♘:c3 21.♗:a6 ♘:d1
22.♗b5 ♕d8 23.♖:d1 ♘e4
24.♗e1 ♕b6 25.♕d3 ♖d8
26.♗:a4 ♘f6 27.♗c2 ♔f8
28.♗c3 ♗d7 29.♕f3 ♗c6
30.♘:c6 bc 31.b4 ♘d5
32.♗b2 ♘f6 33.g3 g6 34.♗e4
♔g7 35.♗c1 ♗:d4 36.♗:h6+
♔g8 37.♗g5 ♖d7 38.♖c1
♔g7 39.♔g2 ♗b2 40.♖c2
♕d4 41.♗:d5 ♖:d5, und
Schwarz gab in Anbetracht der
Variante 42.♗e3 ♕e5 43.♗f4
♕f6 44.♖:c6 g5 45.♕:d5 auf.
Karpow–Gik, 1968: 2.♘f3 d6
3.d4 cd 4.♘:d4 ♘f6 5.♘c3 g6
(Drachenvariante) 6.♗e3 ♗g7
7.f3 0-0 8.♗c4 ♘c6 9.♕d2
♕a5 10.0-0-0 ♗d7 11.h4

♘e5 12.♗b3 ♖fc8 13.h5
♘:h5 14.♗h6 ♗:h6 15.♕:h6
♖:c3 16.bc ♕:c3 17.♘e2 ♕c5
18.g4 ♘f6 19.g5 ♘h5
20.♖:h5 gh 21.♖h1 ♕e3+
22.♔b1 ♕:f3 23.♖:h5 e6
24.g6 ♘:g6 25.♕:h7+ ♔f8
26.♖f5 ♕:b3+ 27.ab ef
28.♘f4 ♖d8 29.♕h6+ ♔e8
30.♘:g6 fg 31.♕:g6+ ♔e7
32.♕g5+ ♔e8 33.ef ♖c8
34.♕g8+ ♔e7 35.♕g7+ ♔d8
36.f6. Schwarz gab auf.
Timman–Portisch, 1984: 5. ...
a6 (Najdorf-System) 6.♗g5 e6
7.f4 ♕b6 (nach 7. ... ♗e7
8.♕f3 ♕c7 9.0-0-0 ♘bd7
entsteht eine andere Variante
dieses Systems) 8.♕d2 ♕:b2
9.♖b1 ♕a3 10.f5 ♘c6 11.fe
fe 12.♘:c6 bc 13.♗e2 ♗e7
14.♖b3 ♕a5 15.♗h5+ g6
16.0-0 ♘:h5 17.♗:e7 ♕c5+
18.♔h1 ♔:e7 19.♘a4 ♕e5
20.♖bf3 ♖b8 21.♕f2 ♔d8
22.♖f7 c5 23.♕h4+ g5
24.♕:h5 ♗d7 25.♕e2 ♗b5
26.♕d2 ♗:f1 27.♕a5+ ♔e8
28.♕c7 ♗:g2+ 29.♔:g2
♕:e4+ 30.♔g3 ♕e3+
31.♔g2 ♕e2+ 32.♔g3 remis.
Cholmow–Glek, 1984: 5. ...
♘c6 (einer der Kreuzungspunkte der Sizilianischen Partie, die Vier-Springer-Variante;
aus dieser Stellung können
verschiedenartige Systeme entstehen) 6.♗g5 (der Richter-Rauser-Angriff) 6. ... e6
7.♕d2 a6 8.0-0-0 h6 9.♗f4
♗d7 10.♘:c6 ♗:c6 11.f3 d5
12.♕e1 ♗b4 13.a3 ♗a5
14.♗d2 ♕e7 15.e5 ♘d7

16.♘b1 ♗c7 17.f4 f6 18.ef
♕:f6 19.g3 0–0 20.♗g2 ♘b6
21.♗e3 ♘c4 22.♗d4 ♕f7
23.♕e2 ♖fe8 24.♖he1 b5
25.♗f3 a5 26.♗h5 g6 27.♗g4
♗d7 28.♕d3 ♗c6 29.♖e2 e5
30.fe ♘:e5 31.♗:e5 ♖:e5
32.♖:e5 ♗:e5 33.♘:d5 ♔h7
34.♗f3 b4 35.♘f4 ♗:f3
36.♕:f3 ♖b8 37.♕d5 ♕f6
38.♕:a5 ♗:f4 39.gf ♖b7
40.♕d5 ♖g7 41.♕d4 ♕h4
42.f5. Schwarz gab auf.
Fischer–Geller, 1967: 6.♗c4
(Sosin-Angriff) 6. ... e6 7.♗e3
♗e7 8.♗b3 0–0 9.♕e2 ♕a5
10.0–0–0 ♘:d4 11.♗:d4 ♗d7
12.♔b1 ♗c6 13.f4 ♖ad8
14.♖hf1 b5 15.f5 b4 16.fe bc
17.ef+ (später stellte sich heraus, daß Weiß 17.♖:f6! gf
18.ef+ ♔h8 19.♕g4! spielen
mußte mit Gewinn) 17. ...
♔h8 18.♖f5 ♕b4 19.♕f1
♘:e4 20.a3 ♕b7 21.♕f4 ♗a4
22.♕g4 ♗f6 23.♖:f6 ♗:b3,
und Weiß gab auf.
Karpow–Timman, 1977:
6.♗e2 e5 (Boleslawski-Sy-
stem) 7.♘b3 ♗e7 8.0–0 0–0
9.♔h1 ♗e6 10.f4 ef 11.♗:f4
d5 12.e5 ♘e4 13.♗d3 ♘:c3
14.bc ♖e8 15.♘d4 ♕d7
16.♖b1 ♘:d4 17.cd ♖ec8
18.♗d2 ♖c7 19.♗a5 b6
20.♗b4 ♗:b4 21.♖:b4 ♗g4
22.♕e1 ♗h5 23.♖b3 ♕g4
24.♖c3 ♖:c3 25.♕:c3 ♖c8
26.♕b4 ♗g6 27.♕e7 a5
28.h3 ♕e6 29.♕a3 h6 30.♖f2
♖c7 31.♔h2 ♖c6 32.♗:g6
♕:g6 33.♕f3 ♕e6 34.♕g3
♔f8 35.c3 ♖c6 36.♖f4 ♖c4

37.♖g4 g5 38.♕d3 f5 39.ef
♕:f6 40.♖g3 ♔g7 41.♖f3
♕d6+ 42.♔g1 b5 43.h4 gh
44.♕f5 ♕e7 45.♔h2 ♖c6
46.♕:d5 ♕d6+ 47.♕:d6
♖:d6 48.a3 ♖c6 49.♔h3 ♖c4
50.♔:h4 ♔g6 51.♔h3 ♔g5
52.d5 ♖c7 53.d6 ♖d7
54.♖d3 ♔f5 55.♔h4 ♔e4
56.♖d1 ♔e5 57.♔h5.
Schwarz gab auf.
Kinger–King, 1984: 2. ... ♘c6
3.d4 cd 4.♘:d4 ♘f6 5.♘c3 e5
(Tscheljabinsker Variante)
6.♘db5 d6 7.♗g5 a6 8.♘a3
b5 9.♗:f6 gf 10.♘d5 f5
11.♗:b5 ab 12.♘:b5 ♖a4
13.c4 ♕a5+ 14.b4 ♖:b4
15.0–0 ♖:b5 16.cb ♘d4
17.♕h5 ♗b7 18.♘f6+ ♔e7
19.♕g5 h6 20.♕h4 fe
21.♖fc1 ♘e2+ 22.♔h1 ♘:c1
23.♖:c1 ♔e6 24.♘h5 ♕d2
25.♕g4+ f5 26.♕g6+ ♔e7
27.♕f6+ ♔e8 28.♕g6+ ♔d8
29.♕f6+ ♔e8 remis.
Geller–Bönsch, 1984: 2. ... d6
3.d4 cd 4.♘:d4 ♘f6 5.♘c3 e6
(das kleine Bauernzentrum ist
für das Scheveninger System
charakteristisch, das auch
durch Zugumstellung entstehen kann) 6.♗e2 ♗e7 7.0–0
0–0 8.f4 ♘c6 9.♗e3 ♗d7
10.♘b3 a5 11.a4 ♘b4 12.♗f3
e5 13.♔h1 ♕c8 14.♖f2 ♗g4
15.f5 ♗:f3 16.♕:f3 ♕c4
17.g4 d5 18.♘d2 ♕c6 19.g5
d4 20.gf ♗:f6 21.♖g1 dc
22.bc ♘:c2 23.♖fg2 ♔h8
24.♗g5 ♖g8 25.♗:f6 gf
26.♖g4 ♕d6 27.♘c4 ♕e7
28.♕g3 ♖:g4 29.♕:g4 ♕f8

30.♕h4 ♖a6 31.♖d1 ♖a8
32.♘b6 ♘e3 33.♕:f6+.
Schwarz gab auf.
Van der Wiel–Anand, 1984:
2. ... e6 3.d4 cd 4.♘:d4 a6
(Paulsen-System) 5.♗d3 ♘c6
6.♘:c6 bc 7.0–0 g6 8.e5 ♗g7
9.f4 d6 10.♘d2 de 11.fe ♗:e5
12.♘c4 ♗d4+ 13.♔h1 ♘e7
14.♗h6 f5 15.♕e1 ♘d5
16.♖d1 ♗f6 17.g4 ♕e7 18.gf
gf 19.♕g3 ♕c7 20.♕h3 ♗b7
21.♕h5+ ♔d8 22.♗:f5 ef
23.♕:f5 ♗e7 24.♘e5 ♕c8
25.♕f7 ♕h3 26.♗g5 ♔c8
27.♖f3. Schwarz gab auf.

Geschlossene Eröffnungen

Damengambit: **1.d4 d5 2.c4**
Diese Eröffnung errang zu Beginn des 20. Jahrhunderts
große Popularität. Die große
Mannigfaltigkeit der strategischen Pläne und taktischen
Ideen ließ sie zu einer Lieb-
lingswaffe vieler hervorragender Schachspieler werden. In
der Regel entstehen im Damengambit kombinatorische
Verwicklungen nach längeren
positionellen Manövern.
Jacoby–Radulov, 1984: **2. ...
dc** (angenommenes Damen-
gambit) 3.♘f3 ♘f6 4.e3 c5
5.♗:c4 e6 6.0–0 ♘c6 7.♕e2
a6 8.a4 ♕c7 9.♘c3 ♗d6
10.♖d1 0–0 11.h3 b6 12.d5
ed 13.♗:d5 ♗b7 14.e4 ♖ae8
15.♗g5 ♘d4 16.♘:d4 ♘:d5
17.♘:d5 ♗:d5 18.♘f5 ♖:e4
19.♕h5 ♖fe8 20.♘:g7 ♖8e5
21.f4 ♖:f4 22.♘e8 ♕c6

23.♘:d6 h6 24.♕:h6 ♖e2
25.♘e4 ♖f:e4 26.♔h1 ♖h4
27.♕:h4 ♖:g2 28.♖a3
♖:g5+. Weiß gab auf.
Kortschnoi–Karpow, 1981:
2. ... e6 (orthodoxe Verteidigung) 3.♘c3 ♘f6 4.♗g5 ♗e7
5.e3 h6 6.♗h4 0–0 7.♘f3 b6
(Tartakower-Makogonow-Bon-
darewski-System; in der vorliegenden Partie ist es durch Zugumstellung entstanden: 1.c4
e6 2.♘c3 d5 3.d4 ♗e7 4.♘f3
♘f6 5.♗g5 h6 6.♗h4 0–0
7.e3 b6) 8.♖c1 ♗b7 9.♗e2
♘bd7 10.cd ed 11.0–0 c5
12.dc bc 13.♕c2 ♖c8
14.♖fd1 ♕b6 15.♕b1 ♖fd8
16.♖c2 ♕e6 17.♗g3 ♘h5
18.♖cd2 ♘:g3 19.hg ♘f6
20.♕c2 g6 21.♕a4 a6 22.♗d3
♔g7 23.♗b1 ♕b6 24.a3 d4
25.♘e2 de 26.fe c4 27.♘ed4
♕c7 28.♘h4 ♕e5 29.♔h1
♔g8 30.♘df3 ♕:g3
31.♖:d8+ ♗:d8 32.♕b4 ♗e4
33.♗:e4 ♘:e4 34.♖d4 ♘f2+
35.♔g1 ♘d3 36.♕b7 ♖b8
37.♕d7 ♗c7 38.♔h1 ♖:b2
39.♖:d3 cd 40.♕:d3 ♕d6
41.♕e4 ♕d1+ 42.♘g1 ♕d6
43.♘hf3 ♖b5. Weiß gab auf.
Gawrikow–Bagirow, 1984:
2. ... c6 (Slawische Verteidigung) 3.♘f3 ♘f6 4.♘c3 e6
5.♗g5 dc 6.e4 b5 7.e5 h6
(Botwinnik-System) 8.♗h4 g5
9.♘:g5 hg 10.♗:g5 ♘bd7
11.g3 ♗b7 12.♗g2 ♕b6 13.ef
0–0–0 14.0–0 ♗h6 15.♗e3
♘:f6 16.♕f3 ♗g7 17.a4 c5
18.dc ♗:f3 19.cb ♗:g2
20.♔:g2 b4 21.ba ♔b7

22.♘b5 ♘g4 23.♖ac1
♖:h2+ 24.♔f3 ♘:e3 25.fe c3
26.bc bc 27.♘:c3 ♔:a7
28.♘b5+ ♔b6 29.♖c7 ♖f8
30.♖b1 ♗e5 31.a5+ ♔:a5
32.♘d6 ♔a6 33.♖c6+ ♔a7
34.♖b7+. Schwarz gab auf.
Beljawski–Kasparow, 1982:
2. ... e6 3.♘c3 c5 (Tarrasch-Verteidigung) 4.cd ed 5.♘f3
♘c6 6.g3 ♘f6 7.♗g2 ♗e7
8.0–0 0–0 9.♗g5 cd 10.♘:d4
h6 11.♗e3 ♖e8 12.♕a4 ♗d7
13.♖ad1 ♘b4 14.♕b3 a5
15.♖d2 a4 16.♕d1 a3
17.♕b1 ♗f8 18.ba ♖:a3
19.♕b2 ♕a8 20.♘b3 ♗c6
21.♗d4 ♘e4 22.♘:e4 de
23.♖a1 ♗d5 24.♕b1 b6
25.e3 ♘d3 26.♖d1 b5 27.♗f1
b4 28.♗:d3 ed 29.♕:d3 ♖:a2
30.♖:a2 ♕:a2 31.♘c5 ♗f3
32.♖a1 ♕d5 33.♕b3 ♕h5
34.♘d3 ♗d6 35.♘e1 ♗b7
36.♖c1 ♕f5 37.♖d1 ♗f8
38.♕b1, und Weiß überschritt
die Zeit.

Nimzowitsch-Indisch: 1.d4 ♘f6
2.c4 e6 3.♘c3 ♗b4.
Diese Eröffnung gilt als eine
der zuverlässigsten für
Schwarz. In ihr finden sich
sehr viele gründlich ausgear-
beitete Systeme und Varianten.
Asmaiparaschwili–Farago,
1984: 4.e3 (Rubinstein-Sy-
stem) 4. ... 0–0 5.♗d3 d5
6.♘f3 c5 7.0–0 dc 8.♗:c4
♘bd7 9.♕e2 b6 10.♖d1 cd
11.ed ♗b7 12.♗g5 ♗:c3
13.bc ♕c7 14.♗d3 ♕:c3

15.♘e5 ♕a5 16.♕e3 ♕d5
17.♕h3 h6 18.♗c4 ♕d6
19.♗f4 ♕e7 20.♖d3 ♘:e5
21.de ♘e4 22.♗:h6 ♘g5
23.♕h5 gh 24.♕:h6 f6 25.ef
♕:f6 26.♕:f6 ♖:f6 27.♖g3
♖g6 28.h4 ♖c8 29.♖:g5.
Schwarz gab auf.
Hort–Agdestein, 1984: 4.♕c2
(Klassisches System) 4. ... 0–0
5.a3 ♗:c3+ 6.♕:c3 b6 7.♘f3
♗b7 8.e3 c5 9.dc bc 10.♗e2
♘e4 11.♕c2 f5 12.b3 ♘c6
13.0–0 ♖f6 14.♗b2 ♖h6
15.♖ad1 d6 16.♖fe1 ♕e7
17.♗f1 ♘d8 18.♕e2 ♘f7
19.b4 g5 20.bc ♘:c5 21.h3 e5
22.♖d5 ♗:d5 23.cd g4
24.♘d2 gh 25.g3 ♕b7
26.♗c1 e4 27.♕c4 ♘e5
28.♕a2 h2+ 29.♔h1 ♘cd3
30.♗:d3 ♘:d3 31.♖f1 ♖c8
32.♕a1 ♕g7 33.♕b1 ♕c3
34.♕b7 ♕:c1. Weiß gab auf.
Dolmatow–Pinter, 1984: 4.a3
(Sämisch-System) 4. ... ♗:c3+
5.bc c5 6.e3 b6 7.♗d3 ♗b7
8.f3 0–0 9.e4 ♘e8 10.♘h3
♕h4+ 11.♘f2 ♘c6 12.♗e3
d6 13.0–0 f5 14.♘h3 ♕f6
15.ef ef 16.♖e1 h6 17.♗c2
♘c7 18.♘f4 ♘a5 19.♗f2
♖ad8 20.h4 ♕f7 21.h5 ♖de8
22.♘g6 ♖:e1+ 23.♗:e1 ♖e8
24.dc dc 25.♗g3 ♘:c4
26.♗b3 b5 27.a4 f4 28.♗:f4
♘d5 29.ab ♘:c3 30.♕d3
♘e2+ 31.♔f2 ♗d5 32.♖:a7
♘:f4 33.♘:f4 ♕:f4
34.♕:d5+ ♔h8 35.♕:c4
♕d2+ 36.♔g3 ♕e1+
37.♔h2 g5 38.♗c2. Schwarz
gab auf.

Kasparow–Karpow, 1985:
4.♘f3 c5 5.g3 (Romanischin-System) 5. ... ♘e4 6.♕d3 ♕a5 7.♕:e4 ♗:c3+ 8.♗d2 ♗:d2+ 9.♘:d2 ♕b6 10.dc ♕:b2 11.♖b1 ♕c3 12.♕d3 ♕:d3 13.ed ♘a6 14.d4 ♖b8 15.♗g2 ♔e7 16.♔e2 ♖d8 17.♘e4 b6 18.♘d6 ♘c7 19.♖b4 ♘e8 20.♘:e8 ♔:e8 21.♖hb1 ♗a6 22.♔e3 d5 23.cd6 ♖bc8 24.♔d3 ♖:d6 25.♖a4 b5 26.cb ♖b8 27.♖ab4 ♗b7 28.♗:b7 ♖:b7 29.a4 ♔e7 30.h4 h6 31.f3 ♖d5 32.♖c1 ♖bd7 33.a5 g5 34.hg ♖:g5 35.g4 h5 36.b6 ab 37.ab ♖b7 38.♖c5 f5 39.gh ♖:h5 40.♔c4 ♖h8 41.♔b5 ♖a8. Schwarz gab auf.

Damenindisch: 1.d4 ♘f6 2.c4 e6 3.♘f3 b6.
Diese Eröffnung führt gewöhnlich zu einem ruhigen Manövrierkampf.
Ribli–Sosonko, 1984: 4.♘c3 ♗b7 5.g3 d5 6.cd ♘:d5 7.♗g2 ♘d7 8.0–0 ♗e7 9.♘:d5 ed 10.♕c2 0–0 11.♖d1 ♗d6 12.♗g5 ♕e8 13.♖ac1 c6 14.♘h4 ♗e7 15.♗:e7 ♕:e7 16.e4 de 17.♘f5 ♕f6 18.♕:e4 ♖ae8 19.♕f4 ♖e2 20.♖e1 ♖fe8 21.♖:e2 ♖:e2 22.b4 g5 23.♕g4 ♖:a2 24.h4 h5 25.♕:g5 ♕:g5 26.hg ♖b2 27.b5 ♖:b5 28.♘d6 ♖:g5 29.♘:b7. Schwarz gab auf.

Königsindisch: 1.d4 ♘f6 2.c4 g6.
In dieser Eröffnung überläßt Schwarz dem Gegner das Zentrum, geht aber dann zum Gegenangriff über.
Speelman–Uhlmann, 1984:
3.♘f3 ♗g7 4.♘c3 0–0 5.e4 d6 6.♗e2 (Klassisches System) 6. ... e5 7.0–0 ♘c6 8.d5 ♘e7 9.♘e1 ♘d7 10.♗e3 f5 11.f3 f4 12.♗f2 g5 13.♖c1 ♖f6 14.b4 ♖h6 15.c5 a6 16.cd cd 17.g4 fg 18.hg ♘g6 19.♘g2 ♘f4 20.gf gf 21.♗h4 ♗f6 22.♗:f6 ♘:f6 23.♔f2 ♖h2 24.♔g1 ♖h3 25.♔f2 ♖g3 26.♘:f4 ef 27.♕d4 ♘g4+ 28.♔e1 ♘e5 29.♔d2 ♗h3 30.♖g1 ♗g2 31.♘a4 ♗:f3 32.♘b6 ♗:e2 33.♔:e2 ♕g5 34.♘:a8 f3+ 35.♔f2 ♖g2+ 36.♖:g2 ♕:g2+ 37.♔e3 ♕g5+. Weiß gab auf.
Andrianow–Kusmin, 1984:
3.♘c3 ♗g7 4.e4 d6 5.f3 (Sämisch-System) 5. ... 0–0 6.♗e3 ♘c6 7.♘ge2 a6 8.♕d2 ♖b8 9.♘c1 e5 10.♘b3 ed 11.♘:d4 ♘:d4 12.♗:d4 ♗e6 13.♗e2 c5 14.♗e3 b5 15.cb ab 16.♘:b5 d5 17.♗:c5 de 18.♗:f8 ♕:f8 19.0–0 ♖:b5 20.♗:b5 ♕c5+ 21.♔h1 ♕:b5 22.♕d8+ ♕e8 23.♕:e8+ ♘:e8 24.fe ♗:b2 25.♖ab1 ♗e5 26.a4 ♔f8 27.a5 ♘c7 28.♖fc1 ♔e8 29.♖:c7.
Schwarz gab auf.

Das Grundprinzip des Mittelspiels besteht in der Koordination der Figurenaktionen, und gerade darin liegt die Schwäche der meisten Schachspieler. Viele versuchen anzugreifen, wenn ihre Figuren isoliert über dem ganzen Brett verstreut stehen, und suchen schließlich verwundert nach einem begangenen Fehler.
José Raoul Capablanca

DRITTES KAPITEL

Die Gesetzmäßigkeiten des Mittelspiels

21. „Erst im Mittelspiel beginnt das eigentliche Spiel"

Als Überschrift dieses Abschnitts haben wir einen bekannten Ausspruch von S. G. Tartakower gewählt, dem hervorragenden Schachjournalisten und Autor des seinerzeit viel beachteten Buches „Die hypermoderne Schachpartie" (1924), denn das Mittelspiel bezeichnet man nicht ohne Grund als das interessanteste Stadium einer Schachpartie. In diesem Partieabschnitt ist das Spielgeschehen zumeist von besonderer Spannung geprägt, hervorgerufen einmal von kopfzerbrechenden kombinatorischen Verwicklungen und zum anderen von sehr feinen positionellen Manövern. In fast jeder Partie – sei es die Partie eines Großmeisters oder eines Durchschnittsspielers – hinterlassen Taktik, Strategie, Kombination und Plan, miteinander auf besondere Weise verwoben, eine einmalige Spur im Gedächtnis des Spielers.

Für den Anfänger ist es ziemlich schwierig, das Mittelspiel zu erlernen, denn die Fülle der Möglichkeiten erschwert die Orientierung. Dennoch beweisen die Erfahrungen der besten Trainer, daß ein systematisches und folgerichtiges Vorgehen bei der Vermittlung des Lehrstoffes die Gewähr bietet, daß die Mehrzahl der Schacheleven die Mittelspielideen erfaßt und die hauptsächlichen Spielverfahren schließlich beherrscht.

Es ist üblich, im Mittelspiel taktische und strategische Ideen zu unterscheiden. Zuerst soll von der Taktik die Rede sein.

22. Ist es schwierig, kombinieren zu lernen?

Zuweilen werden Neulinge von den Kombinationen der Großmeister so in Erstaunen versetzt, daß manche zu sich sagen: „Wenn ich so spielen könnte, würde ich irgendeine Falle in der Partie ausdenken – und alles ist klar." Ein solcher Standpunkt erweist sich als ein großer Irrtum, denn erstens gibt es „ohne Feuer keinen Rauch", zweitens werden Großmeister nicht geboren, und drittens kann jeder Schachspieler kombinieren lernen (und nicht schlecht).

Matt in 6 Zügen

Betrachten wir einmal die sehr alte Kombination Stammas. Weiß scheint ein unvermeidliches Matt zu drohen, jedoch Stamma veranstaltet ein wahres Feuerwerk von Opfern, und der Anziehende gewinnt:
1.♖h4! ♛:h4 2.♛g8+! ♚:g8

3.♘e7+ ♚h8 4.♘f7+ ♖:f7
5.♖c8+ ♖f8 6.♖:f8 matt.
Eine beeindruckende, einprägsame und für Neulinge ziemlich komplizierte Kombination. Nach etwa halbjähriger Unterweisung halten allerdings die ehemaligen Anfänger solche Kombinationen nicht mehr für kompliziert und finden leicht ähnliche von selbst. Man muß nur daran erinnern, daß jede Kombination – sei es auch die schwierigste – aus einfachen Elementen besteht. Jedes Element weist seine Besonderheiten auf, die es aufmerksam zu studieren gilt, und so erwirbt man allmählich die Fähigkeit, Kombinationen nicht nur zu lösen, sondern auch in den eigenen Partien durchzuführen.

Wollen wir nun die Elemente von Stammas „Feuerwerk" studieren.
1.♖h4. Eine „Räumung" ist der Sinn des Turmopfers und der Name für das erste Element der Kombination.
2.♛g8+. Eine „Hinlenkung" ist die Aufgabe der Dame, die sie um den Preis ihres Lebens erfüllen muß.
3.♘e7+. Eine „Linienöffnung", mit deren Hilfe die c-Linie entlastet wird.
4.♘f7+. Eine „Überlastung" – der schwarze Turm kann nicht gleichzeitig die Drohung des Springers e5 und die des Turmes c1 abwehren.

5. 🗌c8. Die „Schwäche der letzten Reihe" – eine Geißel für den Anfänger und die Bezeichnung für das letzte Element der Kombination.

Ein erfahrener Schachspieler findet leicht die Lösung in der Aufgabe von Stamma: Rasch wird der verschlungene weiße Figurenknäuel entwirrt. Natürlich kann eine Kombination nicht die gesamte Vielfalt taktischer Mittel enthalten – zudem handelte es sich bei der Bezeichnung der Elemente dieser Kombination um eine verallgemeinernde Begriffsbestimmung. Taktische Verfahren gibt es viele, und sie sind folgerichtig zu studieren. Allmählich gewinnt man Erfahrung, erwirbt das sogenannte kombinatorische Sehvermögen, das es ermöglicht, die charakteristischen Besonderheiten einer Stellung als Voraussetzung für das Suchen nach einer Kombination zu erkennen.

23. Die Fesselung

Die Fesselung nimmt – sogar unter den verbreitetsten taktischen Verfahren – eine besondere Stellung ein. Dieses Thema umfaßt eine unzählige Menge von Kombinationen. Von den ersten Spielversuchen an wird die Fesselung einen Schachspieler fortan auf Schritt und Tritt begleiten. Ob wir wollen oder nicht – gerade die Fesselung ist es, die wie eine Zauberfee (manchmal eine gute, manchmal eine böse) in allen unseren Partiestadien auftaucht, uns entweder Freude oder Verdruß bringend.

Weiß am Zuge

Der Mehrbauer ist hier eine unzureichende Kompensation für die ungünstig postierten schwarzen Figuren (Rosenblatt–Wolk, 1977). Dieser Umstand verschafft Weiß eine elegante Kombination, der das Thema der Fesselung zugrunde liegt: 1. 🗌b8!, und Schwarz verliert den Läufer (1. ... 🗌:b8 2.♗:e5+). Zugleich sei bemerkt, daß die eingeklammerte Variante ein anderes, sehr bekanntes taktisches Mittel veranschaulicht – den Doppelangriff. So wird der gleichzeitige Angriff auf verschiedene Objekte genannt (in diesem Falle griff der Läufer Turm und König an).

51

Weiß am Zuge

Nicht immer ist eine Fesselung so einfach, daß man sich
auf sie unbedingt verlassen
kann. Schwarz (Gurwitsch–
Pompi, 1976) hatte soeben
erst 1. ... ♖d8 gespielt, also
mit „Tempo" die Dame angegriffen, jedoch die Antwort
von Weiß **2.♕:d8+!** beendete
sofort den Kampf. Mit Hilfe
des Verfahrens „Ablenkung"
erhielt der Springer c3 wieder
die Freiheit. Schwarz gab auf,
denn auf 2. ... ♔:d8 folgt
3.0–0–0+! und dann 4.♘:b5.

24. Der Doppelangriff

Von einer der Spielarten des
Doppelangriffs – der Läufer-
gabel – war bei der Erläute-
rung des Diagramms 37 die
Rede. Von den anderen be-
sonderen Formen des „Doppelangriffs" wählen wir noch
zwei weitere aus.
Nicht immer dient als Angriffs-
objekt eine Figur oder ein
Bauer. Oft gilt der Angriff

einem ... „leeren" Feld. Allerdings kann dieses unbesetzte
Feld entscheidende Bedeutung
besitzen. Sehen wir uns jetzt
zwei kleine Beispiele an.

Zuweilen ist es ein sogenann-
ter stiller Zug, mit dem, völlig
überraschend für den Gegner,
Doppelangriffe geschehen. So
überrumpelte hier Weiß seinen Gegner mit einer kaum
bemerkbaren einschrittigen
Bewegung der Dame – 1.♕a7!
(Tal–Larsen, 1979).
Schwarz gab auf, da er nicht
gleichzeitig das Feld e7 und
den Punkt f2 decken kann.

Schwarz am Zuge

Wer von uns hat nicht Angst vor Springergabeln? Ihre dolchstoßartigen Angriffe trafen sowohl Neulinge als auch Meister. Sogar in einer Fernpartie, wo die Bedenkzeit fast unbegrenzt ist, und die Figuren berührt werden können, übersah der Anziehende die Springergabel (Lange–Halvorsen, 1976): **1. ... ♕:e1+! 2.♔:e1 ♖:c1 3.♘d1** (falls 3.♔:c1, so funktioniert mittels 3. ... ♘e2+! nebst 4. ... ♘:c1 die Springergabel auch) **3. ... ♖:b1.** Weiß gab auf.

25. Der Überfall aus dem Hinterhalt

Die Bekanntschaft mit dem „Abzugsschach" nimmt für die meisten Schachanfänger einen unrühmlichen Ausgang. Wenig Neulingen ist es gelungen, der Verlockung zu widerstehen, irgendwann einmal in ihren Partien den „symmetrischen" Anfang anzuwenden: 1.e4 e5 2.♘f3 ♘f6. Die offizielle Bezeichnung für diese Eröffnung lautet Russische Partie oder gelegentlich Petrow-Verteidigung, was Anfänger noch nicht wissen. Der weitere Partieverlauf war: 3.♘:e5 ♘e4 4.♕e2. Unser wenig erfahrene Spieler brachte nun ruhig, keine Falle ahnend, mit 4. ... ♘f6 seinen Springer außer Gefahr.

Und wie ein Blitz aus heiterem Himmel folgte **5.♘c6+!** Im ersten Moment begriff Schwarz überhaupt nicht, worum es eigentlich ging. Jedoch der Versuch, den Springer auf c6 zu „verspeisen", wurde durch den Jubelruf des Gegners unterbrochen: „Schach geht vor!" Schwarz war also in die Falle getappt, dem Schach aus dem Hinterhalt zum Opfer gefallen. Dieser Wirkungsmechanismus erhielt den Namen „Doppelangriff", wobei es sich hier um ein Abzugsschach handelt.

Aus dem klassischen Erbe
Zwickmühle des Carlos Torre

Unter den Kombinationen zum Thema Doppelangriff nimmt die berühmte Zwickmühle eine Sonderstellung ein. Sie kommt sehr selten vor, denn es ist äußerst schwierig, solch einen großartigen Mechanismus unbemerkt zur Funktion kommen zu lassen. Und dennoch …

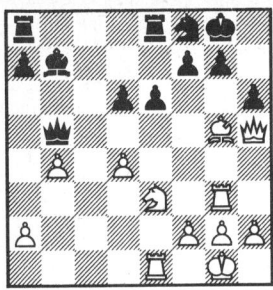

Weiß am Zuge

26. Die Ablenkung und die Hinlenkung

Die taktischen Mittel „Ablenkung" und „Hinlenkung" sind in ihrem Ideengehalt äußerst einfach. Allerdings dienen sie oft lediglich als Vorspiel für kompliziertere Kombinationen. Sehen wir uns einige Beispiele an, in denen die Thematik der Ab- und Hinlenkung vorgeführt wird.

Auf dem Diagramm ist eine Position zu sehen, die den damals noch unbekannten jungen Mexikaner Torre in der ganzen Schachwelt berühmt machen sollte. Ausgerechnet ihm gelang es, in einer Turnierpartie, die Gunst eines glücklichen Augenblicks nutzend, eine „Zwickmühle" in Gang zu setzen: **1.♗f6! ♛:h5 2.♖:g7+! ♔h8 3.♖:f7+ ♔g8 4.♖g7+ ♔h8 5.♖:b7+ ♔g8 6.♖g7+ ♔h8 7.♖g5+ ♔h7 8.♖:h5 ♔g6 9.♖h3 ♔:f6 10.♖:h6+ ♔g5 11.♖h3**, und Schwarz gab nach einigen Zügen auf. Unter die Mühlsteine geriet kein Geringerer als Emanuel Lasker, und dies geschah im 1. Internationalen Moskauer Turnier im Jahre 1925.

Weiß am Zuge

Das Erscheinen einer zweiten gegnerischen Dame kümmert den weißen König durchaus nicht (Panfilow–Nowogenin, 1976), und auf seinen Befehl lenkt seine Dame um den Preis ihres Lebens den Bauern g7 ab, so daß das Matt unvermeidlich ist: **1.♕h6 gh 2.♖:f6+ ♔g7 3.♗:h6+** nebst **4.♖f8 matt** oder **2. ... ♔h5 3.♖h6 matt.**

Weiß am Zuge

In dieser Kombination, die übrigens in einem Frauenturnier (Lažarević–Jovanović, 1971) vorkam, wurden die Themen Ablenkung und Hinlenkung miteinander verknüpft.
1.♕f6+! Die Selbstaufopferung der Dame bezweckt die Ablenkung der schwarzen Dame von der Kontrolle des Umwandlungsfeldes für den Bauern. Durch den Tausch auf g8 wird der schwarze König zum tödlichen Schach hingelenkt: 1. ... ♕:f6 2.♖:g8+ ♔:g8 3.e8♕+ nebst 4.♕:d7.

Schwarz am Zuge

1. ... ♕:c3+!! Die Freude des Spielers, die diese wunderbare Kombination auslöst (Horvath–Sapi, 1977), läßt sich nur mit dem Entzücken eines Goldsuchers vergleichen, der endlich die verborgene Goldader gefunden hat. Durch das Damenopfer gerät der weiße König unter das vernichtende Feuer der übrigen schwarzen Figuren. 2.♔:c3 ♘:d5+ Ergänzend sei bemerkt, daß ein Abzugsschach nicht unbedingt ein Doppelschach zu sein braucht, aber ein Doppelschach ist immer ein Abzugsschach. 3.♔c2 ♘:e3+. Damit ist die Ernte noch nicht eingebracht, vielmehr erst die Vorbereitung dafür. 4.♔b1. In dieser Position hätte das Turmopfer 4. ... ♖:b3+! die Kombination krönen können. Was soll Weiß spielen? Mit dem Springer decken? – 5.♘b2 ♖:a2! 6.♔:a2 ♖:b2+ 7.♔a3 (7.♔a1 ♖a2+ 8.♔b1 ♖a1 matt) 7. ... ♖b3+ 8.♔a4 (8.♔a2 ♖c3+ oder 8. ... ♖b8+) 8. ... ♖b4+ 9.♔a5 (9.♔a3 ♘c4+) 9. ... ♘c4+ 10.♔a6 ♗c8+ 11.♔a7 ♖b7+ 12.♔a8 (12.♔a6 ♖b1+) 12. ... ♘b6 matt. Mit dem Turm decken? – 5.♖b2 ♖:a2 mit etwa den gleichen Varianten. Schwarz spielte jedoch prosaischer und gewann schneller: 4. ... ♗:b3! 5.a3 ♘c4. Weiß gab auf.

27. „Ersticktes" Matt

Das alte „mat étouffé" (ersticktes Matt) geht bereits auf Lucena (1497) zurück.

Weiß am Zuge

1.♕e6+ ♔h8 2.♘f7+ ♔g8 3.♘h6+! ♔h8 4.♕g8+!! ♖:g8 5.♘f7 matt.
In dieser reinen Form kommt diese Mattführung selten vor; häufiger tritt sie als Drohung auf. Einmal den Effekt des „mat étouffé" zu sehen genügt, um danach immer vor ihm auf der Hut zu sein.

Aus dem klassischen Erbe

Die Schachgeschichte hat bis in die heutige Zeit eines der hervorragendsten Beispiele aus dem kombinatorischen Schaffen des genialen Morphy bewahrt.

In der Partie gegen einen unbekannten Spieler (1858) gelang dem Amerikaner eine Kombination zum Thema „ersticktes Matt": **1.♘c5+ ♔b8 2.♘d7+ ♔c8 3.♘b6+ ♔b8 4.♕c8+ ♖:c8 5.♘d7 matt.** Die Idee des „erstickten" Matts kann in völlig unerwarteten Spielsituationen auftauchen.

Weiß am Zuge

In diesem Endspiel (Virtanen–Bergquist, 1974) ging Schwarz an Luftmangel des Königs zugrunde. **1.♖g8+!** Schwarz gab auf, weil er forciert matt gesetzt wird: **1. ... ♕:g8 2.♕g7+! ♕:g7 3.fg+ ♔g8 4.♘e7 matt.**

28. Die Überlastung

Wenn irgendeine Figur mehrere Funktionen zu erfüllen hat, so bedeutet dies, daß sie überlastet ist, d. h., man muß sie ablenken. So entsteht das Motiv einer Kombination, das auf einer Überlastung beruht.

Der Strudel des Mittelspiels hat die Hauptstreitkräfte des Anziehenden (Rodriguez–Olafsson, 1978) abgelenkt, und nur der Turm g1 schützt den König. Diesen Umstand nutzte der isländische Großmeister unverzüglich aus. **1. ...** ♛g2+! Damit steht der Turm vor einer über seine Kräfte gehenden Aufgabe, denn er kann nicht gleichzeitig die Grundlinie und das Feld g2 verteidigen. Weiß gab auf, weil das Matt unvermeidlich ist: **2.** ♖:g2 ♘f3+ **3.** ♔h1 ♖d1+ **4.** ♖g1 ♖:g1 matt. Das Motiv dieser Kombination ist also die Überlastung des Turms.

29. Die Schwäche einer Reihe

Für Schachanfänger kommt der Kenntnis typischer Kombinationen zum Thema „Schwäche der letzten (ersten) Reihe" sehr große Bedeutung zu. Die Erfahrung lehrt, daß Neulinge oft vergessen, ein Fluchtfeld (Luftloch) für ihren König vorzusehen, wodurch viele Partien verlorengehen.

Schwarz am Zuge

Das Damoklesschwert, das über dem Punkt g7 schwebt (Marziniak–Dobosz, 1973), verwirrt Schwarz keineswegs, denn er ist am Zuge, und die erste Reihe von Weiß zeigt eine deutliche Schwäche. **1. ...** ♘f2+! Dieser und der nächste Zug haben das Ziel, die Dame und den Turm von dem Feld e1 abzulenken. Der Springer muß geschlagen werden, da andernfalls ein Abzugsschach mit Damengewinn folgt (**2.** ♔g1 ♘e4+). **2.** ♖:f2 ♗d4! Der Läufer ist unantastbar: Nach **3.** ♛:d4 ist Weiß matt, und nach 3.♔d2 gehen Läufer und Turm verloren. Weiß gab auf. Dem weißen König fehlte ein „Luftloch" – stünde der weiße Bauer auf h3, wäre die Kombination von Schwarz undurchführbar.

30. Die Überdeckung

Die taktische Idee der Überdeckung dient immer als Einleitung zum Hauptthema.

Weiß am Zuge

Der Anziehende nutzte hier sein offensichtliches Übergewicht auf beste Weise (Benua–Roowtow, 1975). Durch die Überdeckungskombination gewinnt er eine Figur: 1.♖f8+! Schwarz darf den Turm weder mit dem Läufer noch mit dem Springer nehmen, weil dann der einzige Weg, auf dem der Turm h8 das Feld e8 kontrolliert, überdeckt wird. Nach dem erzwungenen 1. ... ♖:f8 verhindert Schwarz zwar das drohende

Matt auf e8, kann aber nach 2.♗:f8 den Läufer auf g7 nicht retten.

31. Die Blockade

Die „Blockade" ist im Schach eine ziemlich verbreitete taktische Idee.

Weiß am Zuge

Es ist völlig klar, daß Weiß (Fischer–Benkö, 1963/64) 1.e5 spielen möchte, um danach seinen Gegner auf h7 matt zu setzen. Schwarz würde jedoch darauf 1. ... f5! antworten, was das Verteidigungsproblem vollständig löst. Und trotzdem setzt der Anziehende den Zug e5 durch – nach dem vorbereitenden Zug 1.♖f6! Jetzt ist der Bauer f7 sicher blockiert, und auf 1. ... dc oder 1. ... ♗:f6 folgt 2.e5 mit undeckbarem Matt. In der Partie geschah 1. ... ♔g8 2.e5 h6 3.♘e2, und Schwarz gab auf. Es drohte 4.♖:d6; auf 3. ...

58

♘b5 würde 4.♕f5 folgen, und auf 3. ... ♗:f6 geschähe 4.♕:h6.

Schwarz am Zuge

32. Die Feld- oder Linienräumung

Der Überraschungseffekt von Kombinationen dieser Thematik verblüfft immer wieder. Gewöhnlich kommt es dort zu einer Räumung, wo diese ausgeschlossen scheint.

Weiß am Zuge

Schwarz ließ sich vertrauensvoll auf diese Position ein (Tal–Rantanen, 1979), da er auf 1.♕:f6 die Variante 1. ... ♕e6 2.♖f8+ ♖:f8 3.♕:e6 ♔:g7 vorgesehen hatte. Jedoch eine „leichte" Bewegung des Läufers kündigte den Beginn einer auf Feldräumung basierenden Kombination an. **1.♗h8!** Der Wirkungsbereich des Turmes hat sich enorm vergrößert – es droht ein Matt auf h7, und nach 1. ... ♔:f7 folgt 2.♕:f6+ nebst 3.♕g7 matt. Schwarz gab auf.

Des öfteren trifft man auf Kombinationen, bei denen der Weg zum verdeckten Feld in mehreren Etappen freigelegt wird. Eine Kombination zur Linienräumung kam in einer Partie im Turnier der Kategorie 2 (Jewdokimow–Gromow, Moskau, 1979) vor: **1. ... ♖h1+! 2.♔:h1 ♕h8+ 3.♔g1 ♕h2 matt.** Angemerkt werden muß, daß dieser Sieg von Aljoscha Gromow, eines Schülers der 4. Klasse, errungen wurde, nachdem er einen Tag zuvor Positionen Damianos (16. Jh.) studiert hatte.

1. ♖h8+ ♔:h8 2. ♖h1+ ♔g8
3. ♖h8+ ♔:h8 4. ♕h1+ ♔g8
5. ♕h7 matt.

33. Ewiges Schach

Manchmal zielen Kombinationen auf das Erreichen eines Remis ab. Ein sehr verbreitetes Verfahren, das zu diesem Ziel führt, ist die Kombination auf ewiges Schach.

Diese Stellung entstand im Wettkampf um die Weltmeisterschaft zwischen Karpow und Kasparow (1984). Die weißen Steine führte Kasparow, und er entschloß sich hier, mit einem Springeropfer ein Remis durch ewiges Schach zu forcieren. 1. ♘f6+, remis. Das Springeropfer abzulehnen wäre für Schwarz gefährlich (1. ... ♔h8 2. ♘h5); nach 1. ... gf 2. ♕:f6 ♖:d1 gibt Weiß ewiges Schach (3. ♕g5+ ♔h8 4. ♕f6+ usw.).

34. Wie ein Plan entsteht

Nachdem wir nun die wichtigsten taktischen Operationen kennengelernt haben, gehen wir zur Untersuchung der hauptsächlichen strategischen Pläne über.

Im Mittelspiel sind planmäßige Aktionen die Hauptsache. Das Vorhandensein eines Planes gewährleistet einen harmonischen Spielaufbau, dient sinnvollem Handeln. Umgekehrt führt Planlosigkeit zu einem verworrenen Spiel, zum Verlust des Selbstvertrauens und trägt den Keim einer Niederlage in sich.

Pläne sind verschiedenartig und zahlreich. Jeder Plan beruht auf den konkreten Stellungsbesonderheiten. Sehr häufig trifft man auf Pläne, die einen Königsangriff oder einen Angriff auf einen schwachen Punkt im gegnerischen Lager beinhalten. Als ein guter Plan gilt das Spiel auf den Gewinn eines rückständigen Bauern, die Besetzung von Linien und das Zurückdrängen aktiv postierter gegnerischer Figuren. Sehr selten kommen Pläne vor, die sich auf die ganze Partie unmittelbar beziehen. Gewöhnlich setzt sich der Hauptplan aus Teilplänen zusammen, wobei die Verwirklichung der nächsten Aufgabe von der Erfüllung der vorangegangenen abhängt.

Sehr einfach ausgedrückt, lassen sich die Prinzipien zur Aufstellung eines Planes etwa so formulieren: Beim Übergang von der Eröffnung zum Mittelspiel kommt es auf die zweckmäßige Figurenentwicklung und die vollständige Mobilisierung aller Streitkräfte an; im gesamten Mittelspiel steht die Wahl der Hauptrichtung des Spiels, das Bestimmen der bevorstehenden und der sich daraus ergebenden Aufgaben im Mittelpunkt.

Machen wir uns nun mit den wichtigsten strategischen Plänen vertraut.

35. Der Angriff auf den nichtrochierten König

Beim Übergang von der Eröffnung zum Mittelspiel tritt ziemlich oft die Situation ein, daß einer der Kontrahenten aus einem bestimmten Grunde die Rochade aufgeschoben hat. Das läßt sich in den meisten ` Fällen auf Fehler oder auf einen falschen Plan zurückführen. Die Reaktion auf ein solches Spiel kann ein zielstrebiger Angriff auf den nichtrochierten König sein. Die Methoden der Angriffsführung werden in den folgenden Ausführungen dargelegt.

In der Regel verschafft sich die angreifende Seite auf Kosten eines Bauern oder sogar einer Figur ein großes Kräfteübergewicht im Hauptkampfabschnitt. Das führt zu einer schlagartigen Öffnung der gegnerischen Königsstellung oder zur Vernichtung der Verteidigungskräfte.

Sizilianische Verteidigung
Piskow–Pantschenko
Baku 1981

Diese Partie wurde beim Allunionsturnier der Mannschaften der Pionierpaläste als „Beste Partie" mit dem Preis der Zeitung „Komsomolskaja Prawda" ausgezeichnet. Im Uhrensimultan spielte der Tscheljabinsker Großmeister Pantschenko gegen sieben Moskauer Pioniere bzw. Komsomolzen (zur gleichen Zeit kämpften Tscheljabinsker Schüler gegen Großmeister Jussupow, den Kapitän der Moskauer).
1.e4 c5 2.♘f3 e6 3.d4 cd 4.♘:d4 ♘f6 5.♘c3 d6 6.♗e3 a6 7.g4. Dieser voreilig anmutende Zug wird in dieser Stellung selten gespielt. Der Großmeister beschließt, dem Schüler die Übereiltheit dieses Zuges nachzuweisen und … gerät plötzlich in eine gut getarnte Falle. Juri Piskow, ein Schüler der 10. Klasse der 22. Moskauer Schule, hatte nämlich diese Variante im Trainingslehrgang vor dem Turnier analysiert. **7. … e5.** Damit kommt Schwarz seinem Gegner entgegen; besser war

7. ... ♘c6 oder 7. ... h6.
8.♘f5 g6 9.g5! Darin liegt
das Wesen der Idee von
Weiß – der Kampf um den
Punkt d5 beginnt. **9. ... gf**
(schlecht wäre 9. ... ♘:e4
10.♘:e4 ♗:f5 wegen 11.♘f6+
♔e7 12.♘d5+ ♔e8
13.♗b6).

10.ef! Die Hauptfortsetzung
der Variante. Auf 10.gf hätte
Schwarz 10. ... f4 erwidert.
10. ... d5 (falls 10. ... ♘fd7,
folgt sehr stark 11.♕h5 mit
den Drohungen 12.g6 und
12.♗c4) **11.♕f3! d4.** Einstweilen verläuft alles nach dem
Plan von Weiß. In einer der
Partien, in denen diese Variante zur Anwendung kam
(Perenyi–Schneider, 1978),
ging es weiter: 11. ... ♘e4
12.♘:e4 de 13.♕:e4 ♘c6
14.♗c4 ♗d7 15.0–0–0 ♕c7
16.♖he1 f6 (besser ist 16. ...
0–0–0 17.♗:f7) 17.♖:d7
♕:d7 18.gf ♗d6 19.♗e6 ♕c7
20.f7+ ♔d8 21.♖d1 ♖c8
22.♕:e5, und Schwarz gab auf
angesichts 22. ... ♘:e5
23.♗g5+ ♕e7 24.♖:d6+

♔c7 25.♗:e7. Piskow kannte
diese Partie, während der
Großmeister zum ersten Mal
mit dieser Variante konfrontiert wurde. **12.0–0–0! ♕a5
13.gf dc 14.♗c4!**

An dieser Stelle dachte der
Großmeister eine halbe
Stunde nach, aber er fand
trotzdem keine Verteidigung.
Auf 14. ... ♕b4 würde zum
Beispiel folgen 15.♗:f7+ ♔:f7
16.♕h5+ ♔:f6 17.♗g5+ ♔g7
18.f6+ ♔g8 19.♖dg1! ♕:b2+
20.♔d1 ♕b1+ 21.♗c1+.
14. ... ♕c7 15.♕d5 ♘c6 (auf
15. ... ♗f5 entscheidet
16.♗b6 ♕d7 17.♕:f7+ ♕:f7
18.♖d8 matt).
16.♗b6 ♕d7 17.♕g2 ♗d6
(es verbietet sich sowohl
17. ... ♕f5 18.♕:c6+ bc
19.♖d8 matt als auch 17. ...
♗h6+ 18.♔b1 ♗d2 19.♕g7
♖f8 20.♗c5).
**18.♖:d6! ♕:d6 19.♗:f7+
♔d7 20.♗e6+ ♔e8 21.f7+,**
und in Anbetracht der Va-
riante 21. ... ♔e7 22.♕g5+
♔f8 23.♕g8+ gab Schwarz
auf.

36. Der Angriff auf die kurze Rochadestellung

In den meisten Partien wird kurz rochiert. Deshalb ist der Figurenangriff auf der Königsseite einer der typischen Pläne im Mittelspiel. Prinzipiell muß der Angreifer bei der Verwirklichung eines solchen Planes danach streben, ein Kräfteübergewicht am Königsflügel herbeizuführen.

Weiß am Zuge

Die Vorbereitungsarbeit von Weiß (Michaltschischin–Schmidt, 1981) hat gute Früchte getragen, denn die Position ist reif für einen kombinatorischen Schlag: **1.♘f6+!** Schwarz gab auf. Es wäre sinnlos, den König zu ziehen, und nach 1. ... gf 2.♕g4+ ♔h8 3.ef scheitert nun 3. ... ♗:f6 an 4.♕h4! mit Angriff auf die Punkte f6 und h7.

Auch hier bringt das Zusammenwirken aller Streitkräfte des Angreifers den Erfolg (Polgar–Spassow, 1981). Das Übergewicht von Weiß ist unbestritten: Die gegnerische Dame und der Springer nehmen nicht am Kampf auf dem Königsflügel teil, die Bauernstellung vor dem schwarzen König ist geschwächt, alle weißen Figuren richten sich gegen den schwarzen Königsflügel. Die Kombination von Weiß ist typisch für solche Stellungen: **1.♘:h7! ♔:h7 2.♖:f7+ ♖:f7 3.♕:g6+ ♔h8 4.♕:h6+ ♔g8 5.♖e3! ♖g7 6.♗h7+ ♔h8** (6. ... ♖:h7 7.♖g3+ ♔h8 8.♕f6+) **7.♗g6+ ♔g8 8.♗:e8,** und Weiß hat mehr Material gewonnen, als er geopfert hat. Nach einigen Zügen gab Schwarz auf.

Weiß am Zuge

Auch mit diesem Lehrbeispiel wird ein typischerAngriff auf die Rochadestellung gezeigt: **1.♗:h7+ ♔:h7 2.♘g5+.** Wohin soll der schwarze König ziehen? Falls 2. ... ♔g8, so 3.♕h5 ♖e8 4.♕:f7+ ♔h8 5.♕h5+ ♔g8 6.♕h7+ ♔f8 7.♕h8+ ♔e7 8.♕:g7 matt. Auch nach h6 kann sich der König nicht begeben: 2. ... ♔h6 3.♘:f7+. Ebenfalls gewinnt Weiß nach 2. ... ♔g6 3.h4! (es droht 4.h5+ ♔h6 5.♘:f7+) 3. ... ♖h8 4.h5+! (trotzdem!) 4. ... ♖:h5 5.♕d3+ f5 6.ef+ ♔:f6 7.♕f3+ ♔e7 8.♕f7+ ♔d6 9.♕:h5.
Diese mit den Zügen ♗d3:h7+, ♘f3–g5+, ♕d1–h5 verbundene Angriffsführung erhielt die Bezeichnung „klassisches Läuferopfer".

37. Der Angriff auf die lange Rochadestellung

Partien, in denen beide Seiten die lange Rochade ausführen, kommen seltener vor als Partien mit kurzer Rochade. Der Grund ist in der schwierigeren Vorbereitung der langen Rochade zu suchen. Allerdings unterscheidet sich in einem solchen Falle die Angriffsführung nicht viel von den oben betrachteten Beispielen.

Weiß am Zuge

Zu dieser Position kam es in einem der Turniere der Moskauer Pionierpaläste zwischen dem Schüler der Klasse 5 Sascha Rodionow und Oleg Shabinski, einem Schüler der 6. Klasse. Schwarz bot mit seinem letzten Zug (♕h7–h5?) den Damentausch an (diesem Vorhaben hätte der Zug ♕h7–e4 besser entsprochen), aber er beachtete dabei nicht alle Stellungsbesonderheiten. Der Anziehende handelte unverzüglich nach dem Motto: „Dame und Springer vor zum Angriff": **1.♘c6+!** Jetzt muß Schwarz die Qualität geben, denn der andere Weg führt zum Matt: 1. ... bc 2.♕b3+ ♔c8 3.dc ♗e7 4.♕b7+ ♔d8 5.♕b8 matt.

38. Der Angriff auf den König bei entgegengesetzten (heterogenen) Rochadestellungen

Bei der Thematik „Königsangriff" widmet man den Methoden der Angriffsführung bei entgegengesetzten Rochaden stets großes Interesse. Als unterscheidendes Merkmal dieser Methode gilt der beiderseitige Bauernsturm auf die Königsstellungen. Dabei kommt es hauptsächlich darauf an, ein höchstmögliches Angriffstempo beizubehalten, um dem Gegner in den entscheidenden Aktionen zuvorzukommen. Es entstehen oft Situationen, in denen beiden Königen ein Matt droht und alles durch ein Tempo entschieden wird. Sehen wir uns zwei typische Beispiele an.

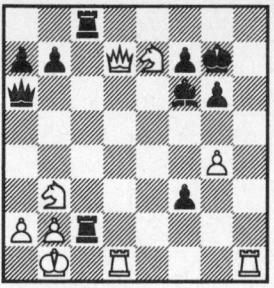

Weiß am Zuge

Schon ein oberflächlicher Blick auf die Stellung (Pirisi–Sapi, 1980) genügt, um festzustellen, daß die Kontrahenten einen heftigen Kampf führen. Weiß ist einer vernichtenden Drohung ausgesetzt, jedoch auch der schwarze König steht zu entblößt ...
1.♘f5+! gf (falls 1. ... ♔f8, so 2.♖h8+ ♔:h8 3.♕d8+; auf 1. ... ♔g8 folgt 2.♘h6+). **2.♖h7+!** Ein typischer Schlag. **2. ...** ♔:h7 3.♕:f7+ **♔h6** (oder 3. ... ♔g7 4.♖h1+ ♔h6 5.♖:h6+ ♔:h6 6.♕h5 matt) **4.♕h5+ ♔g7 5.♖d7+ ♗e7 6.♖:e7+ ♔f6 7.♕h4+ ♔g6 8.gf+ ♔:f5 9.♘d4+ ♔g6 10.♕h7+ ♔g5 11.♕f5+ ♔h4 12.♖h7+ ♔g3 13.♕:f3 matt.**
Jetzt werden wir sehen, wie ein Bauernsturm bei entgegengesetzten Rochaden vor sich geht. Für die Veranschaulichung soll eine Partie dienen, die in einem Schülerturnier für die Leistungsklasse 1 im Moskauer Pionierpalast gespielt wurde.

Spanisch
Aljoscha Klimenok
(13 Jahre) – Eldar Jussupow
(12 Jahre)

1.e4 e5 2.♘f3 ♘c6 3.♗b5 d6
Schwarz wählt die klassische
Steinitz-Verteidigung, in der
dem Weißen das Zentrum
überlassen wird. In den theoretischen Lehrveranstaltungen
für die Leistungsklasse 2
wurde die für das Verständnis
der Ideen des Eröffnungs-
kampfes wichtige Partie Tarrasch–Marco (Nürnberg 1882)
behandelt. In ihr versuchte
Schwarz, den Punkt e5 zu behaupten: 4.d4 ♗d7 5.♘c3
♘f6 6.0-0 ♗e7 7.♖e1 0-0,
aber verlor zwangsläufig –
8.♗:c6 ♗:c6 9.de de 10.♕:d8
♖a:d8 (10. ... ♖f:d8 11.♘:e5
♗:e4 12.♘:e4 ♘:e4 13.♘d3
f5 14.f3 ♗c5+ 15.♔f1!)
11.♘:e5 ♗:e4 12.♘:e4 ♘:e4
13.♘d3 f5 14.f3 ♗c5+
15.♘:c5 ♘:c5 16.♗g5! ♖d5
17.♗e7, und Schwarz gab auf,
denn gegen die Drohung
c2–c4 hat er keine Verteidigung.

Dieses Beispiel verdeutlicht,
daß Schwarz 7. ... ed 8.♘:d4
0-0 spielen muß, obwohl
Weiß dann einen gewissen
Raumvorteil und dadurch
große Bewegungsfreiheit erlangt. Schwarz jedoch besitzt
keine Bauernschwächen, und
seine Figurenentwicklung ist
fast abgeschlossen. Die Praxis
lehrt, daß der Nachziehende

bei aktivem Spiel allmählich
ausgleichen kann.
4.♘c3 ♗d7 5.d4 ed
Nach 5. ... ♘f6 würde das
Spiel in die Hauptvariante ein-
münden. Schwarz aber trifft
eine fehlerhafte Entscheidung
in der Annahme, daß die folgende Abtauschserie ihm rascher Ausgleichschancen verschafft.
**6.♘:d4 ♘:d4 7.♗:d7+ ♕:d7
8.♕:d4**
Die entstandene Stellung ist
zugunsten von Weiß, denn er
ist seinem Gegner in der Entwicklung überlegen, besitzt
Raumvorteil und kann beliebig
rochieren. Für Schwarz harren
dagegen noch viele Probleme
einer Lösung.
8. ... ♘f6 9.♗e3 ♗e7 10.f3!

Der Plan von Weiß liegt fest.
Falls Schwarz kurz rochiert,
leitet Weiß nach erfolgter langer Rochade einen Angriff am
Königsflügel ein. Spielt
Schwarz b7–b6 und danach
0–0–0, wird Weiß mit positionellen Mitteln die Schwächen

im gegnerischen Lager ausnutzen.

10. ... a6

Schwarz deutet an, daß er, falls Weiß lang rochiert, bereit ist, einen Bauernsturm am Damenflügel zu inszenieren.

11.0–0–0 0–0 12.g4! Weiß hat den Bauern- und Figurensturm gut aufgebaut.

12. ... ♖fd8? In derartigen Situationen bedarf es sehr energischen Handelns, d. h., auf schnellstem Wege sollten Linien geöffnet werden. Diesem Ziel hätte der Zug 12. ... b5 mit weiterem Vormarsch des Bauern entsprochen. Der Turmzug erweist sich als ungeeignet, weil er weder mit den vorangegangenen noch mit den folgenden Aktivitäten von Schwarz in Einklang steht.

13.h4 c6 14.h5 ♖ac8

Schwarz spielt sehr passiv, und deshalb ist es nicht verwunderlich, daß er der gefährlichen Attacke von Weiß unterliegt.

15.g5 c5 16.♕d2 ♘e8 17.g6!

Eine ziemlich einfache und häufig anzutreffende Methode der Linienöffnung.

17. ... ♘f6 18.gh+ ♘:h7 (etwas stärker ist 18. ... ♔h8)

19.♘d5 ♖c6 20.♖dg1 ♕e6 21.♘:e7+ ♕:e7 22.♗h6, und Weiß gewann.

Diesem Partiebeispiel kann man entnehmen, daß bei entgegengesetzten Rochadestellungen nicht mit der Organisation eines energischen Bauernsturmes gezögert werden darf, der zu einer Linienöffnung für das Eindringen der Figuren führt.

39. Der Bauernsturm bei beiderseitig kurzer Rochade

Dieser strategische Plan gehört zu einem der wichtigsten Pläne im Mittelspiel. Häufiger wendet Weiß diesen Plan an, weil er bei der Zugwahl in der Eröffnung über die größere Freiheit verfügt. Das Schema der Angriffsführung ist ziemlich einfach, schwieriger die Verwirklichung. Gewöhnlich wird der Bauernsturm mit dem f-Bauern eingeleitet, unterstützt durch den Turm f1, nachdem der König vorsorglich auf h1 in Sicherheit gebracht wurde. Wenn der Bauernvorstoß f2–f4–f5–f6 gelingt, ist es um die Deckung des gegnerischen Königs geschehen. Natürlich müssen alle übrigen Figuren den Bauern beim Vormarsch unterstützen, und manchmal bedarf es noch der Einbeziehung des g-Bauern in den Angriff.

Benoni-Verteidigung
Kaidanow–Koslow
Brjansk 1984

Nachdem der Anziehende mit dem aggressiven Vierbauernsystem der Königsindischen

Verteidigung begonnen hatte, leitete er das Spiel in die Benoni-Verteidigung über. Diese Strategie von Weiß erwies sich in dieser Partie als erfolgreich, denn es gelang ihm, die gegnerische Initiative am Damenflügel abzuschwächen und gleichzeitig den programmierten Vormarsch des f-Bauern zu verwirklichen. Die weiße Angriffsführung ist sehr instruktiv.

1.d4 ♘f6 2.c4 g6 3.♘c3 ♗g7 4.e4 d6 5.f4

Das mächtige weiße Bauernzentrum kann dem Nachziehenden ziemliche Unannehmlichkeiten bereiten. Schwarz darf deshalb mit dem Kampf gegen diese Bauernphalanx nicht zögern.

5. ... 0–0 6.♘f3 c5 7.d5 e6 8.♗e2 ed 9.cd (nach 9.ed verbleibt die Partie in den Geleisen der Königsindischen Verteidigung; der Plan von Weiß besteht nun in der Vorbereitung des Durchbruchs e4–e5).

9. ... ♗g4 10.0–0 ♘bd7 11.♔h1

Ein wichtiger prophylaktischer Zug, mit dem der König späteren Verwicklungen durch ein unvorhergesehenes Schach aus dem Wege geht.

11. ... a6

Der Beginn des Gegenspiels am Damenflügel.

12.a4!

Dieser starke Zug erschwert die Verwirklichung des gegnerischen Planes.

12. ... ♖b8 13.a5

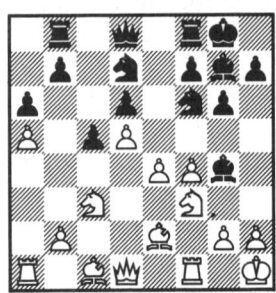

Hätte Weiß den Zug 13.a5 unterlassen, könnte Schwarz die Überlastung des Springers c3 ausnutzen: 13. ... b5 14.ab ab 15.♗:b5 ♘:e4 16.♘:e4 ♖:b5, und auf 17.♘:d6 folgt 17. ... ♖b4 mit Bedrohung des Bauern d5 durch ♖b4–d4 oder ♘d7–b6.

13. ... ♗:f3 (andernfalls marschiert der Springer auf der Route f3–d2–c4 und hilft bei der Durchsetzung des Vorstoßes e4–e5).

14.♗:f3 ♘e8 15.♗g4!

Ein wichtiger Moment. Schwarz hat bisher die Drohung e4–e5 recht gut pariert, aber Weiß ändert seinen Plan und bereitet jetzt den Vorstoß f4–f5 vor. Die Blockade des weißen f-Bauern durch den Zug f7–f5 führt nach 15. ... f5 16.ef gf 17.♗h3 zum ständigen Beschuß des Bauern f5, und zudem würde Weiß die e-Linie besetzen.

15. ... ♘c7 16.♗:d7 ♕:d7 17.f5!

Es ist offensichtlich, daß Weiß seinen Gegner überspielt hat. Jetzt droht f5–f6, und der Läufer g7 wird eingesperrt.
17. ... ♗e5 18.♘e2 ♕e7 19.♖a3!
Der Turm gelangt über die dritte Reihe zum Königsflügel.
19. ... ♗g7
Durch die Bedrohung des Bauern e4 hofft Schwarz, Zeit für die Verteidigung zu gewinnen. Weiß hat jedoch bereits alle Vorbereitungen für den entscheidenden Angriff getroffen und opfert deshalb einfach den Bauern e4.
20.♖h3! ♕:e4 21.f6! ♗h8 22.♕d2!

Die Dame kommt zum Mattsetzen. Eine akzeptable Verteidigung gibt es schon nicht mehr.
22. ... h5 23.♘g3 ♕d4 24.♕h6 ♗:f6 25.♘:h5! gh
(auf 25. ... ♗g7 würde folgen 26.♘f6+ nebst 27.♕h7 matt)
26.♗e3!
Eine wichtige Feinheit. Der Läufer greift die Dame an, und dadurch gewinnt Weiß Zeit für eine Umgruppierung. Die Grundreihe des Anziehenden ist geschwächt und der Turm f1 in seiner Handlungsfreiheit eingeschränkt. So scheitert beispielsweise 26.♖:f6 an 26. ... ♕d1+. Doch jetzt kann der Läufer e3 den König gegen dieses Schach schützen, indem er nach g1 zieht.
26. ... ♗g7 27.♕:h5 ♕d3 28.♖f5 (eine Überdeckung)
28. ... ♕:f5 (es gibt nichts anderes) **29.♕:f5 ♖fe8 30.♕h7+ ♔f8 31.♖g3 ♗f6 32.♗h6+ ♔e7 33.♖e3+ ♔d8 34.♕:f7 ♗h4 35.g3 ♖:e3 36.♗:e3 ♗e7 37.h4.**
Schwarz gab auf.

40. Wie man einen Flankenangriff pariert

Wenn bei einem Flankenangriff das Zentrum ungesichert ist, erweist sich ein Gegenangriff auf den zentralen Feldern als ein sehr wirksames Gegenmittel.

Sizilianische Verteidigung
Ljubojević–Ribli
Riga 1979

**1.e4 c5 2.♘f3 d6 3.d4 cd
4.♘:d4 ♘f6 5.♘c3 a6**
So beginnt das sehr interessante Najdorf-System, in dem viele unterschiedliche strategische Fortsetzungen möglich sind.
6.♗e2
Weiß wählt eine solide Fortsetzung, die zu einem positionellen Kampf führt. Liebhaber kopfzerbrechender Verwicklungen bevorzugen 6.♗g5.
**6. ... e5 7.♘b3 ♗e7 8.0–0
♗e6**
Die Aufgabe von Schwarz besteht in der Organisation einer Konterattacke auf der c-Linie, während Weiß gewöhnlich am Königsflügel angreift.
**9.f4 ♕c7 10.♔h1 ♘bd7 11.a4
0–0 12.f5 ♗c4 13.♗g5**
„Die Geschmäcker sind zwar verschieden", aber in dieser ziemlich populären Variante verhindert Weiß in der Regel den Vorstoß d6–d5, indem er 13.a5 b5 14.ab ♘:b6 15.♗e3 spielt und dann die Türme verdoppelt, um Druck auf den Bauern a6 auszuüben. Zu dieser Thematik sind sehr viele Partien gespielt worden. Ljubojević bevorzugte einen nicht standardgemäßen Plan, jedoch kann man sein Vorhaben nicht als gelungen bezeichnen.
**13. ... h6 14.♗h4 ♖fc8
15.♗d3**

Weiß hat alle Vorbereitungen zum Vorprellen des g-Bauern getroffen, aber auch Schwarz ist auf der Höhe der Ereignisse.
15. ... d5!
Der Gegenschlag im Zentrum als Antwort auf den Flankenangriff ermöglicht es Ribli, die Initiative zu übernehmen.
**16.ed ♗:d5 17.♘:d5 ♘:d5
18.♗:e7** (der Versuch, das Läuferpaar zu behalten, mißlingt wegen der Bauernschwäche c2: 18.♗f2 ♘b4 19.♗e4 ♘f6) **18. ... ♘:e7 19.♕f3**
Der direkte Angriff mit 19.f6 ♘:f6 20.♖:f6 gf 21.♕g4+ ♔h8 22.♕h4 ♘g8 23.♕e4 ♔g7 verbietet sich, da Schwarz im offenen Figurenspiel über gleiche Chancen verfügt.
**19. ... ♘f6 20.♘d2 ♘ed5
21.♘e4 ♖e8 22.♖ae1 ♖ad8**
Ziehen wir eine einstweilige Bilanz. Die Stellung von Schwarz ist gefestigt, seine Figuren sind harmonisch postiert und stehen zu entsprechenden taktischen oder strategischen Manövern bereit.

Bei genauem Spiel von beiden Parteien würde die Partie wahrscheinlich remis enden.
23.c4?
Offenbar konnte sich Weiß nicht damit abfinden, daß sein Gegner im Mittelspiel den Kampf erfolgreich führte. Der richtige Zug 23.c3 hätte das Gleichgewicht bewahrt, das impulsive 23.c4 jedoch verursachte Schwächen in der weißen Stellung.
23. ... ♘:e4 24.♗:e4 ♘f6 25.♗:b7?
Und das ist schon ein taktisches Versehen.
25. ... e4! 26.♗:e4 ♛:c4?
Großmeister Gufeld, der diese Partie im Turnierbulletin kommentierte, bemerkte ganz richtig, daß mitunter sogar erstklassige Großmeister in der Hitze des Gefechts etwas übersehen, was im Zuschauersaal klar erkannt wurde: 26. ... ♛e5! 27.♗d3 ♛:e1 28.♖:e1 ♖:e1+ 29.♗f1 ♖dd1, und Schwarz hat einen Springer mehr. Die „Gegenfesselung" hilft Weiß nicht – 27.♖e2 ♘:e4 28.♖fe1 ♖d4 29.b3 ♛d6! 30.g3 ♛c6! 31.♔g2 f6 und dann ♖e8–e5, wodurch der Springer entfesselt wird.
27.b3?
Solche großmeisterlichen Versehen veranlaßten T. Petrosjan zu der Feststellung, daß, wenn ein Schachspieler der Extraklasse schon solche einfachen und unmittelbaren Drohungen übersieht, Fehler bei der Vorausberechnung um so eher möglich seien ... Auf jeden Fall traf das Gesagte auf Ljubojević zu. Zeitnot war es nicht, den bedrohten Läufer hätte er beruhigt wegziehen können, aber er spürte die Gefahr nicht.
27. ... ♛b4! Endlich hatte es auch Ribli „erfaßt". Weiß gab auf.

41. Die Bildung eines Vorpostens

Wie der Begriff „Vorposten" Eingang in die Schachsprache fand, läßt sich wohl leicht erraten. Unter den zahlreichen Analogiebildungen, die aus dem Vokabular des Militärwesens in das des Schachs übernommen wurden, erweist sich der obige Begriff als sehr zutreffend. Ein Vorposten – das ist ein vorgeschobener, befestigter Punkt.

Die Diagrammstellung zeigt eine der markantesten Arten von Vorposten. Auf dem

Punkt d6 hat sich ein Turm eingenistet, gut gesichert durch den Bauern c5. In der Regel ermöglicht es ein zuverlässiger Vorposten, Vorteil zu erlangen. In der zu untersuchenden Position (Portisch–Seirawan, 1982) war es für Weiß möglich, einen direkten Königsangriff zu führen.

1. ... ♗e7

Der Versuch, sich von diesem gefährlichen Turm zu befreien, scheitert, denn die weiße Streitmacht steht zum Sturm bereit.

2.♕a5+ ♔c8 3.♖e6! (auf e6 zu schlagen, verbietet sich:
3. ... ♘:e6 4.♗:e6+ ♔b8
5.♖d7 nebst 6.♕c7+).
3. ... a6 4.♖e5 ♖h6 5.♖:f5 ♘d7 6.♖f7 ♖f6 7.♖g7 ♔b8
Schwarz ist verloren, der König kann sich nicht in Sicherheit bringen.

8.f5 ♗a7 9.♖:d7! ♕:d7
10.♕b6+ ♔b8 11.♖g8+ ♗f8
12.♖:f8+.

Schwarz gab auf, da er nach
12. ... ♖:f8 13.♗f4+ ♔c8
14.♗e6 matt gesetzt wird.

Als Vorposten können Bauern, Springer, Läufer, Türme und sogar Damen dienen, aber am häufigsten nehmen Springer und Türme diese Stelle ein.
Vorposten sind austauschbar, zum Beispiel kann an die Stelle eines Bauern ein Springer und dann auch ein Turm treten.
Das Spiel zur Herausbildung eines Vorpostens stellt eine sehr wichtige Methode des positionellen Kampfes dar.

42. Das Besetzen einer Linie

Die Fähigkeit, mit Schwerfiguren zu operieren, gehört zum spielerischen Können eines qualifizierten Schachspielers. Wenden wir uns zwei Ideen zu – der Überführung des Turmes von einer Flanke auf die andere und der Besetzung einer freien Linie.

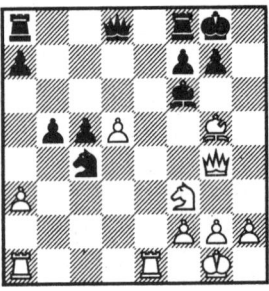

Weiß am Zuge

Der Kampf hat den Höhepunkt erreicht (Goldin–Jefimow, 1982). Durch Einbeziehung des Turmes a1 in den Kampf stört jedoch Weiß schlagartig das Gleichgewicht und verändert das Partiegeschehen zu seinen Gunsten.
1.a4! ♘d6 2.ab ♘:b5 3.♖a6!
Nach nur drei Zügen erweist sich die weiße Stellung als überlegen.
3. ... ♗:g5 4.♘:g5 ♕:d5

72

Schwarz nimmt unverzüglich das Feld h7 aufs Korn, aber die Angriffslawine ist schon nicht mehr aufzuhalten.
5. ♖h6!
Noch vor kurzem stand dieser Turm auf a1!
5. ... ♕d3 6.♘h7! f5 7.♕g6
Der Kampf ist praktisch beendet.
7. ... ♕d2 8.♕e6+ ♖f7
9.♕e8+ ♖f8 10.♘f6+.
Schwarz gab auf.

Nun wollen wir uns eine Partie ansehen, in der Schwarz den Sieg der Besetzung einer zentralen Linie verdankt. Obwohl es sich hier um eine Partie zwischen zwei wenig bekannten Spielern handelt, wurden in ihr alle technischen Verfahren einwandfrei durchgeführt.

Caro-Kann-Verteidigung
Kneller–Kikust

12. Fernschach-Meisterschaft der Lettischen SSR, 1980/81
1.e4 c6 2.d4 d5 3.♘c3 de 4.♘:e4 ♗f5 5.♘g3 ♗g6 6.h4 h6 7.♘f3 ♘d7 8.h5 ♗h7 9.♗d3 ♗:d3 10.♕:d3 ♕c7 11.0–0. Gewöhnlich führt Weiß hier die lange Rochade aus.
11. ... e6 12.c4 ♘gf6 13.♖e1 ♗b4 14.♖e2? Dieser unvorsichtige Zug, der die erste Reihe schwächt, brachte Schwarz auf die Idee, die d-Linie zu besetzen.

14. ... ♖d8! 15.d5 0–0! Dieses Bauernopfer sichert Schwarz die Initiative.
16.de ♘e5 17.ef+ ♖:f7 18.♕b3 ♘:f3+ 19.♔:f3 ♖d1+ 20.♘f1 ♕d8!
Über die offene d-Linie stürzen sich jetzt die Hauptstreitkräfte in den Kampf. Der Nachziehende droht 21. ... ♖:f1+, 22. ... ♕d1+, 23.♕:e1 matt.
21.g3 ♗c5 22.♕f5

22. ... ♘:h5!
Jetzt werden die Schwerfiguren durch die Leichtfiguren unterstützt, und die weiße Königsstellung zerbricht.
23.♕e5 (nach 23.♕:c5 entscheidet 23. ... ♘:g3, und auf

23.♕:h5 folgt 23. ... ♖:f1+
24.♔:f1 ♕d1+ 25.♔g2
♖:f2+!)
23. ... ♕d3
Gegen die schwarzen Drohungen gibt es keine Verteidigung mehr. Weiß versucht, sich gewaltsam zu befreien, aber das hilft ihm auch nicht.
24.♗e3 ♖:a1 25.♗:c5 ♕d1.
Weiß gab auf.

43. Der Einbruch in die siebente Reihe

Diese strategische Idee dient oft als Grund für die Wahl des Planes. Wenn die Schwerfiguren die siebente (zweite) Reihe erobern, läßt sich ohne weiteres von einem entscheidenden Vorteil sprechen. Gewöhnlich wird dadurch entweder das Vordringen eines Freibauern oder Materialvorteil erreicht.

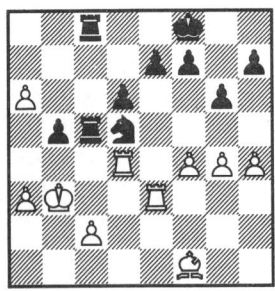

Weiß am Zuge

In dieser Stellung (Karpow–Miles, 1982) führte Weiß eine

Kombination durch, die darauf zielte, die siebente Reihe durch den Turm zu besetzen, um den Vormarsch des Freibauern zu unterstützen.
1.♖:d5! ♖:d5 2.♖c3 ♖d8
Ein Abtausch wäre für Schwarz unvorteilhaft: 2. ...
♖:c3+ 3.♔:c3 ♖c5+ 4.♔b4, und gegen die Drohung ♗f1–g2 mit weiterem Vormarsch des Bauern a6 gibt es keine Verteidigung.
3.♖c7!

Nun beabsichtigt Weiß, den Bauern nach a7 vorzutreiben und den Turm über b7 nach b8 zu bringen. Zur Unterstützung dieses Vorhabens kann jederzeit der Läufer herangezogen werden. Schwarz ist nicht in der Lage, diesen Plan zu verhindern.
3. ... ♖d1 4.♗:b5 e5
Schwarz schafft sich auch einen Freibauern.
5.a7 ef 6.♖b7 ♖b1+ 7.♔a4
♖:b5. Die einzige Chance.
8.♖:b5. Der effektivste Weg zur Realisierung des Übergewichts.

8. ... f3 9.♖b8 f2 10.♖:d8+.
Schwarz gab auf, da nach
10. ... ♔g7 11.a8♕ f1♕
12.♖g8+ ♔f6 13.♕d8+ der
weitere Kampf nutzlos ist.
Jetzt werden wir die Vorbereitungen zur Turmbesetzung
der siebenten Reihe kennenlernen. In der folgenden Partie
kommen keine glänzenden
Kombinationen vor – Weiß
erreichte den Sieg mit technischen Mitteln.

Katalanisch
Beljawski–Kovačević
Sarajevo 1982

1.d4 d5 2.c4 e6 3.♘f3 ♘f6
4.g3 dc 5.♗g2 ♗b4+ 6.♗d2
♗e7 7.♕c2 ♗d7 8.♕:c4
Der geradlinige Versuch, die
Entwicklung des schwarzen
Damenflügels durch 8.♘e5 zu
erschweren, wird mit der
scharfsinnigen Widerlegung
8. ... ♘c6 9.♘:c6 ♗:c6
10.♗:c6 bc 11.♕:c4 ♕d5! be-
antwortet.
8. ... ♗c6 9.♘c3 ♘e4
10.♖d1 ♘:c3 11.♗:c3 ♘d7
12.0–0 0–0 13.♘e5!

Auf diese Weise erreicht Weiß
einen kleinen, aber nachhalti-
gen positionellen Vorteil in
Gestalt der d-Linie. Ist das
viel oder wenig?
13. ... ♗:g2 14.♔:g2 ♘:e5
15.de ♕c8 16.e4
Wenn Weiß ungestört bleibt,
wird er mit dem f-Bauern den
Angriff beginnen.
16. ... c5
Dieser Zug ermöglicht die Er-
richtung eines Vorpostens auf
d6.
17.♕a4!
Am weißen Übergewicht kann
bereits kein Zweifel bestehen.
Die Besetzung der siebenten
Reihe durch Weiß steht unmittelbar bevor. Übrigens ist
17.f4 wegen 17. ... ♕c6 nebst
b7–b5 noch verfrüht.
17. ... a6 18.♕d7!
Möglicherweise kam der Textzug für Schwarz unerwartet,
denn gegen 18.♖d7 wollte er
sich mit 18. ... b5 19.♕d1
♖d8 verteidigen. Beljawskis
Entscheidung erwies sich als
richtig.
18. ... ♖e8 19.f4 b5 20.♗a5!
Noch ein positioneller Zug,
der Schwarz die Kontrolle
über das Feld d8 entzieht.
20. ... ♗f8 21.♕:c8 ♖e:c8
22.♖d7

75

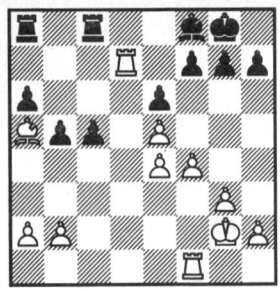

Sehr überzeugend nutzt Weiß seine überlegene Stellung aus.

22. ... c4 23.♔f3 ♖ab8 24.♖a7 ♗c5 25.♖d7

Nach 25.♖:a6 ♖a8 ginge der Bauer a2 verloren, und deshalb wäre im 24. Zug a2–a3 besser gewesen.

25. ... ♔f8 26.f5 ♗e7 27.a3 ♔e8 28.♖fd1 h5

Später schrieb Kovačević, daß 28. ... ♗d8 richtiger war, da Schwarz nach 29.♗c3 (29.♗:d8 ♖:d8 30.fe fe 31.♖:g7 ♖:d1 32.♖g8+ ♔d7 33.♖:b8 c3 34.bc ♖d3+) 29. ... a5 30.fe fe 31.♖:g7 b4 32.ab ab 33.♗e1 c3 Kompensation für den Bauern erhält.

29.♖a7 ♖a8 30.♖dd7 ♖:a7 31.♖:a7 c3

Auch 31. ... ♖c6 konnte hier gespielt werden, aber wahrscheinlich wollte sich Schwarz nach 32.♖a8+ ♔d7 33.♖g8 nicht auf eine völlig passive Verteidigung einlassen. Größere Verteidigungschancen bot allerdings 31. ... b4.

32.♗:c3 ♗:a3 33.♖:a6. Jetzt gewinnt Weiß leicht.

33. ... ♗c5 34.fe fe 35.♖:e6+ ♔d7 36.♖g6 ♖f8+ 37.♔e2 ♖f2+ 38.♔d3 ♖f3+ 39.♔c2 b4 40.e6+ ♔c7 41.♗:g7 h4. Schwarz gab auf.

Der Anziehende verwertete in dieser Partie auf klassische Weise die Vorteile, die sich aus der Besetzung einer Zentrumslinie und der Eroberung der siebenten Reihe ergaben.

44. Zentrumsstrategie

Bereits in der Eröffnung erleichtert die Kenntnis der hauptsächlichen strategischen Pläne des Mittelspiels das Finden der richtigen Spiellinie. Häufig wird die Lösung der nächstliegenden Aufgabe von der Bauernstruktur im Zentrum bestimmt. Die zu unterscheidenden Zentrumsarten werden in den folgenden Darlegungen erklärt.

Das bewegliche Bauernzentrum. Es wird dadurch charakterisiert, daß eine der beiden Parteien ein Bauernpaar im Zentrum besitzt. Das ist ein sehr alter, in den offenen Eröffnungen erprobter Aufbau. Gewöhnlich muß die aktive Seite energisch und rasch mit den Bauern vordringen. Dabei soll nicht unbedingt das Matt angestrebt werden; wenn es gelingt, den Gegner stark einzuengen, kann der Angriff auf eine Flanke verlagert werden. Der Verteidiger bemüht sich zumeist, das bewegliche Bauernzentrum des Gegners zu blockieren oder sogar zu vernichten. Andere Pläne, z. B. ein Flankengegenangriff, erweisen sich selten als wirkungsvoll.

Das festgelegte Zentrum. Blokkierte Bauernketten stellen ein wichtiges Merkmal dieser Zentrumsart dar. Zu den typischen Plänen der aktiven Seite gehört der Bauernangriff auf einem der beiden Flügel. Der Verteidiger kontert gewöhnlich auf dem entgegengesetzten Flügel. Allerdings sollte auch eine Gegenattacke auf dem gleichen Flügel erwogen

werden. Des öfteren greifen auch Bauern aus der eigenen Rochadestellung in den Kampf ein. Manchmal wird auch der Angriff von einem Flügel auf den anderen verlagert.

Das offene Zentrum. Die Besonderheit dieses Zentrums besteht darin, daß sich auf den Zentrumsfeldern keine Bauern befinden. Die für diese Stellungen typischen Pläne beinhalten ein kompliziertes Figurenspiel. Die aktive Seite manövriert, greift mit Figuren auf einem der Flügel an mit dem Ziel, dort eine Schwächung hervorzurufen. Wenn das gelingt, beginnt der Angriff auf diese Schwächen. Bauernstürme erweisen sich erfahrungsgemäß als unvorteilhaft. Das hauptsächliche Verteidigungsverfahren stellt die Verdrängung der gegnerischen Figuren von ihren zentralen Punkten und Linien und die Vermeidung von Bauernschwächen dar.

Das statische Zentrum. Es entsteht nach der Fixierung der Zentrumsbauern. Diese Zentrumsart führt oft zu einer unbeweglichen Struktur. Typische Pläne in solchen Stellungen sind Manöver um die zentralen Punkte. Gewöhnlich strebt jede Seite eine Kräftezentralisierung an, um erst dann zu Flügelaktionen überzugehen. Dabei ist sowohl ein Figurenangriff als auch ein Bauern- und Figurenangriff am Königsflügel oder eine Offensive am Damenflügel möglich. All diese Aktivitäten sind mit Maßnahmen zur Dezentralisierung der gegnerischen Figuren zu verbinden. Eine solche Vielfalt von Plänen führt zu einem sehr interessanten Kampf, der sowohl strategische als auch taktische Möglichkeiten bietet.

Das dynamische Zentrum. Diese Zentrumsart erhielt diese Bezeichnung wegen der ungeklärten, „gespannten" Stellung der Zentrumsbauern. Das dynamische Zentrum kann in jede der zuvor aufgeführten Zentrumsarten übergehen. Das Spiel trägt sehr komplizierten Charakter. Gewöhnlich trachten beide Seiten danach, die Zentrumsposition festzulegen und dem Gegner eine ihm unvorteilhafte Bauernstruktur im Zentrum aufzuzwingen. In solchen Stellungen sind Flügelangriffe möglich, aber bei ihrer Vorbereitung muß man mit Konterattacken im Zentrum rechnen.

45. Die Methodik der Stellungsbeurteilung

Die Stellungsbeurteilung besitzt entscheidende Bedeutung für die Wahl des Planes und seiner taktischen Umsetzung. Eine Stellung richtig zu beurteilen ist nicht sehr einfach zu erlernen, aber für jeden

Schachspieler von erstrangiger Bedeutung.

Mit der Methodik der Stellungsbeurteilung befaßte sich als erster Wilhelm Steinitz, der eine Stellung in Elemente aufgliederte, danach die Charakteristika der Elemente für Weiß und Schwarz verglich, und erst anschließend bildete er sich eine Meinung über die Stellung, wählte den Plan aus und ging zur Berechnung des konkreten Zuges über. Die moderne Praxis bereicherte viele Thesen der Steinitzschen Theorie, und heute schließt eine Stellungsbeurteilung die Analyse folgender *Grundelemente* ein:

Materialgleichgewicht; unmittelbare Drohungen; Sicherheit der Königsstellungen; Zentrum, räumliches Übergewicht; Beherrschung offener Linien, Diagonalen und Reihen; aktive Postierungen von Figuren; Bauernstruktur, schwache und starke Felder.

Aus der Untersuchung dieser Elemente resultiert die statische Beurteilung der Stellung, leitet sich der Plan ab, wird die Suche nach dem konkreten Zug und die Berechnung der Varianten erleichtert. Dabei muß diese statische (starre) Beurteilung sich in eine dynamische verwandeln, die alle taktischen Nuancen der Stellung berücksichtigt.

Versuchen wir einmal, nach der Methodik der Stellungsbeurteilung die Position auf dem Diagramm zu prüfen.

Materialgleichgewicht: Die Kräfte beider Seiten sind gleich, nur eine Figur wurde getauscht.

Unmittelbare Drohungen: Direkte Drohungen sind für keine Seite sichtbar, obwohl der Punkt e5 deutlich die Aufmerksamkeit auf sich zieht.

Sicherheit der Königsstellungen: Es ist offensichtlich, daß dem weißen König nichts droht, doch die des schwarzen Königs gibt Grund zur Beunruhigung, denn der Läufer b2 „blickt mit Röntgenaugen" auf der Diagonale a1–h8, was Schwarz mit der Rückführung des Läufers begegnen sollte, der sich jedoch augenblicklich auf dem Nebenfeld h6 befindet. Doch auch die anderen Verteidiger des schwarzen Königs stehen recht ungünstig, was sich in einer gewissen Schwäche der letzten Reihe äußert.

Räumliches Übergewicht: Der Bauer d5 räumt Weiß nicht

nur ein Übergewicht im Zentrum, sondern auch einen bestimmten Gewinn an Raum ein. Dieser Umstand verschafft Weiß Manövrierfreiheit und erschwert die Manövriermöglichkeiten der schwarzen Figuren.

Beherrschung offener Linien, Diagonalen und Reihen: Die Position trägt geschlossenen Charakter, offene Linien existieren nicht, abgesehen von den unbedeutenden offenen Diagonalen, die die Dame beherrscht.

Aktive Postierungen von Figuren: Schon ein flüchtiger Blick auf die Stellung verrät, daß hier Weiß Vorteil besitzt. Seine Schwerfiguren stehen zu Operationen auf der f-Linie bereit; der Läufer b2 bedroht, wie bereits festgestellt, den schwarzen König, und der Springer d3 nimmt die Punkte e5 und f4 aufs Korn. Man spürt regelrecht, wie die weißen Figuren auf gemeinsame Unternehmungen harren, während die schwarzen Figuren ein wirksames Zusammenspiel vermissen lassen. Der Läufer h6 bietet einen besonders hilflosen Anblick.

Die Bauernstruktur, schwache und starke Felder: Das Hauptmerkmal dieser Stellung ist das Vorhandensein von Bauernketten. An und für sich weisen hier die Bauernketten keine Mängel auf, denn schwache Bauern (rückständige, Doppel-bauern) sind nicht vorhanden. Man kann nicht sagen, daß die Stellung irgendwelche schwache Punkte aufweist. So bedroht wohl Weiß den Punkt e5 auf dreifache Weise (durch den Bauern f4 und zwei Figuren), aber Schwarz stützt diesen Punkt durch die Bauern f6 und d6. Im voraus sei bemerkt, daß der Punkt e5 sich letztendlich doch als schwach erweist.

Ziehen wir nun ein erstes Resümee. Die Analyse aller Elemente hat bewiesen, daß Weiß über eine Raumüberlegenheit verfügt, daß seine Figuren zu Aktionen auf der f-Linie sowie auf der langen Diagonale a1–h8 bereit stehen und somit die schwarze Stellung geschwächt ist. Die übrigen Stellungselemente sind als ungefähr gleich einzuschätzen. Folglich sollte der Plan von Weiß darin bestehen, das Spiel zu öffnen und einen Angriff auf den König zu unternehmen – nur so werden die Schwächen in der schwarzen Stellung aufgedeckt.

Gehen wir nun von der statischen zur dynamischen Stellungsbeurteilung über, zur Suche nach dem konkreten Zug und zur Berechnung der Konterchancen des Gegners. Welcher Zug führt zur Öffnung der Stellung? Nur 1.fe.

Schwarz antwortet 1. ... fe mit Angriff auf die Dame f3. Ein Abzug der Dame verbietet sich – bleibt also 2.♕:f8+ ♖:f8 3.♖:f8+ ♘g8. Weiß erhielt zwei Türme für die Dame. Der schwarze König ist auf h8 förmlich eingeschlossen. Ganz von selbst kommt der Gedanke an ein ersticktes Matt auf, das aber nur ein Springer ausführen kann. Kann aber der weiße Springer nach f7 gelangen? Durchaus: Der Läufer b2 schlägt den Bauern e5, und nach de wird ♘:e5 gespielt mit gleichzeitiger Bedrohung der Dame d7 und des Feldes f7 – hier zeigt sich die Schwäche des Punktes e5. Prüfen wir, ob sich Schwarz nicht irgendwelche Abweichungen bieten – 1.fe de, doch dann ♗:e5 fe 3.♕:f8+ usw. Folglich kann Schwarz in der Hauptvariante nicht wiedernehmen; demgegenüber bleiben alle weißen Drohungen bestehen. Man kann also 1.fe! spielen. Natürlich gehen in einer Turnierpartie alle derartigen Überlegungen wesentlich rascher vor sich. Ein trainierter Schachspieler findet den Zug 4.♗:e5 innerhalb zwei Minuten. Anhand des Stellungsbeispiels (Hort–Dolezal, 1962) sollten nur einmal der Denkvorgang, die Suchrichtung und der Übergang von einem Element zum anderen gezeigt werden. Nach **1.fe fe 2.**♕**:f8+** ♖**:f8 3.**♖**:f8+** ♘**g8 4.**♗**:e5** ♕**g4 5.**♘**c3** ♕**g5 6.**♗**f4** ♕**h5 7.**♗**:d6** ♗**d2 8.**♖**:g8+** gab

Schwarz in der Partie auf. In vielen Positionen läßt sich nicht von einem tatsächlichen Übergewicht für eine der beiden Seiten sprechen. Die genaue Stellungsbeurteilung führt oft zu dem Schluß, daß in einer solchen Situation ein Spieler einen geringfügigen Vorteil in der Bauernformation besitzt, wenn beispielsweise die Voraussetzungen zur Schaffung eines Figurenvorpostens gegeben sind, im übrigen aber Stellungsgleichheit besteht. Immerhin genügt für das Aufstellen eines Planes eine solche Orientierung, wie es die Schaffung eines Vorpostens ist. Wenn das gelingt, vergrößert sich das Übergewicht noch mehr, und die veränderte Situation bedingt einen neuen Plan.

46. Wie man Varianten berechnet

Der Variantenberechnung kommt im Schachspiel große Bedeutung zu. Ein richtiger Gedanke nimmt erst dann wirkliche Gestalt an, wenn er fehlerlos umzusetzen ist. Durch folgerichtiges Training läßt sich das Berechnen von Varianten gut erlernen. Gewöhnlich beherrschen junge Schachspieler nach 2 bis 3 Jahren Unterweisung die Variantenberechnung recht ordentlich. Lassen wir nun einen zehnjährigen Spieler der Leistungsklasse 2 erzählen, wie er einen Zug fand. Die Stellung entstammt einer Partie zwischen Sascha Ilyschew (Weiß) und Igor Dmitrijew (Schwarz) in einem Turnier der Leistungsklasse 2 des Moskauer Pionierhauses.

„Soeben war der forcierte Spielverlauf beendet. Ich hatte eine Position erlangt, in der ich über das Läuferpaar und einen Mehrbauern verfügte. Der Bauer d4 jedoch wird fallen, da er zweimal angegriffen war und nicht verteidigt werden konnte. Zuerst wollte ich 1.&e3 spielen – obwohl Schwarz den Springer gegen den Läufer tauscht? Doch dann fiel mir natürlich ein, daß Dmitrijew 1. ... &:d4 spielt, und falls ich darauf mit der Fesselung 2.&d1 antworte, werde ich sogar verlieren: 2. ... &:e3 3.fe &:e3+!

Was tun? Um den Bauern ist es geschehen. Und hier begriff ich, daß an allem der Springer schuld ist, der auf dem Feld g4 sehr gut steht. Also ihn muß man vertreiben! Sogleich tauchte die folgende Variante auf: 1.h3 &f6 2.&e3 &:d4 3.&d1. Eine Fesselung. Das ist schon gut. Wie kann Schwarz sie auflösen? Nur durch 3. ... &b6. Und was dann? Danach tausche ich auf d8, und meinem Läufer ist der Weg zum Bauern a7 frei: 4.&:d8+ &:d8 5.&:a7.

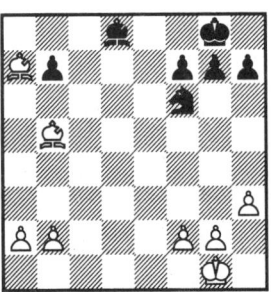

Eine gute Variante. Aber habe ich auch nichts bei der Berechnung übersehen? Prüfen wir. Offenbar nicht. Halt! Mir war doch gelehrt worden, daß man eine Stellung nach dem letzten Zug einer forcierten Variante immer überprüfen sollte. Was könnte Schwarz an dieser Stelle machen? Aha. Schwarz könnte 5. ... b6 spielen mit dem Versuch, meinen Läufer nach ♗d8–c7 vom Spiel auszuschließen. Doch mein Läufer wird auch nicht schlafen und wegziehen: 6.♗b8. So, eine normale Variante.

Ja, kann Schwarz eine für mich überraschende Unternehmung im Schilde führen? Zum Beispiel mit Tempo den wichtigen Bauern a7 mittels 1. ... a6 aus dem Beschuß nehmen? Berechnen wir die Varianten: 1.h3 a6 2.♗e2. Hier könnte Schwarz nun den Springer entweder nach f6 oder nach h6 ziehen. Prüfen wir. Auf 2. ... ♘f6 kann 3.♗e3 geschehen, und falls 3. ... ♗:d4, so 4.♖d1. Was nun? Schwarz könnte erneut den Läufer nach b6 ziehen. Halt! Der Randbauer steht bereits auf a6, also wäre der Läufer b6 schutzlos und mein Turm d1 durch den Läufer e2 gedeckt! Auf diese Weise verliert Schwarz in dieser Variante eine Figur.

Also wird Schwarz 2. ... ♘h6 spielen. Dann 3.♗:h6. Klar, daß jetzt 3.♗e3 nichts einbringt, weil Schwarz das Feld f6 für den Läufer in der Variante 3. ... ♗:d4 4.♖d1 ♗f6 zur Verfügung hat. Folglich 3. ... gh 4.♗f3 ♖:d4 5.♗b7 ♖d2 6.♗:a6 ♖:b2, und Schwarz kann durchaus nicht klagen.

Prüfen wir nun den Zug 2.♗:a6. Falls 1.h3 a6 2.♗:a6 ba, so 3.hg ♗:d4 4.♖b1, und bei Weiß ist alles in Ordnung.

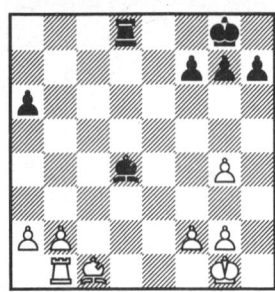

Allerdings kann Schwarz analog spielen: 1.h3 a6 2.♗:a6 ♘:f2. Ein guter Zug. Geschieht jetzt 3.♗:b7 ♗:d4 4.♔f1, so geht nach 4. ... ♘d3! der Bauer dennoch verloren.

Mit 1.h3 a6 2.♗:a6 ♘:f2 3.♔:f2 ♗:d4+ 4.♗e3 ♗:e3+ 5.♔:e3 ba 6.♖c1 wird in ein reines Turmendspiel übergegangen.

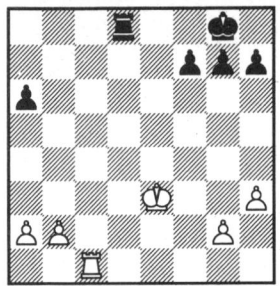

Weiß steht jedoch dank dem Mehrbauern auf dem Damenflügel und der aktiven Königsstellung besser. Möglicherweise kann man diese Variante erwarten, und übrigens mag sie Dmitrijew erst einmal finden. Nun denn, alles ist gut, man kann 1.h3 spielen." Spürt man nicht ungeachtet der Einfachheit der Stellung in den Überlegungen des zehnjährigen Spielers der Leistungsklasse 2 Logik und die Fähigkeit zur Variantenberechnung? Ein solches Können in diesem Alter zu erreichen ist übrigens nicht so einfach. Jede Schachpartie baut sich auf der Berechnung von Varianten auf. Die Kenntnis von strategischen Ideen und taktischen Verfahren, Eröffnungsprinzipien und Endspielgesetzen trägt nur dann spürbaren Nutzen, wenn die Fähigkeit ausgebildet wird, rasch, genau und natürlich richtig Varianten zu berechnen.

Natürlich ist es unmöglich, diese Fähigkeit sofort zu erlangen. Ein zielgerichtetes

Training hilft, daß jeder Schachspieler sich diese „Rechenfertigkeit" aneignen kann. Um diese Fähigkeit der Variantenberechnung zu erlernen, ist es am besten, mit der Lösung unkomplizierter zweizügiger Schachaufgaben zu beginnen. Dabei sollte man sich bemühen, nach Diagramm zu lösen, um alle Stellungsveränderungen gedanklich zu fixieren. Danach wählt man einige Serien einfacher Studien aus. Und dies auch ohne Berühren der Figuren. Dann kommt schließlich der Zeitpunkt, wo man versuchen kann – wiederum ohne Brett –, die Zugfolge nicht sehr komplizierter Kombinationen (oder Endspiele) aus Meisterpartien nachzuvollziehen. Die Schwierigkeit der Übungsaufgaben ist entsprechend dem Umfang des weiteren Trainings schrittweise zu erhöhen. Allmählich bildet sich die Fähigkeit heraus, eine Position zu „sehen", sich in ihr zu orientieren, forcierte Varianten und sogar Kombinationen durchzuführen.

Das Endspiel ist keinesfalls der langweilige Abschluß des Mittelspiels, sondern es ist der Teil der Partie, in dem das im Mittelspiel erreichte Übergewicht realisiert werden muß ... Um zu verstehen und zu schätzen, was sich im Endspiel ereignet, muß man beginnen, sich mit den Elementen zu beschäftigen, denn das Endspiel besitzt Elemente, die den Elementen des Mittelspiels ähnlich sind.
Aron Nimzowitsch

Viertes Kapitel

Gesetzmäßigkeiten des Endspiels

47. Wie ein Materialübergewicht zu realisieren ist

Eines Tages kam ein Unbekannter zu Wilhelm Steinitz und bat, ihm die beste Spielweise im Zweispringerspiel zu zeigen. „Worauf wollen Sie hinaus?" fragte Steinitz, „schließlich wurde über das Zweispringerspiel nicht nur ein Artikel geschrieben." Und der Weltmeister begann geduldig alle Hauptvarianten dieser Eröffnung zu demonstrieren. Ein paar Stunden später sagte der erschöpfte Besucher kopfschüttelnd: „Verzeihen Sie, aber um das alles geht es nicht. Sehen Sie, ich spiele häufig mit Meister Blackburne, und er gibt mir immer zwei Springer vor. Deshalb möchte ich wissen, wie ich mich verteidigen kann, wenn ich zwei Springer mehr besitze."

Diese Geschichte ist fast hundert Jahre alt, aber auch heute noch für Schachanfänger nützlich. Vor allem Schachneulinge leiden offensichtlich an der Unfähigkeit, im vorausgegangenen Kampf errungenes Materialübergewicht auszunutzen. In Partien von Anfängern ist zuweilen der Mehrbesitz von ein paar Bauern oder sogar einer Figur ohne Bedeutung – der Kampf geht weiter, als ob nichts wäre, und es ist fast unmöglich, das Resultat vorauszusagen.
Übrigens wurde schon vor langer Zeit das einfache und genaue Gesetz zur Realisierung eines Materialvorteils formuliert. Es lautet: Der das Materialübergewicht besitzende Spieler muß sinnvolle Spielvereinfachungen und den Übergang ins Endspiel anstreben. Einfacher gesagt, man sollte die Figuren tauschen

und danach trachten, in ein Bauernendspiel einzulenken. Ohne weiteres kann man sagen, daß hier ein Mehrbauer – und um so mehr eine Figur – spielentscheidende Stärke besitzen, und der Kampf endet rasch.

Das ist eine einfache Regel, die selbst kleine Kinder leicht begreifen. Im folgenden Stellungsbeispiel demonstrierte Aljoscha Klimow, ein Junge im ersten Schuljahr, wie gut er dieses Gesetz verstanden hat.

Das heftige Mittelspielgefecht war soeben beendet, und Aljoscha (Weiß) besitzt eine Mehrfigur. Schwarz hat sich jedoch entschieden, den Kampf fortzusetzen, weil er auf praktische Chancen in Form eines Angriffs auf die etwas zerrissene weiße Königsstellung hoffte. Der junge Spieler ging aber sehr exakt an die Realisierung der Mehrfigur heran. Er forciert den Übergang ins Endspiel: **1.♕d4!** (wegen der Drohung 2.♕d8! kann Schwarz dem Damen-

tausch nicht ausweichen) **1. ... ♕:d4 2.♖h:d4!** (nach diesem Zug läßt sich der Abtausch aller Türme nicht vermeiden) **2. ... h6 3.♖d8+ ♖:d8 4.♖:d8+ ♔h7 5.♖e8!** (der schwarze Turm ist in der Falle) **5. ... ♖:e8 6.♗:e8 g6 7.fg+ fg 8.♗d6!**

Genau diese Stellung hatte Aljoscha angestrebt. Jetzt kann sich der abgeschnittene Springer einem Abtausch gegen einen der Läufer nicht entziehen, und Weiß sollte leicht das Spiel gewinnen.

Leider führte Aljoscha die Schlußphase der Realisierung des Übergewichts weniger überzeugend. Dennoch enthält das Spiel von Weiß auch eine Reihe lehrreicher Momente. **8. ... b6 9.♗b5 ♘c5 10.♗:c5 bc**

Der einfachste Plan für Weiß bestand in der Herbeiführung einer Stellung, wo Schwarz ohne irgendein Gegenspiel bleibt. Dies erreichte der Zug 11.f4 mit anschließender weißer Königswanderung nach e4 mit der Drohung ♔d5 und ♔:c5. Schwarz kann dem nichts entgegensetzen, und es würde ihm nicht gelingen, zwei verbundene Freibauern auf dem Königsflügel zu schaffen. In der Partie wählte Weiß einen zu geradlinigen Weg, und Schwarz erlangte Gegenchancen.

11.♔e2 g5 12.♔d3 ♔g6 13.♔c4 ♔f5 14.♔:c5 ♔f4 15.♗c6 h5 (jetzt erhält Schwarz gefährliche Freibauern, und Weiß muß sehr genau spielen) **16.c4 h4 17.♗d7 ♔:f3 18.♔b5 g4 19.c5 g3 20.♗h3 g2**

Weiß wendet nun eine typische Endspielmethode an. Die Mehrfigur wird geopfert, und anschließend werden die neuen Damen getauscht, denn der König von Schwarz ist zu weit vom Damenflügel entfernt, und der a-Bauer ist nicht mehr aufzuhalten.

21.♗:g2+ ♔:g2 22.c6 h3 23.c7 h2 24.c8♕ h1♕ 25.♕c6+ ♔g1 26.♕:h1+ ♔:h1 27.♔a6 ♔g2 28.♔:a7 ♔f3 (zu dieser Stellung kommen wir zurück, wenn wir die Regel des Quadrats erläutern) **29.a4 ♔e4 30.a5 ♔d5 31.a6 ♔c6 32.♔b8** (das plumpe 32.♔a8? würde nach 32. … ♔c7 zum Remis führen) **32. … ♔b6 33.a7,** und Weiß setzte bald matt.

Dieses Beispiel verdeutlicht ein allgemeines Schema zur Realisierung eines materiellen Übergewichts. Aus der Schlußphase der Partie ist gut erkennbar, welche Bedeutung die Kenntnis der Endspielideen besitzt und wie wichtig eine gute Endspieltechnik ist. Jetzt wollen wir folgerichtig

die Grundelemente des Endspiels betrachten.

48. Die Regel vom Quadrat

Diese Regel gehört zu den
Grundkenntnissen des Bauernendspiels. Sie hat zur Folge,
daß „seine Majestät der König", allen Regeln des guten
Tons und der Zeremonie zum
Trotz, nach Leibeskräften mit
den kleinen Bauern um die
Wette laufen muß. Und dies
tut der König mit aller Konse-
quenz, weil davon sein Leben
abhängt.

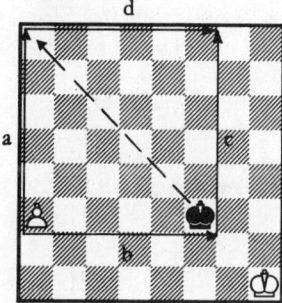

Weiß am Zuge

Diese Position erinnert an die
Episode aus der Partie Aljoscha Klimows nach dem
28. Zug von Schwarz. Allerdings besteht der wesentliche
Unterschied darin, daß in der
erwähnten Partie der weiße
König sehr aktiv am Geschehen teilnahm, während er sich
hier gewissermaßen außerhalb

des Spiels befindet. Für solche
Situationen existiert auch eine
besondere Regel.
Jetzt muß sich der schwarze
König auf die Hamlet-Frage
„Sein oder Nichtsein" für das
„Sein" entscheiden, also den
Bauern erjagen, oder aber un-
terliegen.
Prüfen wir: **1.a4 ♔e4 2.a5
♔d5 3.a6 ♔c6 4.a7 ♔b7.** Er-
jagt. Die Variantenberechnung
ist hier nicht sehr kompliziert,
aber in der ersten Zeit sind
alle Schachspieler nicht gegen
Versehen gefeit. Mitunter
kann der kleinste Fehler den
Partieausgang verändern. Deshalb wird empfohlen, um
rasch und genau das Ergebnis
des „Wettlaufs" zwischen König und Bauer zu bestimmen,
die Regel vom Quadrat anzuwenden.
Die Regel lautet: Wenn der
König mit seinem Zug das
Quadrat des Bauern betritt
oder sich in ihm befindet, so
vermag er den Bauern aufzuhalten. Ist das nicht der Fall,
entkommt der Bauer.
Aber was ist unter dem Quadrat des Bauern zu verstehen?
Das läßt sich leicht erklären.
Man zählt die Anzahl der Felder auf der senkrechten Linie
vom Bauern bis zum Umwandlungsfeld (Linie a). Anschließend werden die Felder der
waagerechten Linie vom Bauern bis zum König gezählt (Linie b). Damit haben wir zwei
Seiten des Quadrats erhalten

(a und b). Durch Hinzufügen der Linien c und d ist das Quadrat des Bauern gedanklich vollzogen. Auf dem Diagramm wird das Quadrat des Bauern a3 von den Feldern a3–a8–f8–f3 markiert. Diese geometrische Veranschaulichung der Regel erleichtert die Berechnung am Brett, und es ist unnötig, alle Züge des Bauern und des Königs zu untersuchen. Es genügt die Feststellung, ob der König mit seinem nächsten Zug in das Quadrat gelangt oder nicht.

49. Die „goldene" Regel der Opposition

Die Grundlagen des Bauernendspiels bilden Positionen, in denen König und Bauer gegen den König kämpfen. Im vorangegangenen Abschnitt haben wir einen Fall betrachtet, wo der König der stärkeren Seite nicht am Kampf teilnahm. Nun wählen wir eine typische Situation aus, in der die Könige gegeneinander kämpfen.

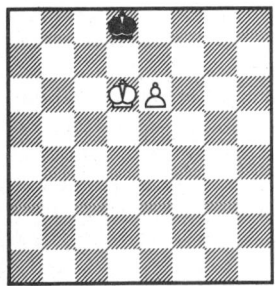

Weder für Weiß noch für Schwarz ist es von Vorteil, am Zuge zu sein: a) 1.e7+ ♔e8 2.♔e6. Weiß ist zu diesem Zug gezwungen, andernfalls geht der Bauer verloren. Jedoch ist Schwarz jetzt patt, also remis.
b) 1. ... ♔e8 2.e7 ♔f7 3.♔d7, und der Bauer zieht ein zur Dame.
Es läßt sich eine Besonderheit feststellen: Wenn ein Bauer mit Schach auf die siebente Reihe vorrückt, ist kein Gewinn möglich; rückt er ohne Schach vor, führt dies zum Gewinn. Das ist die allgemeine Regel für solche Stellungen. Dennoch kommt hier nicht dem Bauern die wesentliche Bedeutung zu, die Hauptsache ist vielmehr die Stellung der Könige. Stehen sich die Könige gegenüber, spricht man von einer Opposition. Sie unterliegt einem besonderen Gesetz: Wer die Opposition einnimmt, der hat Vorteil. Auf dem Diagramm ist gut zu erkennen, daß Weiß gewinnt, wenn sein letzter Zug ♔d6 war, weil er damit die Opposition einnahm. Falls aber Schwarz als letzter gezogen, also ♔d8 gespielt hat, hat er die Opposition eingenommen und ein Remis erreicht.

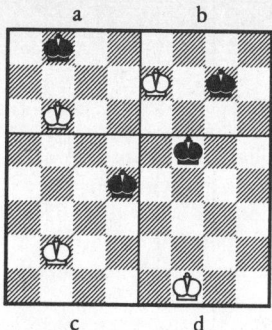

a b

c d

Entsprechend ihren Merkmalen werden folgende Arten der Opposition unterschieden:
a) die senkrechte Nahopposition;
b) die waagerechte Nahopposition;
c) die diagonale (oder seitliche) Nahopposition;
d) die Fernopposition.
Die „goldene" Regel der Opposition lautet: Wenn der Feldabstand zwischen gegenüberstehenden Königen eine ungerade Zahl ist, besitzt der Spieler die Opposition, der zuletzt gezogen hat; handelt es sich um eine gerade Zahl, besitzt der am Zug befindliche Spieler die Opposition.

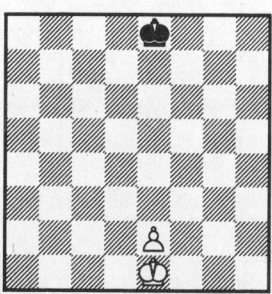

Oft hängt die Opposition von einem zur Verfügung stehenden Bauerntempo ab. In der Diagrammstellung gewinnt Weiß, wenn er am Zuge ist – andernfalls endet die Partie remis. Prüfen wir:
1.♔d2 (nur so; der König muß beginnen) 1. ... ♚e7 2.♔e3 ♚e6 3.♔e4 (Weiß hat die Opposition erreicht, und Schwarz muß weichen) 3. ... ♚f6 4.♔d5! (keinesfalls den Bauern ziehen – dann würde Schwarz die Opposition erringen) 4. ... ♚e7 5.♔e5! (erneut erlangt Weiß die Opposition, und Schwarz wird endgültig verdrängt) 5. ... ♚d7 6.♔f6!
Dieser Zug verdeutlicht noch einmal die sehr wichtige Regel der Opposition: Das Vordringen des Königs auf die sechste (dritte) Reihe vor seinem Bauern führt stets zum Gewinn.
6. ... ♚e8 7.e4
Na, endlich! Der Bauer ist erst vorwärtsgeschritten, nachdem der König seine Zugstraße vorbereitet und gesichert hat. Wenn Weiß in der Ausgangsstellung den Bauern nach e4 gezogen hätte, würde der schwarze König die Opposition als erster erreicht haben.
7. ... ♚f8 8.e5 ♚e8 9.♔e6!
Weiß erobert endgültig die Opposition. Ein grober Fehler wäre 9.e6?, denn dann geht nach 9. ... ♚f8 die Opposition an Schwarz über: 10.e7+ ♚e8 11.♔e6, patt.

9. ... ♔d8 10.♔f7, und der Bauer zieht zur Dame ein. Falls Schwarz in der Diagrammstellung am Zuge ist, führt 1. ... ♔e7 mit nachfolgendem 2. ... ♔e6 zum Remis.

Schwarz ging sehr geradlinig vor, und die Regel der Opposition wirkte hier in reiner Form. Schwarz hatte jedoch die Möglichkeit, bereits in der Anfangsstellung listiger zu spielen. Nach **1.♔d2** konnte er mit **1. ... ♔d8** „auf der Stelle treten" und nach **2.♔e3 ♔e7 3.♔e4 ♔e6** die Opposition einnehmen.

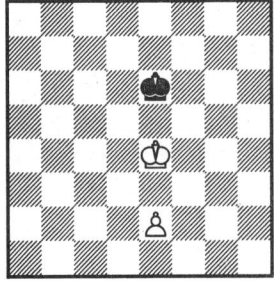

In diesem Falle jedoch gewinnt Weiß durch ein Bauerntempo – **4.e3 ♔d6 5.♔f5** usw. Stünde in der Diagrammstellung der Bauer auf e3, wäre der Partieausgang remis, unabhängig davon, wer am Zuge ist.

50. Zwei klassische Endspiele

Die geschickte Anwendung der Gesetze der Opposition ermöglicht es, in auf den ersten Blick ausgeglichen erscheinenden Stellungen Erfolg zu erreichen oder auch schwierige und sogar schlechtere Stellungen zu retten.

Aus dem klassischen Erbe

Capablanca, der dritte Weltmeister, galt als ein unübertroffener Meister des Endspieles. Seine Darlegungen über die Opposition riefen großes Interesse hervor.

„Die Opposition besitzt sehr große Bedeutung und nimmt manchmal ziemlich komplizierte Formen an, läßt jedoch immer eine mathematische Lösung zu. Der Lernende muß allerdings mit den einfachsten Formen der Opposition vertraut sein.

Wir zeigen nun, wie man in

92

dieser Stellung den großen Vorteil der Opposition ausnutzen kann. Die Stellung ist einfach, denn auf dem Brett befindet sich eine geringe Anzahl von Streitkräften, und das Kräfteverhältnis bewertet ein Anfänger als ausgeglichen. Das stimmt jedoch nicht. Wer am Zuge ist, gewinnt. Festgestellt werden muß, daß sich die Könige gegenüberstehen und der Feldabstand zwischen ihnen eine gerade Zahl darstellt.

Jetzt werden wir betrachten, wie man in solchen Stellungen gewinnt. Zuerst muß man direkt vorwärtsgehen: 1.♔e2 ♚e7 2.♔e3 ♚e6 3.♔e4 ♚f6. Nun kann Weiß die Möglichkeit der Zugwahl nutzen und 4.♔d5 spielen, um auf diese Weise mit dem König durchzubrechen, oder 4.♔f4 ziehen, wodurch dem schwarzen König der Weg versperrt und die Opposition erreicht wird. Eine einfache Berechnung beweist, daß der erste Weg nur zum Remis führt, und folglich wählt Weiß den zweiten und spielt 4.♔f4 ♚g6 (auf 4. ... ♚e6 folgt 5.♔g5 mit Gewinn) 5.♔e5 ♚g7 (jetzt kann man sich überzeugen, daß Weiß durch die Eroberung des b-Bauern gewinnt).

In der betrachteten Variante gestaltete sich das Spiel verhältnismäßig einfach, aber Schwarz verfügt über andere Verteidigungsverfahren, die dem Gegner größere Schwierigkeiten bereiten.

1.♔e2 ♚d8 (auf 2.♔d3 folgt jetzt 2. ... ♚d7, und Schwarz erhält die Opposition ebenso wie nach 2.♔e3 ♚e7).

Um zu gewinnen, muß der weiße König vordringen. Dafür bietet sich nur das Feld f3 an, und dies ist auch der richtige Zug. Hieraus ist ersichtlich, daß man nach vorn marschieren muß, wenn der König in solchen Stellungen einen Abwartezug ausführt, damit zwischen dem eigenen und dem feindlichen König eine freie Reihe bleibt. Also: **2.♔f3 ♚e7.** Schwarz darf nicht durch Vorziehen seines Königs die Opposition erkämpfen wollen. Jetzt steht vor Weiß die Aufgabe, einen Zug auszuführen, der dem ersten Zug von Schwarz ähnelt, und das ist **3.♔e3,** der zu der bereits betrachteten Variante führt.

Für den Lernenden erweist es sich als nützlich, sich mit den Manövern der Könige in den verschiedenartigen Fällen der Opposition vertraut zu machen. Häufig hängt von diesen Manövern der Gewinn oder der Verlust einer Partie ab."

Nun werden wir ein anderes interessantes Bauernendspiel verfolgen.

Schwarz am Zuge

Trotz des Minusbauern erreichte Schwarz durch die geschickte Anwendung der „goldenen" Regel der Opposition und der Regel des Quadrats Remis (Spielmann–Makaryczek, 1939): 1. … ♔f6! Schwarz handelt in Übereinstimmung mit dem ersten Teil der Regel der Opposition, daß bei ungerader Anzahl der Felder zwischen den Königen der am Zug befindliche Spieler die Opposition aufgeben muß. 2.♔e3 ♔e5! (Schwarz hat die senkrechte Nahopposition erreicht) 3.♔d3 ♔d5 4.♔c3 ♔e5

Jetzt nimmt Schwarz die diagonale Nahopposition ein. Er kann den weißen König nicht mehr an der Durchführung des Umgehungsmanövers hindern, da nach 4. … ♔c5? der schwarze König aus dem Quadrat des Bauern h4 geriete. 5.♔b4 ♔d4 6.♔a4 ♔e4! (alle Handlungen von Schwarz stimmen mit der Oppositionsregel überein; augenblicklich nimmt Schwarz die waagerechte Fernopposition ein) 7.♔b5 ♔d5 8.♔b6 ♔d6 9.♔a7 ♔e7!

Nur so! Die Nahopposition kann nicht eingenommen werden, da Schwarz die Kontrolle über das Quadrat des Bauern h4 verlieren würde. An dieser Stelle einigten sich die Gegner auf ein Remis, denn der weiße König kann die Verteidigung nicht erschüttern.

Hinzuzufügen bleibt, daß Weiß in der Ausgangsstellung 2.h5 spielen kann; allerdings erreicht Schwarz dann auf recht einfache Weise Remis:

2. … ♔g5 3.♔e3 ♔:h5 4.♔f4 ♔h6! (4. … ♔g6? verliert, da Schwarz nach 5.♔:g4 ♔h6 6.♔f5! ♔g7 7.♔g5! die Opposition verliert und Weiß mit dem König die sechste Reihe erreicht) 5.♔:g4 ♔g6! (Schwarz verfuhr nach den Gesetzen der Opposition – jetzt ist das Remis unvermeidlich) 6.♔f4 ♔f6 7.g4 ♔g6 8.g5 ♔g7 9.♔f5 ♔f7 10.g6+ ♔g7 11.♔g5 ♔g8! (ein Feh-

ler in der Schlußphase könnte
Schwarz die Partie kosten:
11. ... ♔f8 bzw. h8?? –
12.♔f6 bzw. h6!, und Weiß
besitzt die Opposition)
**12.♔f6 ♔f8 13.g7 ♔g8
14.♔g6 patt.** Ein lehrreiches
Endspiel!

51. Der gedeckte
Freibauer

Die Bauernstruktur im Endspiel bestimmt vielfach die
beiderseitigen Pläne. Jetzt werden wir Stellungen betrachten,
deren Hauptmerkmal das Vorhandensein eines gedeckten
Freibauern ist. Es handelt sich
um ein Bauernpaar des Typs
d4–e5, wobei dem weißen
Bauern auf e5 kein Hindernis
mehr im Wege steht. Der gedeckte Freibauer gilt als besonders gefährlich, denn er,
selbst zuverlässig geschützt,
engt den Aktionsradius des an
das Quadrat gebundenen gegnerischen Königs ein.
Im folgenden zitieren wir
Großmeister Nimzowitsch, der
ein methodisch originelles System zur Erlernung des Posi-
tionsspiels ausgearbeitet hat.

Aus dem klassischen Erbe

„Der Wertunterschied zwi-
schen einem gedeckten und
einem gewöhnlichen Freibauern erhellt aus folgendem Beispiel:

Weiß eröffnet ein Feuer gegen
die schwarze Bauernmajorität:
1.a4 ♔e5 2.ab (falsch wäre
2.c4? wegen b5–b4 mit ge-
decktem Freibauern b4) **2. ...
cb 3.c4 bc+** (erzwungen; 3. ...
b4 ist hoffnungslos, denn
einer der weißen Bauern c
oder f geht zur Dame). Nun
ist die für den erwähnten
Wertunterschied charakteristische Stellung entstanden. Hier
sieht man, daß der weiße König die Freibauern ohne Mühe
einen nach dem anderen verspeisen kann, während im Ge-
gensatz hierzu die Immunität
des ‚gedeckten‘ f5 gegen königliche Angriffe klar zu erkennen ist. Allerdings hat man
schon erlebt, daß der wenig
erfahrene Spieler dieser Immunität zum Trotz freundlich
schmunzelnd und doch voller
Kampfbegierde auf den g-Bauern losgeht. Nach **4.♔:c4 ♔f4
5.f6** sieht er seinen Irrtum ein
und beginnt allen Ernstes (!!)
dem vorgelaufenen Bauern
nachzujagen. Der Komödie
letzter Teil verläuft dann wie
folgt: **5. ... ♔e5! 6.f7 ♔e6!!**

7.f8♕ aufgegeben. Wir formulieren: Die Kraft des gedeckten Freibauern liegt in seiner Unangreifbarkeit gegenüber gegnerischen Königsbedrohungen begründet."

52. Der entfernte Freibauer

Wenn man einen entfernten Freibauern besitzt, ist der Gewinn stets einfach: Der Weg des Freibauern zur Dame wird von Hindernissen befreit, dann tritt er seinen Opfergang an – lenkt die Aufmerksamkeit des gegnerischen Königs auf sich, während der eigene König auf der gegenüberliegenden Flanke in die gegnerische Stellung eindringt.

Der weiße Plan besteht aus zwei Teilen. Zuerst wird ein Freibauer geschaffen, der den schwarzen König auf sich lenkt.
1.a4 ♔d5 2.b5 ab 3.ab ♔c5 (oder 3. … ♔e5 4.b6 ♔d6 5.b7 ♔c7 6.♔:e4 usw.). An-

schließend beseitigt der weiße König die schwarzen Bauern und führt einen seiner beiden Bauern zur Dame.
4.♔:e4 ♔:b5 5.♔f5 ♔c5 6.♔g6 ♔d5 7.♔:h6 usw.
Schwarz konnte auch anders spielen, nämlich 2. … a5 (anstelle von 2. … ab). In diesem Falle würde Weiß seinen Plan ein wenig ändern: 3.b6 ♔c6 4.♔:e4 ♔:b6 5.♔d5!

Hier ist der Angriff des Königs gegen die Bauern g und h für Weiß schlecht, denn Weiß benötigt neun Züge, um die schwarzen Bauern zu vernichten und um den eigenen Bauern zur Dame zu führen, während Schwarz zur Lösung der analogen Aufgabe nur acht Tempi braucht. Deshalb wendet Weiß eine andere Idee an. Weiß gewinnt zunächst die Opposition am Damenflügel, schafft dort einen entfernten Freibauern und begibt sich dann zu den schwarzen Bauern am Königsflügel.
5. … ♔b7 6.♔c5 ♔a6 7.♔c6 ♔a7 8.♔b5 ♔b7 9.♔:a5 ♔c6

10.♔b4 ♔b6 11.a5+ ♔a6
12.♔a4 ♔a7 13.♔b5 ♔b7
14.a6+ ♔a7 15.♔a5 ♔a8
16.♔b6 ♔b8 17.a7+ ♔a8
18.♔c6, und Weiß gewinnt.

53. Der Durchbruch

Die Bauern begnügen sich
durchaus nicht immer damit,
die Rolle der Sanftmütigen zu
spielen. In bestimmten Situationen können sich diese kleinen Kämpfer nachdrücklich in
Szene setzen zum Kummer
derjenigen, die unter ihre
Dolchstöße geraten. Das war
der Fall in der folgenden Position (Pomar–Cuadras, 1974):

Schwarz am Zuge

1. ... f4!!
Großmeister Pomar ist nicht
in der Lage, den Gang der Ereignisse zu ändern. Nach 2.gf
bildet Schwarz einen Freibauern durch 2. ... h4! usw.; auf
2.ef folgt ebenfalls 2. ... h4!
3.gh g3!, und ein Freibauer
entsteht. Der weiße König ver-

suchte, höchstpersönlich Ordnung in die Reihen seiner
Bauern zu bringen, aber das
schwarze Fußvolk ignoriert
ihn einfach: 2.♔d5 h4!
3.♔:e4 (3.gh g3) 3. ... f3 4.gf
h3. Weiß gab auf.
Wir waren Zeugen eines ausgezeichnet vorbereiteten
Bauerndurchbruchs. In Bauernendspielen stellt ein Durchbruch eine sehr starke Waffe
dar. Nun wird der Durchbruch
in seiner Urform vorgeführt.

1.b6! ab 2.c6!! bc 3.a6 oder
1. ... cb 2.a6 ba 3.c6.

54. Das „Dreieck"

So wird ein weitverbreitetes
Tempogewinnverfahren be-
zeichnet. Der Schweizer Meister Fahrni, Verfasser eines zu
seiner Zeit bekannten End-
spielwerks (1926), schuf in
einer Turnierpartie (Fahrni–
Alapin) das „klassische
Dreieck".

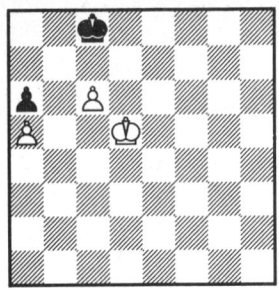

55. Der Abwartezug

Festina lente! – Eile mit Weile! Diese alte Weisheit trifft voll und ganz für eine der wichtigsten Endspielmethoden zu.

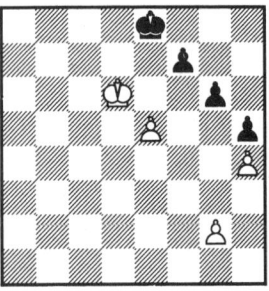

Weiß kann hier nicht mit den üblichen Verfahren gewinnen, indem er den c-Bauern opfert, weil sich der schwarze König in der Ecke festsetzt. Jedoch auch das geradlinige 1.♔d6 stößt auf dauerhaften Widerstand: 1. ... ♚d8. Eine Linksschwenkung hilft ebenfalls nicht: 1.♔c5 ♚c7. Doch was wäre, wenn in der Diagrammstellung Schwarz am Zuge ist? In diesem Falle würde Weiß leicht gewinnen: 1. ... ♚c7 2.♔c5 ♚c8 3.♔b6 oder 1. ... ♚d8 2.♔d6 ♚c8 3.c7. Folglich muß erreicht werden, daß Schwarz in Zugzwang gerät. Diesem Ziel dient der „Dreiecksmarsch" des weißen Königs.
1.♔d4 ♚d8 (Schwarz muß so manövrieren, um in dem Moment nach c8 zu ziehen, wenn der weiße König das Feld d5 betritt; allerdings gelänge das Schwarz nur, wenn es eine neunte Reihe gäbe) **2.♔c4!** ♚c8 3.♔d5! Das „Dreieck" ist geschlossen und Schwarz am Zuge. Diese Methode sollte man sich gut einprägen.

Es ist offensichtlich, daß die einzige Möglichkeit für Weiß, auf Gewinn zu spielen, in dem Zug e5−e6 besteht (Lipski–Piprowski, 1971). Natürlich beruht dies auf der Variante 1.e6 fe? 2.♔:e6 ♔f8 3.♔f6 ♔g8 4.♔:g6 usw. Deshalb zieht Schwarz 1. ... f6 mit der Folge 2.e7 g5! 3.♔e6 (3.hg? fg 4.♔e6 h4 5.♔f5 h3! 6.gh ♔:e7 7.♔:g5 ♔f7, und Schwarz erreicht das ersehnte Eckfeld) 3. ... gh 4.♔:f6 h3! 5.gh h4!!, und das Patt ist Schwarz garantiert.
Aus diesen Varianten wird deutlich, daß Weiß einen Abwartezug benötigt. Aber wo findet sich dieser Zug? In der Ausgangsposition! Erst jetzt wird der von Lipski ausgeführte Zug verständlich: **1.g2−g3!!** Es zeigt sich, daß

der auf den ersten Blick nicht notwendig erscheinende Abwartezug den Gewinn forciert. Wie immer Schwarz jetzt spielt, nichts rettet ihn mehr:
a) 1. ... ♔d8 2.e6 f6 3.e7+ ♔e8 4.♔e6 g5 5.♔:f6 gh 6.gh, und Schwarz muß den Bauern passieren lassen;
b) 1. ... ♔f8 2.♔d7 ♔g8 3.♔e8! ♔g7 4.♔e7 ♔g8 5.♔f6! ♔f8 6.e6 fe 7.♔:g6!, und Weiß siegt leicht.
Wir halten also fest, daß sich im Endspiel häufig der schnellste Weg zum Sieg in einer äußerlich ruhigen Entwicklung der Ereignisse verbirgt.

56. Das Spiel auf beiden Flügeln

Oft sind Stellungen anzutreffen, in denen der König Drohungen gleichzeitig auf beiden Flügeln schaffen kann.

Aus dem klassischen Erbe
Das Theorem Rétis

Auf dem Schachbrett ist die kürzeste Entfernung zwischen zwei Punkten nicht immer die gerade Linie. Das Theorem Rétis besagt: „Der Weg auf der geraden Linie ist gleich dem Weg auf der schrägen Linie" – damit hat der tschechische Großmeister mit ungewöhnlicher Einfachheit eines der paradoxen Gesetze schachlicher Geometrie verdeutlicht.

Schwarz am Zuge. Remis.

Die Lösung dieser Studie wirkt sehr beeindruckend auf die Phantasie jedes Schachspielers. Der dem Untergang geweihte weiße König erhebt sich wie Phönix aus der Asche, und mit jedem Zug erstarkt seine Lebenskraft.
1. ... h5 2.♔g7 h4 3.♔f6 ♔b6 (falls 3. ... h3, so 4.♔e6 h2 5.c7 ♔b7 6.♔d7; deshalb versucht Schwarz, das Vorziehen des Bauern nach c7 zu verhindern, aber dann nutzt der weiße König diese Pause aus und nähert sich dem ersehnten Quadrat 4.♔e5 h3 5.♔d6 (der seltene Fall, wo der Kampf auf zwei Flügeln von Erfolg gekrönt wird; nachdem wertvolle Zeit gewonnen wurde, sicherte der weiße König dem c-Bauern den Weg zur Dame) 5. ... h2 6.c7, remis. Der Weg zum Quadrat des Bauern h5 auf der Schrägen (♔h8–g7–f6–e5) erweist sich nicht länger als der Weg auf der Geraden (♔h8–h7–h6–h5)!

57. Der Randbauer

Der Turmbauer erschwert der stärkeren Seite den Gewinn und räumt der schwächeren größere Remischancen ein.

In dieser Position erreicht Schwarz das Remis, wenn es ihm gelingt, dem Turmbauern den Weg zu versperren.
1.h5 ♔f6 2.♔h7 ♔f7 3.h6 ♔f8 4.♔g6 ♔g8 5.♔f6 ♔h7 6.♔e6 ♔:h6 7.♔d6 ♔g6 8.♔c6 ♔f6 9.♔b5 ♔e6 10.♔:a5

Ein sehr wichtiger Moment. Es verbietet sich 10. ... ♔d6? wegen 11.♔b6 ♔d7 12.♔b7, und der weiße König sichert den Vormarsch des Bauern. Nach dem richtigen Zug 10. ... ♔d7! erreicht Schwarz das Feld c8.
11.♔b6 ♔c8 12.♔a7 (auch 12.a5 hilft nicht, weil 12. ... ♔b8 13.a6 ♔a8 14.a7 zum Patt führt) **12. ... ♔c7!** (jetzt kann der weiße König die a-Linie nicht verlassen) **13.a5 ♔c8! 14.a6** (oder 14.♔b6 ♔b8 15.a6 ♔a8 16.a7, patt) **14. ... ♔c7 15.♔a8 ♔c8** (möglich ist auch 15. ... ♔b6 16.a7 ♔c7, patt) **16.a7 ♔c7 patt.**

58. Das Hindernis

Manchmal stören die eigenen Bauern bei der Realisierung einer Verteidigungsstellung. Mit dem Wesen dieser Störung sollte man sich unbedingt vertraut machen.

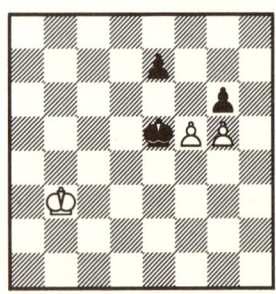

Weiß am Zuge

Weiß gewinnt, da der Bauer e7 für Schwarz ein Hindernis darstellt. **1.fg ♔e6 2.♔c4,** und der schwarze König muß das Quadrat des g-Bauern verlassen.

59. Der Zugzwang

Dieses deutsche Wort, das Eingang in das Schachvokabular vieler Sprachen gefunden hat, steht als Begriff für „erzwungener Zug". Dem einfachsten Fall eines Zugzwangs begegneten wir im Diagramm auf S. 90; dort ging es um das Problem der Opposition. Eine umfassende Begriffsbestimmung gab Großmeister Krogius: „Zugzwang – das ist die Situation, in der die Figuren einer Partei aus entscheidenden Brettabschnitten verdrängt wurden und in der dieser Partei nützliche Züge nicht mehr möglich sind."

Gewinn

Die Endstellung der Studie von Paoli führt in sehr beeindruckender Weise zum Zugzwang:

1.e4!!
Nichts ergibt das primitive 1.f5 ♔:e2 2.f6 ♔e3 3.f7 ♗d5 4.♔g7 ♗:f7 nebst 5. … ♔:d4; auch nach 1.♔f7 ♔:e2 2.♔e6 ♔e3 3.♔e5 ♗e4 erreicht Weiß sein Ziel nicht; mit einem scharfsinnigen Bauernopfer bringt Weiß den Gegner in Zugzwang:
1. … ♗:e4 2.♔f7 ♔e2 3.♔e6 ♔e3 4.♔e5. Auf 4. … ♔d3 oder Wegzug des Läufers von der Diagonale b1–h7 entscheidet 5.d5, und nach 4. … ♔f3 oder Wegzug des Läufers von der Diagonale a8–h1 gewinnt f5.

60. Die Zurückstoßung

In der Studie Rétis (Diagramm S. 99) wurde die Idee des Spiels mit dem König an zwei Flügeln dargestellt. Damit erschöpfen sich jedoch nicht die erstaunlichen Eigenschaften der Hauptfigur im Schach. Die Könige beherrschen nämlich unterschiedliche Verfahren des „Nahkampfes".

Aus dem klassischen Erbe

Wie ein König den anderen mit der Schulter stieß

Mit dieser im Jahre 1921 gespielten Partie zwischen Schlage und Ahues wurde ein bedeutender Beitrag zur Theorie der Bauernendspiele geliefert.

Weiß gewinnt

In der Partie geschah 1.♔e6
♚c3 2.♔d6? ♚d4 3.♔c6
♚e5! 4.♔b7 ♚d6 5.♔:a7
♚c7, und Schwarz hat den
König eingeschlossen – remis.
In der Analyse wurde jedoch
festgestellt, daß sich der weiße
König dem schwarzen Bauern
nicht auf einer geraden Linie,
sondern im Zickzack nähern
muß. Dadurch würde es ihm
gelingen, den gegnerischen
König „mit der Schulter zu
rempeln" und das entscheidende Tempo zu gewinnen.
Richtig war: 1.♔e6 ♚c3
2.♔d5! ♚b4 3.♔c6 ♚c4
4.♔b7 ♚c5 5.♔:a7 ♚c6 (dem
schwarzen König fehlt ein
Tempo) 6.♔b8 usw.
In der Folgezeit machte das
Verfahren des „Zurücksto-
ßens" durch eine Vielzahl anderer Beispiele Schule, aber
der Ursprung geht auf diese
Partie zurück.

61. Der Raumvorteil

Dieses positionelle Merkmal
ist in Bauernendspielen häufig
anzutreffen. Die Seite, die den
größeren Raum beherrscht, besitzt auch größere Manövrierfreiheit, und dies wiederum
ermöglicht die Umwandlung
eines positionellen Vorteils in
einen materiellen.

Weiß gewinnt

In diesem theoretischen Endspiel sind beide Könige an die
Bauern gebunden. Während
jedoch der Lebensraum für
Schwarz auf die Felder a8 und
b7 begrenzt ist, steht dem Anziehenden fast das ganze Brett
zur Verfügung.
1.♔g6 (ein notwendiger Zug)
1. ... ♚a8 2.♔f5! (jetzt strebt
der weiße König zum Feld c7,
doch das Vorgehen der
schwarzen Bauern hat schon
keine Bedeutung mehr) 2. ...
h5 3.♔e6 h4 4.♔d7 ♚b7
(der letzte Versuch, den Plan
von Weiß zu stören; jedoch
eine kleine Kombination mit

„Hinlenkung" entscheidet den Kampf um das Feld c7) **5.a8♕+! ♔:a8 6.♔c7** und Matt in 3 Zügen.

62. Die Bauernphalanx

Zwei Bauern, die durch eine Reihe getrennt sind, können nicht nur den gegnerischen König an sich ketten, sondern auch einen Bajonettangriff auf ihn beginnen.

Weiß gewinnt

Auf dem Diagramm ist ein theoretisches Endspiel dargestellt (Fahrni), in dem Schwarz nur passiven Widerstand leisten kann. **1.h4! ♔f5 2.♔a5 ♔g6** Schwarz darf nicht 2. ... ♔f4 spielen, weil dies keinerlei Drohungen nach sich zieht, denn der Bauer f3 ist tabu. **3.f4!** (natürlich nur so, andernfalls 3. ... ♔h5, und die Bauern gehen zugrunde) **3. ... ♔h5 4.f5!** (Weiß hat umgruppiert, seine Bauern schützen

sich gegenseitig; dieses Manöver wiederholt sich noch mehrmals) **4. ... ♔h6 5.♔:a6 ♔g7 6.h5! ♔f6 7.h6! ♔f7** (und jetzt kommt dem König der heldenhafte Bauer zu Hilfe) **8.♔b6 ♔f6 9.♔c6 ♔f7 10.♔d7 ♔f6 11.h7 ♔g7 12.♔e7** usw.

63. Die Umgehung

Die „Umgehung" ist eine Hilfsaktion, die dazu dient, die Hauptidee zu verwirklichen.

Remis

In diesem theoretischen Endspiel (Prokes) besteht die einzige Chance für Weiß darin, mit seinem König auf das Feld c2 zu gelangen, ohne daß der schwarze König die a-Linie verläßt. Durch Angriff auf den schwarzen Bauern gewinnt Weiß die nötigen Tempi und erreicht durch ein beeindrukkendes Umgehungsmanöver sein Ziel. **1.♔b7! a5 2.♔c6!** (der Beginn des Umgehungsmanövers)

2. ... a4 3.♔d5 a3 (falls 3. ...
♔b2, so 4.♔c4 ♔:a2 5.♔c3
a3 6.♔c2) 4.♔e4! (die Umgehung ist beendet und damit
der Weg zum Feld c2 frei)
4. ... ♔b2 5.♔d3 ♔:a2
6.♔c2. Remis.

64. Die Sprengung

Mit Hilfe des Verfahrens der
„Sprengung" wird die Elastizi-
tät einer Bauernkette verletzt,
und die vereinzelten Bauern
werden eine leichte Beute für
den König.

Schwarz am Zuge

Wenn den weißen Bauern die
Unterstützung durch die
Türme fehlt, werden sie sehr
schwach. Die nun einsetzende
Kombination von Schwarz
(Barkowski–Tscherepkow,
1982) verfolgt gerade dieses
Ziel.
1. ... f1♕+! 2.♖:f1 ♖:f1
3.♖:f1 h1♕+! 4.♖:h1 ♖:h1
5.♔:h1. Weiß gab auf, ohne
den Zug 5. ... a5 abzuwarten.

In diesem Falle könnte folgen
6.ba (auch 6.b5+ ♔:c5 usw.
rettet nicht) 6. ... ♔:c5. Danach holt der schwarze König
die a-Bauern ab und führt seinen Bauern zur Dame.

65. Läufer gegen Bauer

In den nachfolgenden Ab-
schnitten werden typische
Kampfverfahren einer Leichtfigur gegen einen Bauern betrachtet. Gewöhnlich gelingt
es einem Läufer und einem
Springer leicht, einen Freibauern aufzuhalten. Zuweilen
kommen jedoch Spielsituationen vor, in denen eine Leichtfigur gegen einen Bauern allein kämpft, ohne Unterstützung durch den eigenen König. In solchen Fällen ist die
Kenntnis gewisser Feinheiten
unerläßlich.

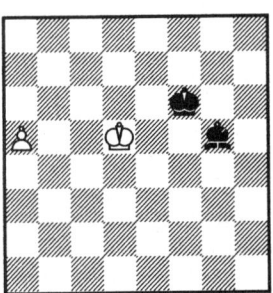

Hier haben wir die Endphase
einer bekannten Studie von
H. Otten vor uns, in dem die
Kampfmethoden des Königs
gegen den langschrittigen Läu-

fer augenfällig vorgeführt werden.

1.♔e4! (nur so, um den Läufer nicht auf das Feld f4 oder e3 zu lassen) 1. ... ♝h4 2.♔f3!, und der weiße Bauer ist nicht aufzuhalten. Schwarz geht an der ungünstigen Stellung seines Königs zugrunde, der dem Läufer g5 den Weg zum Feld d8 (und weiter nach b6) versperrt.

66. Springer gegen Bauer

In den Endspielen „König und Springer gegen König und Bauer" muß man sich die zwei Hauptverfahren, nämlich ewiges Schach und Tempogewinn, ins Gedächtnis rufen.

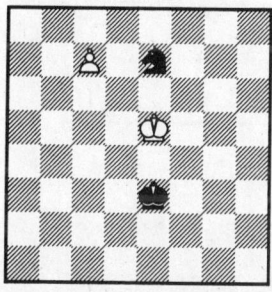

Wenn es sich nicht um einen Turmbauern handelt, hält der Springer ohne Hilfe seines Königs den Bauern. Hier kann Weiß ewiges Schach nicht vermeiden: 1.♔e6 ♞c8 2.♔d7 ♞b6+ 3.♔c6 ♞c8, und Schwarz ist bereit, alles von vorn zu wiederholen.

Beim Turmbauern (versetzt man zum Beispiel die Stellung um zwei Reihen nach links) verfügt der Springer nicht über den Raum für das obige Manöver: 1.♔c6 ♞a8 2.♔b7.

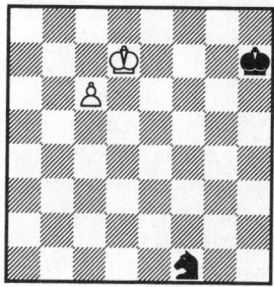

In gewissen Fällen verschafft sich der Springer bei der Jagd auf den Bauern ein wichtiges Tempo durch Schachbieten. Hier steht der weiße König ungünstig, und dies bietet Schwarz die Rettungschance: 1. ... ♞e3 2.c7 ♞d5 3.c8♛ ♞b6+.

67. Läufer und Bauer gegen Läufer

Die Realisierung eines Mehrbauern in einem Endspiel des Typs „Läufer und Bauer gegen Läufer" setzt Wissen um die typischen Verfahren voraus. Wenden wir uns zuerst der Theorie zu.
Bei ungleichfarbigen Läufern genügt zum Remis, mit dem König das Feld vor dem Bauern zu besetzen, das dem Läu-

fer der stärkeren Seite unzugänglich ist, oder eines der Felder auf der Zugstraße des Bauern unter Kontrolle zu bringen. Bei gleichfarbigen Läufern muß die schwächere Seite bestrebt sein, mit dem König das Feld vor dem Bauern zu besetzen, das dem gegnerischen Läufer unzugänglich ist. Gelingt das aber nicht, so rettet sich die schwächere Seite nur in dem Falle, wenn auf der Diagonale, von der aus der Läufer das Vordringen des Bauern aufhält, mindestens drei freie Felder vorhanden sind.

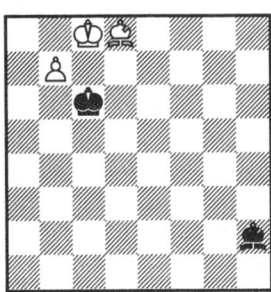

Das ist eine Studie von L. Centurini (1847), die eindrucksvoll die obigen Regeln veranschaulicht. Um zu gewinnen, muß Weiß den gegnerischen Läufer von der Diagonale h2–b8 verdrängen. Dieses Vorhaben wird durch Überführen des Läufers d8 über a7 nach b8 erreicht. Allerdings ist in dem vorliegenden Falle dieses Vorhaben schwierig.

1.♗h4 ♔b5! 2.♗f2 ♔a6! (einstweilen verteidigt sich Schwarz richtig, aber seine weiteren Verteidigungsressourcen erschöpfen sich) 3.♗c5! (ein neues, bereits das Gewinnmanöver) 3. ... ♗f4 4.♗e7 ♔b5 5.♗d8 ♔c6 6.♗g5! (jetzt verwirklicht Weiß seinen Plan) 6. ... ♗h2 7.♗e3, und der weiße Läufer gelangt nach a7 mit Gewinn, zum Beispiel 7. ... ♗e5 8.♗a7 ♗f4 9.♔b8 ♗e3 10.♗e5 ♗a7 11.♗d4. Dieses technische Verfahren trifft man oft in der Praxis an.

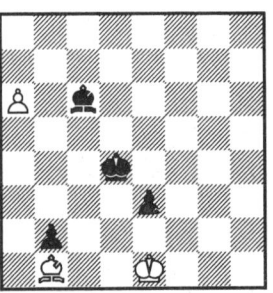

Schwarz (Karibyschew–Lapiridi, 1982) erreicht leicht die notwendige Aufstellung: 1. ... ♗f3 2.a7 ♔c5 3.♔f1 ♔b6 4.a8♕ ♗:a8 5.♔e2 ♔c5 6.♔:e3 ♔b4 7.♔d4 ♔b3 8.♔d3 ♗b7 9.♔d2 ♗a6 10.♗f5 (10.♔e1 ♔c3 11.♔d1 ♗c4 12.♔e1 ♗d3 13.♗a2 ♔c2) 10. ... ♔a2 11.♔c3 ♗c8 12.♗e4 ♗e6 13.♗g6 ♔a1 14.♔b4 ♗a2 15.♔a3 ♗b1 16.♗f7 ♗e4 17.♗a2 ♗f5. Weiß gab auf.

68. Springer und Bauer gegen Springer

Im Endspiel „Springer und Bauer gegen Springer" gibt es, wie auch in anderen Endspielen, eine ganze Reihe typischer Verfahren. Das wichtigste davon stellt die Ablenkung dar. Betrachten wir zwei Beispiele aus der Turnierpraxis.

In dieser Stellung (Eingorn–Tschiburdanidse, 1982) kam es zu einer Ablenkung des Springers. **1. ... ♘e6! 2.♔f6 ♔c3 3.♘a5 ♘d8! 4.♔f5** (4.♔e5? ♘c6+!) **4. ... ♘c6 5.♘b7 ♔d4! 6.♘d6 b3 7.♘b5+ ♔d3 8.♘a3 b2 9.♔e6 ♘d4+.** Weiß gab auf, weil auf 10.♔d5 nun 10. ... ♘b5 folgt.

Hier nun (Gurewitsch–Dlugi, 1984) wurde nicht der Springer, sondern der König abgelenkt.
1.♘h4! (schlechter wäre 1.h4 wegen 1. ... ♘f3+ 2.♔h5 – 2.♔f6 ♘:h4 – 2. ... ♔e3, und Weiß befindet sich im Zugzwang) **1. ... ♘d3 2.♘g2!** (für den h-Bauern ist der Weg frei) **2. ... ♔f3** (die Verteidigung von Schwarz beruhte auf diesem Zug, aber auch er ist unzureichend; mit dem Opfer des Springers lenkt Weiß den gegnerischen König ab) **3.h4 ♔:g2 4.h5.** Schwarz gab auf, weil weder der König noch der Springer den h-Bauern erjagen oder aufhalten können.

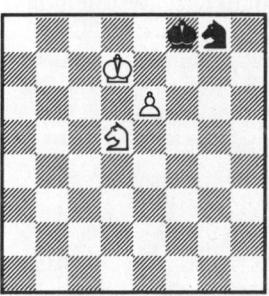

Vor uns haben wir eine theoretische Stellung (Awerbach, 1979). Da sich der Bauer noch zwei Schritte vor dem Umwandlungsfeld befindet, sind die Rettungschancen für Schwarz ziemlich groß.
1. ... ♔g7 2.♔e8 ♘h6! 3.♘e7 (3.e7 ♘f5) **3. ... ♔f6 4.♔d7 ♔g7 5.♘d5 ♘g8,** und Schwarz ist bereit, die Stellung

zu wiederholen. Bemerkt sei, daß ein Verschieben dieser Stellung nach rechts die Rettungschancen der schwächeren Seite verringert, weil sich die Manövrierfähigkeit der verteidigenden Figuren verschlechtert.

69. Läufer und Bauer gegen Springer

Jetzt gehen wir zur Untersuchung von Stellungen über, in denen Läufer und Springer gegeneinander kämpfen und eine der beiden Seiten einen Freibauern besitzt. Alle typischen Ideen werden vom Standpunkt der Realisierung des Vorteils gewertet. Die Grundidee, um die der hauptsächliche Kampf geht, ist die Einengung der Beweglichkeit des Springers.

Diese Stellung entstand in der Partie Waganjan–Michaltschischin, 1984. Durch geschickte Manöver lenkt Weiß das Spiel in ein theoretisches Endspiel ein.

1.♗f3! (die Wahl des Weges ist wichtig, denn nach 1.♗g6? ♘b7! 2.♗:h5 ♘d6 3.c5 erreicht Schwarz Remis mit dem Zug 3. … ♘f5!) **1. … ♘a4** (der Springer ist gezwungen, den Bauern von einer weniger vorteilhaften Stellung aus anzugreifen) **2.♗:h5 ♘b6 3.c5 ♘d7** (nach 3. … ♘d5+ 4.♔d2! ♔d4 5.c6 ♔c5 6.♗e8 ♔d6 7.h5 ♘f6 8.h6 ist Schwarz völlig gebunden, und der weiße König kommt dem h-Bauern zu Hilfe) **4.c6 ♔d6 5.♗f3!** (nach 5.cd? ♔:d7 begibt sich der schwarze König zum Feld h8, und es entsteht eine theoretische Remisstellung) **5. … ♘e5 6.h5 ♘:c6 7.h6 ♘e7** (bei 7. … ♘e5 würde Weiß den Springer mit dem Zug 8.♗h5! „abkoppeln") **8.♗e4!** Schwarz gab auf, weil der Springer den Bauern nicht aufhalten kann.

In dieser theoretischen Stellung (Awerbach, 1979) gelang es Schwarz, den Bauern zu blockieren. Das Ergebnis hängt hier davon ab, wer am

Zuge ist. Wenn Schwarz zieht, wird es remis: **1. ... ⊘d6+ 2.⊚e7 ⊘c8+ 3.⊚e8** (3.⊚e6 ⊘b6) **3. ... ⊘d6+.** Weiß am Zuge gewinnt: **1.⊚e7! ⊘d8 2.⊥e4! ⊘f7 3.⊥f3 ⊘d8 4.⊥d5!**

Die Methode der Einengung der Beweglichkeit wurde an diesem Beispiel sehr deutlich gezeigt, jedoch ist es nützlich, auch die Fälle zu kennen, wenn sich eine solche Idee nicht umsetzen läßt. Wird nämlich die Stellung auf dem Diagramm um eine Reihe nach links verschoben, so ist ein Gewinn nicht möglich, weil beim Läuferbauern die Einengung der Beweglichkeit des Springers zum Patt führt: **1.⊚d7 ⊘c8 2.⊥d4 ⊘e7 3.⊥e3 ⊘c8 4.⊥c5 ⊚a8! 5.⊚c6 ⊘b6!**

70. Springer und Bauer gegen Läufer

In einem solchen Endspiel hängt der Partieausgang davon ab, ob es der stärkeren Seite möglich ist, den Läufer von der Diagonale vor dem Bauern zu verdrängen oder diese Diagonale mit dem Springer zu überdecken. Sehen wir uns zwei Beispiele an.

In dieser Stellung (Jagodzinski–Olarasu, 1984) vermochte Weiß das Gleichgewicht nicht aufrechtzuerhalten. Nach **1. ... ⊚c2 2.⊥h6 ⊚d1** (2. ... d2? 3.⊥:d2) mußte sich der Läufer auf die Diagonale a3–f8 begeben, um die Unterbrechung dieser Diagonalen zu vermeiden. Dies wäre nur mit dem Zug **3.⊥f8!** erreicht worden, zum Beispiel: 3. ... ⊘e3+ (3. ... d2 4.⊥b4 ⊚e2 5.⊥:d2; 3. ... ⊚e2 4.⊥b4 ⊘e3 5.⊚:h2 ⊘d5 6.⊥a5) 4.⊚:h2 ⊘d5 5.⊥h6 ⊚e2 6.⊥c1, und Remis ist unvermeidlich. Weiß ließ diese Chance aus und verlor rasch: **3.⊥g5? ⊚e2 4.⊥c1 h1♛+ 5.⊚:h1 ⊚f2! 6.⊥g5 ⊘e3,** und der Bauer zieht zur Dame ein.

In dieser theoretischen Stellung (Awerbach, 1979) vermeidet der Läufer dank größerer Manövrierfähigkeit leicht eine Überdeckung oder Verdrängung. Der schwarze Läufer verfügt auf den Diagonalen a4–e8 und h3–c8 über mindestens fünf freie Felder, während der weiße König und Springer nur vier kontrollieren.

1.♔e6 ♗b5 2.♔e7 ♗c6 3.♘d8 ♗b5 4.♔c7 ♔g1 5.♘d3 ♔h1 6.♘e5 ♗e8! (Weiß drohte mit dem Zug 7.♘c6 die Diagonale zu unterbrechen) 7.♘d7 ♔g1 8.♔d8 ♗g6 9.♔e7 ♗f5 10.♘c5 ♗c8! (erneut der Drohung begegnend) 11.♘d7 ♔h1 12.♔d8 ♗a6 13.♔c7 ♗b5 14.♘e5 ♗e8!, und Weiß hat nichts erreicht.

Folglich kann man den Schluß ziehen, daß die Teilnahme des Königs der schwächeren Seite den Ausgang des Kampfes bestimmt, wenn auf der Diagonale, auf der der Läufer den Bauern „bewacht", weniger als fünf Felder sind. Wenn der König die Einengung oder Unterbrechung stören kann, ist das Remis gesichert; falls nicht, verliert die schwächere Seite.

71. Wenn der Läufer stärker als der Springer ist

In diesem Schlußabschnitt der Endspiele mit Leichtfiguren werden wir Beispiele betrachten, wo Läufer und Springer bei Vorhandensein mehrerer Bauern gegeneinander kämpfen. In offenen Stellungen erweist sich allerdings der Läufer stärker als der Springer. Haben wir bisher Stellungen mit Materialvorteil untersucht, wenden wir uns jetzt der Realisierung eines positionellen Übergewichts zu.

Auf den ersten Blick läßt sich in dieser Stellung (Meduna–Rodriguez, 1980) schwerlich von irgendeinem positionellen Übergewicht sprechen. Wie schon erwähnt, ist in offenen Stellungen der Läufer stärker als der Springer. Der Plan von Schwarz besteht in der Schaffung und Fixierung von Bauernschwächen, der Einengung der Beweglichkeit des Springers und in der Bildung von Einbruchfeldern im gegnerischen Lager.

1. ... e4! 2.b3 ♗e5 3.h3 ♔f7 4.♘e2 ♔f6 5.f3 (falls dieser Bauer in seiner Ausgangsstellung bleibt, zieht Schwarz f5–f4 mit der Folge ♔f5, e3, ♔e4) **5. ... ef 6.gf ♗d6 7.♔f2 ♗c5+ 8.♔f1 ♗e5 9.♔e1 ♗b4+ 10.♔f1** (wenn 10.♔d1, dann bricht Schwarz auf e5–f6–g5–h4 durch) **10. ... ♗d2!** (ein starker Zug, der die Beweglichkeit des Springers jäh einschränkt) **11.♘g3** (auf einen Königszug geschähe 11. ... f4, und der Springer hätte überhaupt keine Felder mehr) **11. ... ♔f4 12.♔g2 ♗e1 13.♘h5+ ♔e5.**

und Schwarz gewinnt. Nach 16.♔f2 ♗f4 siegt Schwarz durch die ihm zur Verfügung stehenden Tempi.

14.♔f1 ♗h4 15.♔e2 f4 16.♔d3 (hier konnte Weiß den Versuch unternehmen, in die Freiheit auszubrechen – 16.♘g7 ♗e7 17.♘e8 ♔d4 18.♘c7) **16. ... ♗e7** (jetzt droht bereits 17. ... ♗f8) **17.♘g7 ♗d6 18.♔c4** (die passive Taktik 18.♔c3 ♗b8 19.♔d3 ♔f6 wäre tödlich) **18. ... a6** (sogleich 18. ... ♗b8 verbietet sich wegen 19.♔c5 ♔f6 20.♘e8+ nebst 21.♘d6) **19.a4 b6 20.♘e8 ♗b8 21.a5** (sonst ist der Springer gefangen) **21. ... ba 22.♔c5 h6!**

Das Bauernendspiel ist für Weiß verloren: 14.♘g3 ♗:g3 15.♔:g3 h5! Jetzt wird mit einem geradlinigen Spiel zur Schaffung eines Freibauern nichts erreicht – 16.♔h4 ♔f4 17.♔:h5 ♔:f3 18.♔g5 f4 19.h4 ♔e4! 20.h5 f3 21.h6 f2 22.h7 f1♕ 23.h8♕ ♕f4+ 24.♔g6 ♕f5+ 25.♔h6 ♕h3+ 26.♔g7 ♕:h8+ 27.♔:h8 ♔d3,

Weiß befindet sich im Zugzwang. Er kann nicht den Springer retten und sich gleichzeitig mit dem König zum Bauern f3 begeben. **23.♔b6** (auf 23.♘g7 würde 23. ... ♔f6 nebst ♔g5 und ♔h4 folgen) **23. ... ♔d4 24.♘g7 ♔e3 25.♘f5+ ♔:f3 26.♘:h6 ♗e5** (genauer ist

26. ... ♔g3) 27.♔:a5 ♔g3
28.♘f7.
Eine Falle: Auf 28. ... f3 darf
nicht folgen 29.♘:e5? f2!, sondern 29.♘g5! f2 30.♘e4+
nebst 31.♘:f2, doch Schwarz
ist auf der Hut.
28. ... ♗f6! 29.♘d6 f3
30.♘e4+ ♔f4 31.♘f2 ♗h4!
(Genauigkeit bis zum Ende;
nach dem nachlässigen 31. ...
♗d4 32.♘h1 wäre ein Ge-
winn unmöglich: 32. ... ♔g5
33.♘g3 ♗h4 34.♘e4 ♔:h3
35.♔a6 ♔g4 36.♔b5 ♔f4
37.♘d2 f2 38.♔c4 ♗b6
39.♔d3) 32.♘h1 ♔e3
33.♔b4 ♔e2 34.♔c4 ♔f1
35.♔d3 ♔g2 36.♔e4 ♗g5!
Weiß gab auf.

72. Wenn der Springer stärker als der Läufer ist

In geschlossenen Stellungen
mit Bauernketten erweist sich
der Springer stärker als der
Läufer, besitzt also Vorteil.
Das läßt sich leicht erklären.
Der Läufer wird durch die
Bauern eingeengt, und der
Springer kann, wenn er sich
eine Marschroute sowohl auf
den weißen als auch auf den
schwarzen Feldern wählt, frei
manövrieren.

Weiß am Zuge

Diese Stellung entstand in der
neunten Partie des Weltmeisterschaftskampfes 1984 zwischen Anatoli Karpow und
Garri Kasparow. Auf den ersten Blick scheint es, daß es
sich um eine ausgeglichene
Stellung handelt, doch dem ist
nicht so. Weiß besitzt Raumvorteil, da der Läufer c8 durch
die eigenen Bauern a6, b5, d5
stark eingeschränkt ist, und
dieser Umstand engt seine
Möglichkeiten zum Manövrieren beträchtlich ein. Allerdings empfindet Schwarz, der
einen aktiven Springer besitzt,
diesen Mangel nicht. Deshalb
tauscht der Weltmeister die
stärkste gegnerische Figur ab
und lenkt in ein besseres Endspiel ein.

1.♗:f5! ♗:f5 2.♘e3
Jetzt besteht für Weiß die
Aufgabe darin, zuerst die Bauern a6 und b5 festzulegen und
danach Drohungen auf dem
Damen- und Königsflügel auf-
zustellen. Schwarz ist zu einer

passiven Verteidigung verurteilt.

2. ... ♗b1 3.b4 gh?
Das ist der Verlustzug. Wahrscheinlich hatte Schwarz erwartet, daß es ihm gelingen würde, nach 4.gh ♗g6 5.♘g2 ♗f7 6.♘f4 ♔c6 eine Rundum-Verteidigung aufzubauen. Durch ein Bauernopfer ermöglicht Weiß jedoch seinen Figuren einen Durchbruch am Königsflügel.

4.♘g2! (mit diesem eleganten Zug erhält Karpow ein Einbruchfeld am Königsflügel)
4. ... hg+ 5.♔:g3 ♗e6 (jetzt kommt die „Rundum-Verteidigung" nicht zustande: 5. ... ♗g6 6.♘f4 ♗f7 7.♔h4! ♔e7 8.♘:h5 ♗:h5 – sonst fällt der f-Bauer – 9.♔:h5 ♔f7 10.♔h6, und Weiß gewinnt den Bauern f6) **6.♘f4+ ♔f5 7.♘:h5** (das materielle Gleichgewicht ist wieder hergestellt, doch Weiß besitzt ein gewaltiges positionelles Übergewicht)
7. ... ♔e6 8.♘f4+ ♔d6 9.♔g4 ♗c2 (Schwarz verfügt über keinen aktiven Plan für ein Gegenspiel) **10.♔h5** (der

König nimmt Kurs zum f-Bauern) **10. ... ♗d1 11.♔g6**

Weiß kettet sich nicht an den Bauern f3, weil nach 11. ... ♗:f3 12.♔:f6 die Stellung technisch gewonnen ist, zum Beispiel: 12. ... ♗e4 13.♘e6 ♗d3 14.♘g5 ♗e4 15.♘f7+ ♔d7 16.♔e5, und Weiß vertreibt allmählich den schwarzen König vom Bauern d5 und erobert ihn danach.
11. ... ♔e7 12.♘:d5+ ♔e6 13.♘c7+ ♔d7 (Schwarz kann die Partie nicht mehr retten) **14.♘:a6 ♗:f3 15.♔:f6 ♔d6 16.♔f5 ♔d5 17.♔f4 ♗h1 18.♔e3 ♗c4 19.♘c5 ♗c6 20.♘d3 ♗g2**
Der Versuch, mit dem König zum Bauern a3 durchzubrechen, ist zwecklos: 20. ... ♔b3 21.♘e5 ♗d5 22.♔d3 ♗c4+ 23.♔d2! ♔:a3 24.♔c3!, und der schwarze König ist abgeschnitten, während der d-Bauer zur Dame einzieht.
21.♘e5+ ♔c3 22.♘g6 ♔c4 23.♘e7 ♗b7 24.♘f5 ♗g2 25.♘d6+ ♔b3 26.♘:b5 ♔a4 27.♘d6. Schwarz gab auf.

73. Turm gegen Bauer

Turmendspiele kommen am häufigsten vor. Unter der Vielzahl wählen wir die wichtigsten aus und beginnen mit Turm gegen Bauer.

Gewinn

Euwe, der fünfte Weltmeister, empfahl für solche Stellungen, sich der Regel vom Quadrat zu bedienen. Dabei wird die Seite des Quadrats um die Anzahl der Felder verlängert, die der schwarze König benötigt, um den Punkt zu erreichen, der das Umwandlungsfeld des Bauern kontrolliert. Im vorliegenden Falle fügt man zum Quadrat des Bauern f5 noch zwei Felder hinzu, und der weiße König dringt in das vergrößerte Quadrat ein. Jedoch garantiert das geradlinige 1.♔g7? dem Anziehenden nicht den Sieg, weil Schwarz durch Angriff auf den Turm ein Tempo gewinnt (stünde der Turm auf a1, wäre der Gewinn einfach: 1.♔g7 f4 2.♔f6

f3 3.♔g5 f2 4.♔g4 ♔e3 5.♔g3 ♔e2 6.♔g2). Die richtige Methode ist der Übergang des Turmes auf das Umwandlungsfeld des Bauern, denn dann unterstützt ihn der eigene König.
1.♖e1+! ♔d3 (auch 1. … ♔f3 2.♖f1+ ♔g4 3.♔g7 f4 4.♔f6 f3 5.♔e5 ♔g3 6.♔e4 ändert die Sachlage nicht, da Weiß an den Bauern herankommt; die Aufmerksamkeit ist auf die Marschroute des weißen Königs zu richten, damit dieser zum Bauern gelangt, ohne von dem gegnerischen König gestört zu werden) **2.♖f1 ♔e4 3.♔g7 f4 4.♔f6 f3 5.♔g5 ♔e3 6.♔g4 f2 7.♔g3 ♔e2 8.♔g2** (oder 8.♖:f2+).

74. Die Brücke

Das bereits seit dem 15. Jahrhundert bekannte Verfahren der „Brücke" findet Anwendung bei der Bauernumwandlung.

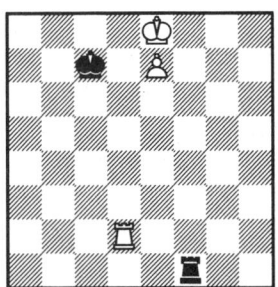

114

Der weiße König verfügt jetzt über keine Zugmöglichkeit, jedoch ist Schwarz nicht in der Lage, seine Befreiung zu verhindern. Der schwarze König kann außerdem seine Stellung nicht verbessern. Also wird eine Brücke gebaut: **1. ♖c2+!** (zuerst wird der schwarze König verdrängt) **1. ... ♔b7** (falls 1. ... ♔d6, so 2.♔d8) **2. ♖c4!** (die Brückenpfeiler sind errichtet!) **2. ... ♖d1 3.♔f7 ♖f1+ 4.♔e6 ♖e1+ 5.♔d6 ♖d1+** (nichts ändert 5. ... ♖e2 6.♖c5 mit der gleichen Idee der Überdeckung) **6.♔e5 ♖e1+ 7.♖e4!** Die Brücke ist errichtet, der König vor Schachgeboten geschützt und der Bauer zieht zur Dame ein.

Übrigens hat Weiß auch einen anderen Weg zum Sieg. Er kann den schwarzen Turm von der f-Linie verdrängen: **1.♖g2 ♖f3 2.♖g8 ♖f1 3.♖f8 ♖e1 4.♔f7 ♖f1+ 5.♔g6,** und der Bauer geht zur Dame.

Solche Stellungen analysierte Philidor im Jahr 1777 und legte so die Grundlagen zur planmäßigen Erforschung der Turmendspiele. Der Plan von Schwarz ist einfach und ökonomisch: Der König befindet sich vor dem Bauern, und der Turm verweilt so lange auf der sechsten Reihe, bis auch der Bauer dorthin gelangt ist; dann begibt sich der Turm auf die erste Reihe und greift den weißen König von hinten an. Beispiel: **1.d5 ♖g6 2.♖h7 ♖f6 3.d6 ♖f1! 4.♔c6 ♖c1+,** und der weiße König kann den Schachgeboten nicht entfliehen.

75. Die Stellung Philidors

Ein anderes sehr wichtiges Kampfverfahren im Endspiel Turm und Bauer gegen Turm wurde von dem berühmten französischen Schachspieler des 18. Jahrhunderts F. A. Philidor entdeckt.

76. Turmangriff von der Flanke

Schwieriger gestaltet sich die Verteidigung in jenen Fällen, wo die schwächere Seite das Vordringen des Bauern nicht stören kann. Jedoch auch dabei beruht die aktive Verteidigung auf dem Turmangriff gegen den König. Sehen wir uns

115

zuerst einen Flankenangriff bei einem weit vorgedrungenen Bauern an.

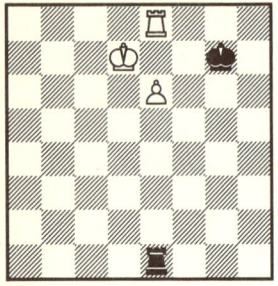

Schwarz am Zuge

In dieser Stellung besteht der einzige Rettungsweg in einem Flankenangriff des Turmes:
1. ... ♖a1!
Schwarz führt den Turm auf die siebente Reihe. Wenn Weiß versucht, den drohenden waagerechten Schachgeboten zu entrinnen, geht Schwarz erneut zu senkrechten Schachgeboten über.
2. ♖d8 ♖a7+ 3.♔d6 ♖a6+ 4.♔e7 ♖a7+ 5.♖d7 ♖a8 6.♖d8 (bliebe Weiß mit dem Turm auf der siebenten Reihe, so würde es für Schwarz genügen, den König auf den Feldern g6 und g7 zu belassen) **6. ... ♖a7+ 7.♔d6 ♖a6+ 8.♔e5 ♖a5+ 9.♖d5 ♖a1 10.♔d6 ♔f8.** Remis.
Die angeführte Verteidigungsmethode ist sehr wichtig, da sie oft in Turnierpartien angewandt wird. Dabei gilt es sich einzuprägen, daß sich in der

Regel für eine erfolgreiche Durchführung eines Flankenangriffs zwischen Turm und Bauer mindestens drei Felder befinden müssen.

77. Turmangriff von vorn

In Stellungen, wo der Bauer nicht weit vorgedrungen ist, steht noch ein Verteidigungssystem zur Verfügung, nämlich der Turmangriff von vorn. Das Wesentliche dieser Methode wird aus dem folgenden Lehrbeispiel Awerbachs (1979) sichtbar.

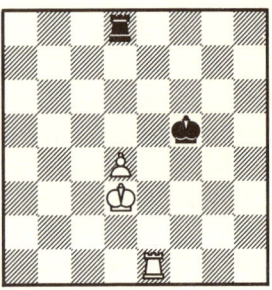

Weiß kann seine Stellung nicht verstärken, weil die Reise des Königs zum Turm d8 kein Ergebnis bringt.
1.♔c4 ♖c8+ 2.♔b5 ♖d8 3.♔c5 ♖c8+ 4.♔b6 ♖d8!
Der Turm muß auf seinen früheren Platz zurückkehren, Schach auf b8 wäre wegen 5.♔c7 unrichtig, denn Weiß erhielte ein wichtiges Tempo für das Vordringen des Bau-

ern. Bemerkt sei, daß in diesem Falle Schwarz nicht zu einem Flankenangriff mit dem Turm übergehen kann angesichts des Raummangels. Bekanntlich trennt außerdem jeder Bauer, ausgenommen der Turmbauer, das Kampfgebiet in zwei ungleiche Teile: in eine lange und in eine kurze Seite. Für die Verteidigung ist es am besten, den König auf die kurze und den Turm auf die lange Seite zu postieren. **5.♔c5 ♖c8+ 6.♔b4 ♖d8 7.♔c4 ♖c8+ 8.♔d3 ♖d8** remis.

Eine wichtige Feinheit war, daß der schwarze König auf f5 stand, so daß der weiße Turm nicht die Möglichkeit hatte, den Bauern vom Feld e4 aus zu verteidigen. Außerdem wirkte sich auf den Angriff von vorn auch der Umstand aus, daß der Abstand zwischen Turm und Bauer drei Felder betrug.

78. Der Turmbauer

Bisher sind Spielverfahren mit Zentrumsbauern betrachtet worden. Bei Endspielen mit einem Randbauern werden andere Verteidigungsmethoden angewendet.

Das Diagramm zeigt eine Remisstellung, unabhängig davon, wer am Zuge ist. Der König der schwächeren Seite befindet sich auf der Zugstraße des Bauern – dies ermöglicht Schwarz, sich einfach mit dem Turm auf der Reihe zu bewegen. Natürlich ist auch der Übergang in ein Bauernendspiel für ihn ungefährlich.

Die stärkere Seite kann mit einem Sieg nur in dem Fall rechnen, wenn die gegnerischen Figuren vom Umwandlungsfeld verdrängt sind. Hier allerdings gelingt es Schwarz, den weißen König in der Ecke einzusperren: **1. ... ♖c1 2.♖b7+ ♔c8 3.♖b8+ ♔c7**

4.♖b2 ♖c3, und die c-Linie wird nicht freigegeben – remis.

Stünde der schwarze König jedoch auf d7, würde sich die Stellungsbewertung ändern: 1. ... ♖c1 2.♔b7 ♖b1+ 3.♔a6 ♖a1+ 4.♔b6 ♖b1+ 5.♔c5! ♖c1+ 6.♔d4 ♖d1+ 7.♔e3 ♖e1+ 8.♔f2. Weiß ist es gelungen, den Turm zu verdrängen und den König zu befreien. Aus diesem Beispiel ist gut ersichtlich, wie wichtig für Schwarz der Besitz des Feldes c7 ist.

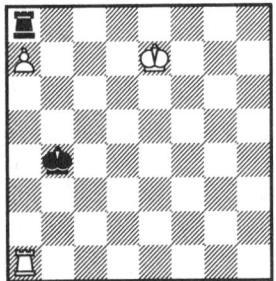

Gehen wir nun zur Betrachtung von Stellungen über, in denen nicht der König, sondern der Turm den Bauern deckt. Das Ergebnis hängt hier davon ab, ob sich der König der stärkeren Seite dem Bauern zu nähern vermag.
Weiß am Zuge gewinnt leicht: 1.♔d6 ♔b5 2.♔c7. Diese Drohung wehrt Schwarz ab, wenn er als erster zieht: **1. ... ♔c5!** (nur so; ein grober Fehler wäre 1. ... ♔b5? angesichts 2.♔d6! ♔b6 3.♖b1+ ♔:a7

4.♔c7 nebst ♖a1+; oder 3. ... ♔a6 4.♔c7! ♖:a7+ 5.♔c6) **2.♔d7 ♔b6 3.♖b1+ ♔c5!** (Schwarz muß genau spielen; schlecht wäre 3. ... ♔:a7 oder 3. ... ♔a6 wegen 4.♔c7) **4.♖b7 ♖h8** (4. ... ♔d5? 5.♖b5+ ♔c4 6.♖a5 ♔b4 7.♖a1 ♔c5 8.♔c7) **5.♔c7 ♖a8.** Es ginge auch 5. ... ♖h7+, und falls dann 6.♔c8, so 6. ... ♖h8+ 7.♔d7 ♖h7+ 8.♔e6 ♖h6+! 9.♔e7 ♖h7+ 10.♔f6 ♖h6+ 11.♔g7 ♖a6 12.♔f7 ♔c6 13.♖e7 ♔b6 mit Gewinn des Bauern. Diese Position kann man auch als Schlüsselstellung bezeichnen; zu ihr lassen sich andere Beispiele finden, wo die Könige vom Bauern bedeutend weiter entfernt sind.

Wenn der weiße Turm seinen Bauern vom Umwandlungsfeld aus verteidigt, so ist ein Remisausgang sogar bei maximaler Entfernung des schwarzen Königs vom Bauern möglich. In der vorliegenden Stellung könnte Weiß nur nach Befreiung des Turmes gewinnen, und dafür ist eine Verteidigung des Bauern durch den König notwendig. Um dem zu begegnen, wird Schwarz seinen König auf der geschlossenen Marschroute g7–h7–g7 wandern lassen oder den Turm auf der a-Linie. Sobald der weiße König auf das Feld b6 oder b7 gelangt, wartet der Turm mit Schachgeboten auf und kehrt dann auf die a-Linie zurück.

Dabei gilt es zu beachten, daß der schwarze König keinesfalls Aktivität zeigen darf. Ein Versuch, sich zu nähern, führt zum Verlust: **1. ... ♔f7??** **2.♖h8! ♖:a7 3.♖h7+** nebst **4.♖:a7.**

79. Dame gegen Bauer

An und für sich gewinnen König und Dame mühelos gegen König und Bauer, und nur in den Fällen, wo der Bauer dicht an das Umwandlungsfeld herangekommen ist, können gewisse Schwierigkeiten entstehen.

Wenn Weiß in solchen Fällen nicht die Regeln der Gewinnführung kennt, muß er sich tüchtig quälen; die Dame allein schafft es nicht, und sobald der König zu Hilfe kommt, zieht der Bauer e2 auf das Umwandlungsfeld. Deshalb muß man danach trachten, die Beweglichkeit des Bauern zu unterbinden. Mit Hilfe der „Treppe" gelingt dies Weiß ohne Mühe. Mit einer Serie von Schachgeboten wird der schwarze König auf das Feld vor seinem Bauern gejagt – das gibt dem weißen König Zeit, sich jeweils um ein Feld dem Bauern e2 zu nähern. Danach werden die Schachgebote wiederholt, und der weiße König macht wieder einen Schritt.

1.♕f7+ ♔g2 2.♕g6+ ♔f2 3.♕f5+ ♔g2 4.♕e4+ ♔f2 5.♕f4+ ♔g2 6.♕e3 ♔f1 7.♕f3+ ♔e1

Sich auf der „Treppe" bewegend, hat die Dame den schwarzen König auf das Feld e1 gejagt und dadurch ihrem

König die Möglichkeit gegeben, sich dem Bauern zu nähern.

8.♔c5 ♔d2 9.♕f2 (Weiß demonstriert eine der Varianten eines Tempogewinns – der Bauer kann nicht ziehen) 9. ... ♔d1 10.♕d4+ ♔c1 11.♕e3+ ♔d1 12.♕d3+ ♔e1 13.♔d4 ♔f2 14.♕e3+ ♔f1 15.♕f3+ ♔e1 16.♔d3 ♔d1 17.♕:e2+ ♔c1 18.♕c2 matt. Die Gewinnmethode mit Hilfe der „Treppe" läßt sich leicht einprägen. Die Methode selbst ist universal. Man muß nur berücksichtigen, daß die „Treppe" manchmal eine zerbrochene Stufe aufweist! Würde nämlich auf dem ersten Diagramm der weiße König von b6 nach f6 versetzt, wäre für Weiß kein Gewinn möglich. Die Dame kann nicht mit Schachgeboten ein Tempo gewinnen, weil der eigene König den Weg versperrt. Außerdem kommen Positionen vor, die eine Ausnahme bilden.

a   b

In beiden Positionen (a, b) geht der Kampf unentschieden aus, weil Schwarz in vollem Maße die Pattmöglichkeiten ausnutzt:

a) 1.♕b4+ ♔c2 2.♕a3 ♔b1 3.♕b3+ ♔a1!, und Weiß kann mit dem König wegen Patt nicht vordringen;

b) 1.♕e2 ♔g1 2.♕g4+ ♔h2 3.♕f3 ♔g1 4.♕g3+ ♔h1! 5.♕:f2 patt.

Weiß am Zuge

Selbst in einfachen Stellungen muß man immer auf der Hut sein: Turm- und Läuferbauern schaffen manchmal die Möglichkeit, einen unerwarteten Mattangriff einzuleiten. In dieser Position lockt der Vorstoß des weißen Königs den Gegner in ein Mattnetz: 1.♔b6! ♔b2 2.♔c5+ ♔c2 3.♕g2+ ♔b1 4.♔b4! (dieser Überraschungszug enthüllt den weißen Plan; die neugeborene Dame vermag nicht in den Kampf einzugreifen) 4. ... a1♕ 5.♔b3! ♕f6 6.♕c2+ nebst Matt.

Weiß am Zuge

Hier ist der Gewinn ähnlich. Der weiße König hat sich dem Schlachtfeld genügend genähert und kann sich mit entscheidender Wirkung in den Kampf einmischen.

1.♕d4+ ♚c1 2.♕b4! (andernfalls bricht der schwarze König zum Feld a1 durch mit Remis) 2. ... ♚d1 3.♕b3 ♚d2 4.♕b2 ♚d1 5.♔f3! ♚d2

Auge um Auge, Zahn um Zahn! Der Bauer kann sich nicht in eine Dame umwandeln wegen des Matts auf e2. 6.♔e4! ♚d1 7.♔d3

Nachdem das Katz-und-Maus-Spiel verloren ist, läßt Weiß das Erscheinen einer neuen Dame zu, erlaubt ihr aber nicht, das Leben genießen: 7. ... c1♕ 8.♕e2 matt.

„Die Jugend hat noch ihre Träume, ihre Ideale, diese werden aber im Kampf des Lebens meist arg mitgenommen. Der Philister geht bald gänzlich in den Sorgen des Alltags auf, in dessen kleinen Leiden und Freuden.
Was ein rechter Mann ist, der hält an einigen Ideen fest, welche die Grundpfeiler seines Lebens, seiner Arbeit bilden. Doch er gibt es auf, mit dem Kopf gegen die Wand zu rennen. Er paßt sich den harten Notwendigkeiten an, und nur langsam, schrittweise, häufig auf Umwegen rückt er seinem Ziele um ein kleines näher.“

Richard Réti

FÜNFTES KAPITEL

Die Schachweltmeister

80. Wilhelm Steinitz

Erster zu sein, ist immer schwer, Erster in der Welt, zumal im Schach, doppelt schwer. Gerade ein solches Schicksal wurde Wilhelm Steinitz zuteil, dem dreizehnten Kind einer armen Familie eines Eisenwarenhändlers aus Prag.

Steinitz stellte sein Leben völlig in den Dienst der Schachkunst. Bis zum Ende mußte er das harte Los der Schachberufsspieler des 19. Jahrhunderts tragen – aber als erster zwang er die Welt, vom Schach zu reden, lenkte die Aufmerksamkeit der breiten Öffentlichkeit vieler Länder auf das königliche Spiel. Gewaltig ist der Beitrag, den Steinitz für die Schachtheorie leistete. Eigentlich wurde auch erst mit Steinitz die wahre Theorie entwickelt, und seine Lehre über die positionellen Charakteristika legte die Grundlage für die moderne Methodik der Stellungsbewertung.

Steinitz wurde im Jahre 1836 geboren, und während seiner Studienzeit am Polytechnischen Institut Wien (1858) begann er sich ernsthaft mit dem Schach zu beschäftigen. Den ersten großen Erfolg errang er im Jahre 1862 beim Internationalen Turnier in London (6. Preis). In all den folgenden Jahren spielte er sehr viel in verschiedenen Turnieren und Wettkämpfen, von Stadt zu Stadt, von Land zu Land reisend.

Steinitz' Siege wurden immer beeindruckender, aber ständig war ihm Johann Zukertort auf den Fersen, ein anderer führender Meister des 19. Jahrhunderts. So kam es 1886 zwischen ihnen zu einem großen

Match, dessen Sieger zum Weltmeister erklärt wurde. Dieses Match war, den Abmachungen zufolge, in drei amerikanischen Städten auf 10 Siege und um einen Einsatz von 2 000 Dollar angesetzt. In New York gewann Zukertort (+4, −1), in Saint Louis glich Steinitz aus (+3, −0), und in New Orleans war die Überlegenheit von Steinitz unumstritten (+6, −1). Wilhelm Steinitz hatte also mit dem Ergebnis von +10, −5, =5 gesiegt.

Der Sieg von Steinitz war nicht nur in sportlicher, sondern auch in schachlicher Hinsicht überzeugend. Im Match setzte Steinitz die Prinzipien seiner „neuen Schule" durch, deren Wesen er auf den Seiten der von ihm herausgegebenen Schachzeitschrift „The International Chess Magazine" und in den Kommentaren zu den verschiedenen Partien erläuterte.

Was war das nun für eine Schule? Nachdem Steinitz eine gewaltige Arbeit zum Verständnis des Schaffens der besten Schachspieler des 18. Jahrhunderts, des Beginns und der Mitte des 19. Jahrhunderts geleistet hatte, formulierte er die Grundprinzipien seiner neuen Lehre über das Positionsspiel. Er führte die Begriffe Übergewicht in der Entwicklung, schwache Punkte, Vorteil des Läufer-

paars ein; er arbeitete ferner eine These über das Stellungsgleichgewicht aus, behauptete, daß der das Übergewicht besitzende Spieler angreifen muß, da andernfalls der Vorteil an den Gegner übergeht. Eine andere These von Steinitz besagt, daß ein Spielplan auf der Stellungsbeurteilung beruht, welche die ganze Vielfalt der Stellungselemente berücksichtigt – das alles ist vollauf gültig bis heute.

Als freilich Steinitz seine Theorie auf den Seiten des „International Chess Magazine" propagierte, stellte er ziemlich oft das Positionsspiel dem Kombinationsspiel gegenüber, was seine Zeitgenossen berechtigt kritisierten. So schrieb zum Beispiel Michail Tschigorin, einer der ständigen Gegner Steinitz', an ihn: „Die wahren Anhänger des Schachs müssen Ihnen dankbar sein für das Interesse, das Sie ständig mit Ihren Neueinführungen wecken, und für Ihre Abneigung gegen den schablonenhaften Stil. Wie Ihnen bekannt ist, teile ich nicht völlig Ihre Theorie und Ihre Prinzipien, was mich jedoch nicht stört, sie zu schätzen."

Übrigens schätzte auch Steinitz Tschigorin sehr hoch ein. Als Steinitz schon Weltmeister war, verlor er zwei sehr bedeutungsvolle Partien per Telegraf gegen Tschigorin und forderte damals selber (!) Tschigorin zu einem Match um die Schachkrone auf. Solch eine ritterliche Haltung zeigte keiner der nachfolgenden Weltmeister. Im Jahre 1896 beglückwünschte Steinitz Tschigorin zu einem Sieg in einem internationalen Turnier und schrieb: „Die Bewunderer unserer edlen Kunst werden aufrichtig Freude darüber empfinden, daß Ihr Sieg Rußland ungeheuren Ruhm gebracht hat, das in letzter Zeit die Entwicklung des Schachs vor allem förderte, was zweifellos auch Ihrem Genie und Ihrer Autorität zu danken ist. Gestatten Sie mir, Ihnen zu versichern, daß von allen Schachmeistern, die ich kenne, ich Ihnen weiterhin größte Erfolge wünsche."

So offenbart sich der erste Schachweltmeister den Nachkommen als edler Schachritter, großer Reformator und furchtloser Kämpfer mit dem stürmischen Geist eines Wegbereiters.

Acht Jahre hatte Steinitz den Schachthron inne, dann wurde der 58jährige Meister von einem aufgehenden Schachstern besiegt – von dem jungen Lasker. Über seinen Vorgänger sagte Lasker später: „Steinitz war ein Denker, würdig für einen Lehrstuhl an einer Universität."

Bis an das Ende seiner Tage diente Steinitz dem Schach.

Jedoch als Berufsschachspieler konnte er sich und seiner Familie keinen auskömmlichen Lebensunterhalt sichern. Die letzten Jahre verbrachte Steinitz in bitterer Not. Er starb 1900 im Alter von 64 Jahren.

81. Emanuel Lasker

Um das Leben dieses Mannes rankten sich schon zu Lebzeiten Legenden. Lange Zeit vermochten weder die Zeitgenossen noch die Nachfolger das Wesen der Methode zu verstehen, mit deren Hilfe Lasker seine phantastischen Siege errang und 27 Jahre Weltmeister blieb. Auch Laskers Vielseitigkeit trotz der schachlichen Beanspruchung überrascht: War er doch Doktor der Philosophie und Mathematik, bedeutender Literat, Verfasser eines Versdramas und zahlreicher Artikel …

Lasker wurde im Jahre 1868 in dem kleinen Städtchen Berlinchen geboren. Das Schachspiel erlernte er im Alter von zwölf Jahren. Die ersten schachlichen Erfolge stellten sich während seines Studiums an der Universität in Berlin ein. Und diese Erfolge waren so nachhaltig (Titel eines Schachmeisters!), daß Lasker beschloß, seine Studien an der mathematischen Fakultät abzubrechen und Schachmeister zu werden. Turnier für Turnier, Match für

Match folgten, Reisen von Land zu Land – um das Jahr 1894 galt Lasker in den Augen der Schachwelt bereits als einer der Bewerber um die Schachkrone. Lasker, der rastlose Energie gezeigt hatte, trat im gleichen Jahr einen Weltmeisterschaftskampf gegen Wilhelm Steinitz an. Mit zehn Siegen bei fünf Niederlagen und vier Remisen wurde Lasker der zweite Schachweltmeister.

Dieser Sieg fand freilich nicht bei allen Würdigung. Viele vertraten die Ansicht, daß den alt gewordenen Steinitz nicht nur Lasker besiegen konnte. Um die echte Anerkennung als Weltmeister zu erlangen, verging ein Jahr. Die alleinigen ersten Plätze in Petersburg und Nürnberg, der Revanchekampf gegen Steinitz (+10, −2, =5) sowie die erfolgreichen Rundreisen durch verschiedene Länder bewiesen allen Skeptikern, daß Lasker zweifellos der beste Schachspieler der Welt war. Auch sein erstes Schachwerk „Gesunder Menschenverstand im Schach" (1895) erhöhte seine Popularität.

Nach Erreichung des gestellten Zieles zog sich Lasker lange Zeit vom Schach zurück, um seine Ausbildung abzuschließen und wissenschaftliche Arbeit zu betreiben. Im Jahre 1902 verteidigte er seine Dissertation zur Erlangung des Doktorgrads in Philosophie und Mathematik und veröffentlichte 1907 eine philosophische Abhandlung unter dem Titel „Kampf". In diesen Jahren spielte Lasker selten Turniere, beschränkte sich auf Simultankämpfe und kleine Wettkämpfe.

Dann aber zog ihn das Schach wieder in seinen Bann, und er spielte in drei Jahren (1907–1910) fünf Matche um die Weltmeisterschaft. Ein mächtiger Gegner nach dem anderen wurde bezwungen: Marshall (1907), Tarrasch (1908), Janowski (1909, 1910), Punktgleichheit in einem kurzen Match gegen Schlechter (+1, −1, =8).

Eine besondere Bedeutung besaß der Wettkampf gegen Tarrasch. Der überzeugende Sieg (+8, −3, =5) beendete einen vieljährigen Streit der alten Kontrahenten, die unterschiedliche schöpferische Auffassungen verfochten. War Tarrasch ein leidenschaftlicher Verkünder des „richtigen" Schachspiels, so hielt Lasker immer an der Auffassung des individuellen Herangehens zur Persönlichkeit des Gegners fest. Im Schaffen Laskers finden sich nur wenige äußerlich effektvolle Partien. Seine Spielweise war stets gekennzeichnet durch eine hervorragende Endspieltechnik und eine aktive Verteidigung mit Übergang zum Gegenangriff.

Da er der Eröffnung nicht sehr große Bedeutung beimaß, gestaltete er die Partie so, daß sie in ein für den Gegner höchst unangenehmes Fahrwasser mündete.

Lasker führte Stellungen herbei, in denen beide Spieler gewissermaßen wie auf einem Seil balancierten. Für seinen Gegner kam eine solche Wendung unerwartet, er selbst aber strebte sie an und war frühzeitig zum Kampf in den Grenzen eines vertretbaren Risikos bereit. Gerade deshalb irrten sich die Gegner Laskers so häufig sogar in objektiv besseren Stellungen, und man sagte Lasker nach, daß er seine Gegner hypnotisieren würde, damit sie Fehler begingen. Durchaus nicht zufällig verlangte Lasker von den Organisatoren der Turniere, ihm rechtzeitig eine Teilnehmerliste zuzuschicken. Er bereitete sich gründlich auf jeden Gegner vor, berücksichtigte dessen Besonderheiten in der Spielweise und seine charakterlichen Eigenschaften. Als guter Psychologe fand er die richtige Einstellung zu jedem Gegner. In diesen Auffassungen Laskers zum Schach spiegelten sich die philosophische Konzeption seines unaufhörlichen Lebenskampfes, seine Vorstellung über das Schach als „intellektueller Sport" und „Geistessport" wider.

Als einer der hervorragendsten psychologischen Siege Laskers gilt seine Partie gegen Capablanca im Internationalen Turnier zu Petersburg 1914. Dem Kubaner genügte ein Remis, um sich praktisch den Turniersieg zu sichern. Lasker zog diesen Umstand genau ins Kalkül. Er wählte als Anziehender die Abtauschvariante der Spanischen Partie, die im Rufe einer Remisvariante stand, und gab sich ganz den Anschein, daß er sich mit dem Verlust des 1. Platzes abgefunden hatte. Capablanca erlag der „Remishypnose", und anstelle energischer Aktionen beschränkte er sich auf Abwartemanöver. Als er sich besann, war es zu spät – Lasker führte bereits einen unwiderstehlichen Angriff. Diese Niederlage wirkte sich so auf Capablanca aus, daß er am nächsten Tage gegen Tarrasch verlor und schließlich sogar einen vollen Punkt hinter Lasker lag.

Der erste Weltkrieg bedeutete für Lasker eine längere Stagnation seiner Schachkarriere. Die Kriegsjahre waren nach seinen Worten „ruhig sowie hungernd" vergangen.

Im Jahre 1921 fand der nächste Weltmeisterschaftskampf statt. Laskers Gegner war der geniale Capablanca. Der 53jährige Lasker war sich bewußt, daß es ihm nach all den Lebensentbehrungen und ohne Turnier- und Matchpraxis wohl kaum gelingen würde, dem Druck des ausgezeichnet trainierten, fast fehlerlos spielenden dreiunddreißigjährigen Kubaners standzuhalten. Lasker wollte sogar seine Titelansprüche ohne Spiel abtreten. Einer Einladung des Schachklubs von Havanna Folge leistend, begab sich Lasker in die kubanische Hauptstadt. Ein besonderer Kampf kam nicht zustande, und beim Stande von −4, +0, =10 gab Lasker auf.

Der Verlust des Weltmeistertitels wurde nicht zu einer Lebenstragödie für Lasker. Er setzte seine wissenschaftlichen Studien fort und trat ziemlich erfolgreich in Turnieren auf. Besonders bedeutend war sein Erfolg beim Internationalen Turnier in New York 1924: 1. Platz vor Capablanca und Aljechin. Ein Jahr später traf er erneut auf Capablanca, und zwar im Moskauer Turnier. Dennoch zog sich Lasker in dieser Zeit lange vom Schach zurück, sich wissenschaftlicher und literarischer Tätigkeit widmend. Er gab sein berühmtes „Lehrbuch des Schachspiels" heraus, schrieb philosophische Abhandlungen, untersuchte das alte japanische Brettspiel Go und konstruierte einen Schachautomaten.

Lasker war jedoch ein ungestörtes Leben im Alter nicht beschieden. Der Faschismus in Deutschland nahm Lasker die Heimat, und er war wieder gezwungen, wie in seinen jungen Jahren, das nicht leichte Leben eines Schachprofessionals zu führen. 1935 erhielt Lasker eine Einladung zur Teilnahme am 2. Moskauer Turnier, wo er den 3. Platz belegte, wiederum auf Capablanca stieß und ihn besiegte. Bald nahm Lasker die sowjetische Staatsbürgerschaft an, und bereits als Staatsbürger der UdSSR trat er in Turnieren auf (Moskau, Nottingham 1936). Lasker starb in New York im Januar 1941.

82. José Raoul Capablanca

„Seine Züge sind klar, logisch und stark. In ihnen gibt es nichts Verborgenes, Künstliches oder Erzwungenes ... Die Tiefe von Capablancas Spiel ist die Tiefe des Mathematikers und nicht die eines Dichters." (Emanuel Lasker)

„Capablanca war zu früh aus der Schachwelt gegangen. Mit seinem Tod haben wir ein sehr großes Schachgenie verloren, ein ihm gleiches werden wir niemals wiedersehen." (Alexander Aljechin)

„... das Spiel Capablancas erzeugte und erzeugt eine unauslöschliche künstlerische Wirkung. In seinem Schaffen herrschte die Tendenz zur

Einfachheit, und in dieser Einfachheit ruhte die unwiederholbare Schönheit echter Tiefe." (Michail Botwinnik)

Aus diesen Äußerungen der Weltmeister, die sich untereinander gut kannten, entsteht vor uns die Gestalt eines großen Schachspielers, der mit seiner unübertrefflichen Technik den Schacholymp eroberte und unwiederholbare Werke der Schachkunst schuf.

Jeder Weltmeister leitete eine ganze Epoche ein, hinterließ eine unauslöschliche Spur in der Schachgeschichte. Auch in diesem Sinne stellte Capablanca keine Ausnahme dar, jedoch wurde er zu einer Ausnahmeerscheinung in anderer Beziehung. Wenn Steinitz, Lasker und andere Weltmeister, die eine ungewöhnliche Schachbegabung besaßen, trotzdem eine ungeheure Arbeit zur Erreichung ihrer Ziele leisteten, so eroberte Capablanca einen Schachgipfel nach dem anderen ohne sichtbare Anstrengungen, oft sogar ohne besondere Vorbereitung.

Zum Verständnis der schachlichen Persönlichkeit Capablancas seien zwei Episoden aus Berichten alter Schachmeister angeführt, die den Kubaner bei internationalen Turnieren in Moskau um die Mitte der dreißiger Jahre beobachteten. Capablanca bereitete sich fast gar nicht auf die Partien der

anstehenden Runde vor, ging fünf Minuten vor Beginn in den Spielsaal und fragte den Turnierleiter: „Mit welcher Farbe und gegen wen spiele ich?" Oder eine andere charakteristische Begebenheit. Eine Gruppe von Meistern analysierte lange eine schwierige Stellung, in der sie weder Weiß noch Schwarz den Vorzug geben konnten. In diesem Augenblick kam Capablanca hinzu. Er schaute sich nicht länger als zwei Minuten die Stellung an, setzte dann, ohne irgendeine Variante anzuführen, den weißen König vom Königsflügel nach dem Damenflügel, sagte: „Weiß gewinnt", und verschwand. Die verblüfften Meister entschlossen sich, diese Idee zu untersuchen, und kamen zu der Überzeugung, daß Capablancas Plan der Überführung des Königs auf den anderen Flügel sich als richtig erwies, und bekräftigten dies durch konkrete Varianten.

Natürlich wäre es falsch zu behaupten, daß Capablanca ohne ernsthafte Arbeit Weltmeister wurde. Er untersuchte sorgfältig die Partien der Großmeister seiner Zeit; ständig trainierte er durch Nachspielen typischer Positionen des Mittelspiels und besonders des Endspiels; eine gewisse, wenn auch geringe Aufmerksamkeit widmete er den Eröffnungen – dennoch entfaltete sich

Capablancas Schaffen am Schachbrett, sich auf seine natürliche Schachintuition und ungewöhnliche Schärfe seines Denkens stützend. Solange Capablanca jung war, rief eine solche Methode bei ihm in Turnieren keinerlei Schwierigkeiten hervor und brachte erstaunliche Erfolge. Mit zunehmendem Alter jedoch, als er die Last der Lebensjahre zu spüren begann, funktionierte diese Methode nicht mehr reibungslos.

José Raoul Capablanca y Graupera wurde 1888 in Havanna als Kind einer wohlhabenden Familie geboren. Nachdem er sich eine gute Bildung angeeignet hatte, wurde er Diplomat. Der diplomatische Dienst war jedoch nur eine Formsache, denn als Diplomat hatte er die Möglichkeit, in Länder und Städte zu reisen, wo Schachturniere stattfanden. Die ungewöhnliche Schachbegabung Capablancas zeigte sich bereits in früher Kindheit, wurde er doch bereits mit 12 Jahren kubanischer Meister, im Alter von 22 Jahren besiegte er in einem Match Marshall, den damals besten Schachspieler der USA (+8, −1, =14), ein Jahr später gewann er das sehr starke Turnier in San Sebastián. Von diesem Zeitpunkt an galt Capablanca als erklärter Kandidat für die Schachkrone.

Sein Spiel um die Zeit von 1911 charakterisierend, schrieb er in seinem Buch „Meine Schachkarriere": „… bin ich der Ansicht, daß ich befähigt war, alle sich aus einer beliebigen Stellung ergebenden Möglichkeiten nicht schlechter einzuschätzen als irgend jemand anderes. Ich vermochte präzis äußerst komplizierte Kombinationen durchzuführen und ließ keine Gelegenheit für einen erfolgreichen Angriff aus. Einen direkten Königsangriff verwirklichte ich mit nicht nachlassender Kraft. Das Führen von Endspielen beherrschte ich bis zur Vollkommenheit, und manche Schachspieler meinten, daß ich darin sogar Lasker übertraf, der bis dahin niemand seinesgleichen im Endspiel hatte. Ich denke nicht, daß ich besser als er spielte, aber auch nicht schlechter. Mir oblag es, noch viel in den Eröffnungen zu lernen und etwas das positionelle Vorgehen im Mittelspiel, wenn sich keine Kombinationen anbieten, sowie die Fähigkeit, Positionen für einen erfolgreichen Angriff oder die Widerlegung eines Angriffs herbeizuführen."

In den folgenden Jahren errang Capablanca noch beeindruckendere Siege, und seine Spielweise wurde mit der einer „Schachmaschine" verglichen. Capablanca verlor äußerst selten, in der Zeitspanne zwischen 1914 und

1927 zum Beispiel erlitt er nur fünf Niederlagen.

Das Match gegen Lasker kam 1921 zustande und wurde von dem Kubaner überzeugend gewonnen – er war damit der dritte Weltmeister. Von diesem Zeitpunkt an begann sich im Schaffen Capablancas ein Wandel zu vollziehen. Von seiner unübertrefflichen Technik überzeugt, vermied er es, einen komplizierten Kampf anzustreben und zog es vor, die Partie in ein Endspiel zu lenken und dort den Gegner zu überspielen. Ein solches Abwenden von prinzipiellen schöpferischen Auffassungen brachte Capablanca im Weltmeisterschaftskampf gegen Aljechin im Jahre 1927 eine Niederlage ein.

Auch als Exweltmeister spielte Capablanca weiter erfolgreich in internationalen Turnieren. Er siegte in Budapest (1928), Barcelona (1929), Hastings (1929/30), Moskau (1936), Nottingham (1936). In einzelnen Wettkämpfen mußte er auch Niederlagen hinnehmen. Sein letztes Turnier war die Schacholympiade in Buenos Aires (1939). Capablanca starb im März 1942 in New York.

83. Alexander Aljechin

Das Leben Aljechins, voller Höhenflüge und Abstürze, war von einer ganz eigenen Dramatik geprägt. In einer reichen Adelsfamilie in Moskau geboren, starb er in Armut in dem kleinen portugiesischen Städtchen Estorial. Zweimal ging er freiwillig an die Front gegen die Deutschen – im ersten und im zweiten Weltkrieg, war gezwungen, in Schachturnieren unter deutscher Flagge zu spielen. Nachdem er in einem titanischen Kampf die Schachkrone erobert hatte, verlor er sie fast wegen lügenhafter Anschuldigungen …

Alexander Aljechin wurde 1892 geboren. Das Schachspiel zog ihn frühzeitig in seinen Bann und ließ ihn bis zu seinem Lebensende nicht wieder los. In jungen Jahren, besonders von 1902–1904, spielte er viel Fernschach, etwa mit 15 Jahren wurde er einer der stärksten Spieler Moskaus, und 1909 siegte er im Allrussischen Turnier der Amateure und erhielt den Meistertitel. „Meister zu werden zwang mich erstens das Suchen der Wahrheit", schrieb Aljechin in seinen Erinnerungen, „zweitens das Streben zum Kampf. Bereits als kleiner Junge spürte ich das Schachtalent in mir. Und schon damals fühlte ich das innere Streben, die unbezwingbare Leidenschaft zum Schach. Mit Hilfe des Schachs erzog ich meinen Charakter. Schach lehrt vor allem, objektiv zu sein. Im Schach kann man ein großer Meister nur werden, wenn man seine Fehler und Mängel ausmerzt. Das ist genauso wie im Leben."

Bereits in jungen Jahren zeichnete sich Aljechin durch eine ungewöhnliche Zielstrebigkeit aus. Bald ordnete er alle seine Lebenspläne der Erringung schachlicher Erfolge unter.

„Ich lasse nicht zu, daß äußere Störungen die Klasse meines Spiels beeinflussen, wie das auf Schritt und Tritt mit Tschigorin geschah" – diese Worte stammen von Aljechin aus dem Jahre 1914, als der russische Meister den Großmeistertitel errang. So war er in dem berühmten Petersburger Turnier 1914 Dritter hinter Lasker und Capablanca vor Rubinstein, Tarrasch und Marshall. „Aljechin besitzt einen erstaunlichen Reichtum an Ideen, und von ihm wird man noch viele prächtige Leistungen erwarten können", schrieb in jenem Jahr einer der bekanntesten Großmeister. Der erste Weltkrieg überraschte Aljechin in Mannheim, wo er in diesem großen Turnier führte. Die deutschen Behörden internierten die Turnierteilnehmer, aber Aljechin gelang es dennoch, in die Heimat zurückzukehren. Er ging freiwillig an die Front, diente in einer Abteilung des Roten Kreuzes und kehrte dann nach Moskau zurück, wo ihn die revolutionären Ereignisse überraschten.

In dieser Zeit gab es kaum ein Schachleben. Wettkämpfe fanden so gut wie gar nicht statt, und wenn doch, dann wurden die Runden abwechselnd in den Wohnungen der Teilnehmer gespielt. Die Spielbedingungen waren sehr schwierig. „Man spielte bei Kienspanbeleuchtung – der eine hielt das Licht, der andere dachte nach, Hungrige spielten, unter dem Tisch abwechselnd mit den Füßen stampfend, in erfolglosen Versuchen sich zu erwärmen", schrieb Großmeister Kotow, Aljechins Biograph. Dennoch gewann Aljechin die Meisterschaft der Hauptstadt 1918 und 1919 und siegte bei der ersten Allrussischen Schacholympiade (1920). Aber allein vom Schach konnte man nicht leben, und deshalb arbeitete Aljechin als Untersuchungsrichter bei der Moskauer Kriminalbehörde, dann als Übersetzer bei der Komintern. 1921 heiratete Aljechin eine Schweizer Journalistin und ging mit ihr nach Westeuropa. Die Vorbereitungsetappe zur Erringung der Schachkrone begann. Sechs Jahre vergingen für Aljechin, in denen er einerseits der Schachwelt beweisen wollte, daß er ein würdiger Gegner Capablancas war, und andererseits Mäzene finden und überzeugen wollte, den

Weltmeisterschaftskampf zu finanzieren. In diesen Jahren unternahm Aljechin sehr viel: errang erste Preise in verschiedenen Turnieren, veröffentlichte einen Sammelband seiner besten Partien, legte die Examen zur Erlangung des Doktorgrades der Rechtswissenschaft ab, kommentierte das Turnier 1924 in New York.

Übrigens gelten Aljechins Kommentare bis heute als unübertroffen. N. D. Grigorjew, ein bekannter sowjetischer Meister, schrieb über sie: „Es ist selten, daß jemand wie Aljechin in wenigen einfachen Worten das Wesentliche jeder Position darzulegen vermag. Als brillanter Meister der Kombinationen führt er eine Fülle überzeugender Varianten an, die in dieser Stellung vor ihm keiner fand; in den Partiephasen, die einer erschöpfenden Analyse nicht zugänglich sind, gibt er eine Gesamteinschätzung mit präziser Formulierung der Hauptpläne, die sich aus der Stellung für beide Seiten ergeben. Der hauptsächliche Wert seiner Anmerkungen liegt darin, daß er in jeder Partie die Wendepunkte des Kampfes aufzeigt – jene kritischen Momente, wenn eine Partie, die besser steht, fast unmerklich zu einer ausgeglichenen, eine ausgeglichene zu einer schlechteren wird usw."

Es war sehr schwierig, den „goldenen Wall" Capablancas zu überwinden, denn ein Kandidat mußte einen Preisfond von 10 000 Dollar aufbringen und alle Ausgaben für die Durchführung des Matches decken. Die Mäzene wollten ihr Geld nicht umsonst ausgeben, denn es erschien unmöglich, den im Zenit seines Ruhms befindlichen Capablanca zu besiegen. Übrigens verhielt sich das Kräfteverhältnis im Schacholymp anders, was der scharfsinnige Großmeister Tartakower sehr gut einschätzte: „Capablanca hat den Titel inne, Lasker die Ergebnisse, aber nur Aljechin den Stil eines wahren Weltmeisters."

Endlich war es dem russischen Champion gelungen, einen Wettkampf in Buenos Aires zu erhalten. Die argentinische Regierung hatte sich entschlossen, den Zweikampf zu finanzieren in der Hoffnung eines weiteren Triumphes ihres Idols Capablanca. Das Match zwischen den beiden Titanen sollte bis zu sechs Siegen gespielt werden, beim Stande von 6:5 behielte Capablanca den Weltmeistertitel. Aljechin gewann jedoch überzeugend (+6, −3, =25). Später berichtete Aljechin über seine Methoden der Vorbereitung. Er schrieb, daß Capablanca unmöglich mit irgendwelchen Überraschungen in der Eröffnung beizukommen sei, das Augenmerk müsse sich auf das Mittelspiel richten, wo Capablanca sich irren könnte – infolge der Angewohnheit, völlig seiner Intuition zu vertrauen – und darauf, daß „Capablanca durchaus kein außergewöhnlicher Endspielkünstler" wäre. In diesem Sinne verlief auch das Match, und Aljechin wurde der vierte Schachweltmeister.

Und dann begann die Ära höchster Turniererfolge des neuen Champions. Siegreiche Matche gegen Bogoljubow, erste Preise in Turnieren, so z. B. in San Remo (+13, −0, =2; 3,5 Punkte Vorsprung gegenüber dem 2. Preisträger), Bled (5,5 Punkte Abstand zwischen Aljechin und dem Zweitplazierten!), London, Berlin, Paris … Und plötzlich … Verlust des Weltmeistertitels an den Niederländer Max Euwe (1935).

Für alle, die Aljechin persönlich kannten, war dies keine große Überraschung. Bereits seit den Jahren 1933/34 begann Aljechin an Depressionen zu leiden. Er war fern der Heimat, ohne Freunde, ohne wahre Kenner seiner Kunst. In Frankreich, wo er lebte, interessierte man sich wenig für Schach, und in die Sowjetunion zurückkehren konnte er auch nicht so ohne weiteres, obwohl er zaghafte Versuche unternahm. Schließlich ging der Zustand der Unzufriedenheit in einen systematischen Verstoß gegen eine sportliche Lebensweise über, in Alkoholmißbrauch …

Der Verlust der Schachkrone rüttelte Aljechin auf. Er hörte auf zu trinken, begann verstärkt zu trainieren und sich auf das Revanchematch vorzubereiten. In dieser Zeit (1936) erhielt er eine Einladung zur Teilnahme am 3. Internationalen Moskauer Turnier, aber Aljechin antwortete, daß er nur als Weltmeister nach Moskau käme.

Aljechin gewann das Revanchematch gegen Euwe 1937 überzeugend, und bald (1938) begannen Verhandlungen mit dem sowjetischen Meister Michail Botwinnik über den nächsten Weltmeisterschaftskampf. Eine der Hauptbedingungen Aljechins war, daß der Wettkampf in Moskau gespielt und ihm die Möglichkeit gegeben werden sollte, zwei Monate vor Beginn des Matches in die sowjetische Hauptstadt zu kommen. Leider war dies nicht mehr möglich – der zweite Weltkrieg brach aus. Anfang 1940 trat Aljechin freiwillig in die Armee General de Gaulles ein und diente in ihr im Range eines Leutnants als Übersetzer, wozu ihn die Kenntnis von sechs Sprachen befähigte. In der Uniform eines Offiziers der französischen Armee wurde Aljechin gefangengenommen und vor die Alternative gestellt: entweder Konzentrationslager oder Teilnahme an Schachturnieren unter deutscher Flagge. Aljechin zog das Schachspielen vor ...

Erst im Jahre 1943 gelang es Aljechin, sich zu befreien und sich zuerst nach Spanien und dann nach Portugal zu begeben. Die Lebensenergien des Weltmeisters waren schon stark angegriffen. Einsamkeit, Armut, in Vergessenheit geraten – das Los seiner letzten Tage. Hinzu kamen die Versuche der Amerikaner und Engländer, ihm den Weltmeistertitel abzuerkennen ...

Der Nachfolger Aljechins, der erste sowjetische Weltmeister, Michail Botwinnik, schrieb: „Aljechin ist der Schachwelt hauptsächlich als Künstler teuer. Er beherrschte blendend die Schachtechnik, denn ohne Technik gibt es keine Meisterschaft. Tiefe der Pläne, weite Vorausberechnung, unerschöpfliche Erfindungsgabe sind für Aljechin charakteristisch. Jedoch seine Hauptstärke, die sich von Jahr zu Jahr entwickelte, war das kombinatorische Sehvermögen: Er sah Kombinationen, berechnete die sich ergebenden Opfervarianten mit großer Leichtigkeit und Genauigkeit ... Aljechin sah dort Kombinationen, wo andere nicht vermuteten, daß sie möglich seien;

teilweise bargen deshalb die Aljechinschen Kombinationen eine solch vernichtende Stärke in sich und brachen den Widerstand. Ja, das war eine wahrhaft erstaunliche Gabe ...!"

84. Max Euwe

Ein „Genie der Ordnung", so nannten ihn seine nahen Freunde, „Weltmeister unter den Amateuren" die Großmeister. Und alle verblüffte die unbestreitbare Tatsache, daß der Schachheld des kleinen Hollands selbst Aljechin in einem Weltmeisterschaftskampf besiegt hatte.

Ja, Max Euwe war tatsächlich ein Mensch von selten organisatorischer Gabe. Niemals hat er auch eine Minute seines langen Lebens ungenutzt gelassen. Fast siebzig Jahre hat er in der Schachwelt verbracht, war Träger der Schachkrone und zahlreicher Preise in verschiedenen Turnieren und ist praktisch die ganze Zeit seiner Lehrtätigkeit nachgegangen. Doktor der Mathematik, Professor an der Universität, Direktor eines Unterrichtszentrums für Datenverarbeitung – das waren nur die Hauptrichtungen der beruflichen Laufbahn Euwes. Außerdem war er Großmeister, Exweltmeister und schließlich Präsident der FIDE.

Und nun kommen wir auf das umfangreiche schachliterarische und -journalistische Erbe des unermüdlichen Holländers zu sprechen: eine Vielzahl von Lehrbüchern (unter ihnen die klassischen, in viele Sprachen übersetzten Werke „Schach von A bis Z", „Theorie der Schacheröffnung", „Das Endspiel", „Das Mittelspiel", „Positions- und Kombinationsspiel im Schach"), Hunderte von Zeitschriften- und Zeitungsartikeln (Euwe redigierte ständig eine Reihe von Schachspalten in Zeitungen), sein berühmtes Loseblattwerk, das jetzt noch unter dem Titel „Schach-Archiv" erscheint ...

Wie konnte er das alles bewältigen? Darin liegt das Geheimnis Max Euwes, aber darin auch seine Schwäche. Würde er sich einer Richtung ohne Vorbehalt gewidmet haben, hätte er wohl ganz bestimmt noch bessere Ergebnisse erzielt ...

Euwe wurde 1901 in Amsterdam geboren, begeisterte sich schon im Alter von fünf Jahren für das Schachspiel, begann mit 11 Jahren an Turnieren teilzunehmen, wurde mit 20 Jahren Meister der Niederlande und fand internationale Anerkennung.

1927 erschien sein erstes Buch „Schach von A bis Z", in dem Euwe nach der Einschätzung eines Biographen „eine für die damalige Zeit völlig neue Behandlung der Theorie der Eröffnung, sich auf Schlüsselstellungen stützend und Zentrumsformationen untersuchend (bis dahin waren die Theoriebücher nach dem Prinzip eines Telefonbuches aufgebaut in der Annahme, daß sich der Lernende an die für ihn notwendigen Varianten erinnern wird)", anwandte.

Bereits ein Jahr später gewann er in Den Haag das Turnier der FIDE um den Weltmeistertitel der Amateure. Sehr aufschlußreich ist Euwes Artikel über die Turnierergebnisse in der ungarischen Zeitschrift „Magyar Sakkélet", wo er schrieb, daß „es ihm angenehm war, einen so ehrenvollen Titel zu erringen, aber er sich nicht als Amateur fühle, da er bereits eine Reihe von Jahren mit Schach für das Leben gearbeitet hat – vor allem mit Schachjournalistik". Das völlige Fehlen geschäftlicher Ambitionen im Schachspiel war für Euwe charakteristisch – sogar nach der Erringung des Weltmeistertitels 1935 erhielt er nicht einen Gulden. In dem gleichen Artikel äußerte sich Euwe lobend über die Preisträger des Turniers, doch über sich selbst bemerkte er nur, daß es „bei einem so starken Teilnehmerfeld unmöglich ist, ohne des Glückes Gunst zu gewinnen". Die Redaktion von „Magyar Sakkélet" kommentierte Euwes

Artikel folgendermaßen: „Doktor Euwe ist unfaßbar bescheiden! Sein Sieg in Den Haag war völlig verdient und wurde durch starkes Spiel errungen, aber nicht durch Glück." Erfolgreich spielte Euwe 1929 in Karlsbad, einem der stärksten Turniere seiner Zeit, an dem die ganze Elite der Schachwelt (es fehlten nur Aljechin und Lasker) teilnahm. Der fünfte Preis rief eine äußerst schmeichelhafte Beurteilung im Turnierbuch hervor: „Doktor Euwe gehört zu den Auserwählten, die berufen sind, an einem Kampf um die Weltmeisterschaft teilzunehmen. Er vereinigt tiefes Eröffnungsverständnis mit großer Aggressivität und ausgezeichneten kombinatorischen Fähigkeiten, ist beherrscht und akkurat und besitzt auch die für einen Schachmeister äußerst wichtige Fähigkeit, im richtigen Moment Mut zu zeigen." Im Jahre 1935 forderte Euwe Aljechin zu einem Match um die Schachkrone heraus. Gesagt werden muß, daß der niederländische Großmeister diesen Schritt nur unter dem Einfluß seiner Freunde tat. Von selbst ging er nicht so weit, die Schachleidenschaft zur entscheidenden Lebensorientierung zu machen, im Gegenteil, während der Zeit zwischen dem Karlsbader Turnier und dem Match mit Aljechin zog er sich zwei Jahre vom

Schach zurück, sich völlig seiner mathematischen Lehrtätigkeit widmend. Seine seltene (aber erfolgreiche) Teilnahme an Wettkämpfen erlaubte er sich nur in der Ferienzeit, wenn er keine Lehrverpflichtungen am Lyzeum hatte. Euwe lehnte sogar Aljechins Vorschlag ab, ein kurzes Match auf einem Ozeandampfer auf der Route Holland–Indonesien, und zwar fünf Partien auf der Hin- und fünf auf der Rückreise, zu spielen. Die Freunde überzeugten jedoch Euwe, daß für sein geliebtes Holland der Kampf um die Weltmeisterschaft notwendig sei und er, Euwe, keine schlechten Chancen in dem Zweikampf habe. Holländische Mäzene, die ein „Euwe-Komitee" gebildet hatten, lösten rasch alle finanziellen Fragen, und im Herbst 1935 begann das Match. Anfänglich hatte Aljechin die Initiative (6:4). Dann wurde daraus ein 12:12, und nach der 25. Partie ging Euwe in Führung und gab seinen Punktvorsprung bis zum Ende des Matches nicht wieder aus der Hand. Mit dem Ergebnis +9, −8, =13 siegte Max Euwe und wurde zum fünften Weltmeister ausgerufen. Euwe hatte nicht lange den Schachthron inne, denn im Jahre 1937 verlor er das Revanchematch gegen Aljechin (9,5:12,5). In den folgenden

Jahren trat Euwe weiterhin noch erfolgreich in Turnieren auf, aber an einem Kampf um die Weltmeisterschaft nahm er bereits nicht mehr teil. Die Mathematik hatte wieder den ersten Platz in seinem Leben eingenommen.

Im Jahre 1970 wurde Max Euwe, wie 35 Jahre vorher, eine der führenden Persönlichkeiten der Schachwelt. Er wurde zum Präsidenten der FIDE gewählt und trug diese ehrenvolle, aber schwere Bürde in der Nachkriegszeit, einer der schwierigsten Perioden seit dem Bestehen der internationalen Föderation. Es war die Zeit der Matche in Reykjavik und Baguio.

Max Euwe starb 1981.

85. Michail Botwinnik

Es war 1925. In Moskau fand das erste internationale Turnier unter der Sowjetmacht statt, das einen wahren Begeisterungssturm bei den zahlreichen Schachanhängern hervorrief. Die Namen Lasker und Capablanca waren nicht nur in aller Munde bei den Schachfreunden in Moskau, sondern auch in anderen Städten des Sowjetlandes.

In Leningrad, dem Schachzentrum jener Jahre, wartete man mit Ungeduld auf die Ankunft des Weltmeisters Capablanca zu einem Simultanspiel. Capablanca hatte sich einverstanden erklärt, an einem spielfreien Tag diese Begegnung mit den stärksten Spielern Leningrads durchzuführen. Die Simultanveranstaltung ist in die Schachgeschichte eingegangen, obwohl es in ihr keinerlei Rekorde oder ungewöhnliche Kombinationen gab. Capablanca verlor eine Partie gegen einen vierzehnjährigen Schüler und äußerte sich lobend über dessen Spiel. Daran erinnerte man sich, als zehn Jahre später Capablanca in einem Einzelkampf gegen den damals stärksten sowjetischen Schachspieler antrat – Michail Botwinnik.

Botwinnik hatte einen sehr großen Anteil an der Entwicklung des Schachspiels. Er wurde zum Bahnbrecher der wissenschaftlichen Richtung in der Ausarbeitung der Schachtheorie. Seine Methoden zur Vorbereitung auf Wettkämpfe, die in den dreißiger Jahren für viele eine Offenbarung waren, sind heute selbstverständlicher Bestandteil des Trainings aller guten Spieler. Botwinniks Herangehen an die Eröffnungsprobleme, das Aufdecken genauer Zusammenhänge zwischen Partieanfang und typischen Mittelspielstellungen wurde klassisch und diente als Richtschnur zur Schaffung vieler Eröffnungs- und Mittelspielsysteme. Von seiner Fähigkeit, „sich selbst zu pro-

grammieren", gingen Legenden aus – Botwinnik verlor zweimal Weltmeisterschaftskämpfe, aber jedesmal gewann er nach einem Jahr überzeugend das Revanchematch. Schließlich schaffte die FIDE die Revanchematche ab ...
War Botwinniks Beitrag zum Weltschach schon recht hoch, so entzieht sich seine Bedeutung für die sowjetische Schachbewegung einfach allen „quantitativen Messungen". Sein Beispiel zeigte der ganzen Welt, was ein Talent im Sowjetstaat erreichen kann. Botwinnik war überhaupt der erste sowjetische Sportler, der bereits in den dreißiger Jahren zu den besten Spielern zählte. Doch hinter Botwinnik standen in großer Zahl junge Meister, die dazu beitrugen, daß die sowjetische Schachschule zur fortgeschrittensten der Welt wurde.

Michail Botwinnik wurde 1911 in einem Petersburger Vorort geboren. Mit zwölf Jahren erlernte er das Schachspiel, und seit dieser Zeit ging seine schachliche Erfolgskurve unaufhaltsam aufwärts. Als Sechzehnjähriger erkämpfte er die Teilnahmeberechtigung an der UdSSR-Meisterschaft und erwarb den Meistertitel. Damit stand Botwinnik vor der Aufgabe, gegen die Meister gewinnen zu lernen.

„Um sich unter Meistern auszuzeichnen", schrieb er, „muß man im Schach unvergleichlich mehr arbeiten. Es ist notwendig, Partien gut analysieren und kommentieren zu lernen, damit man seine eigenen Fehler kritisch untersuchen kann. Es ist notwendig, im Arbeitszimmer am Schachbrett zu lernen, Studien zu lösen, die Schachgeschichte, die Entwicklung der Schachtheorien und der Schachkultur zu studieren. Schließlich muß man sich Erfahrungen aneignen und einfach etwas älter werden. Darüber vergingen etwa 6 Jahre (1927–1933)."

1933 kam es zu dem Match Flohr–Botwinnik. Flohr gehörte zu den führenden Großmeistern, zu den Weltmeisterschaftskandidaten. Das Unentschieden in dem Match rückte den sowjetischen Meister in den Vordergrund der Schachwelt.

Im Moskauer Turnier 1935 teilte Botwinnik mit Flohr den 1. Platz, er überflügelte Lasker und Capablanca. Ihm wurde als erstem sowjetischen Schachspieler der Großmeistertitel verliehen, und S. Ordshonikidse, Volkskommissar für Schwerindustrie, prämierte den Aspiranten Botwinnik mit einem Personenauto für „die geschickte Verbindung der guten Qualität des Studiums mit der Meisterschaft im Schachspiel".

Weitere Erfolge errang Botwinnik 1936: 2. Platz (hinter

Capablanca) im 3. Internationalen Turnier in Moskau und geteilter 1. Platz mit Capablanca in Nottingham, wo Lasker, Aljechin, Euwe u. a. spielten. Für die hervorragenden Leistungen auf dem Gebiet der Schachkunst wurde Botwinnik der Orden „Ehrenzeichen" verliehen.

Danach zog sich Botwinnik für kurze Zeit vom Schach zurück und verteidigte seine Dissertation zur Erlangung des Kandidatengrades der technischen Wissenschaften. 1938 forderte Botwinnik Aljechin zu einem Match um die Weltmeisterschaft auf, aber die Verhandlungen wurden durch den zweiten Weltkrieg unterbrochen …

In den Jahren des Großen Vaterländischen Krieges arbeitete Botwinnik als Ingenieur in Perm. Für die erfolgreiche Tätigkeit in der Produktion wurde er zum zweitenmal mit dem Orden „Ehrenzeichen" geehrt.

Nach Aljechins Tod brach in der Schachwelt eine weltmeisterlose Zeit an. Deshalb wurde auf Beschluß der FIDE im Jahre 1948 ein Matchturnier der stärksten Schachspieler um den Weltmeistertitel durchgeführt. Nachdem Botwinnik gegen die vier Konkurrenten (Smyslow, Keres, Reshewsky, Euwe) alle Matche gewonnen hatte, wurde er der sechste Weltmeister.

Fünfzehn Jahre besaß Michail Botwinnik die Schachkrone. Gewiß hatte er seinen Titel 1957 an Smyslow und 1960 an Tal verloren, aber in den folgenden Revanchematchen siegte er wieder. Nach der Niederlage 1963 im Match gegen Petrosjan gab Botwinnik den Kampf um den Weltmeistertitel auf.

Siebenmaliger Meister der UdSSR, fünfmaliger Weltmeister, Doktor der technischen Wissenschaften, Professor, Verfasser zahlreicher Artikel und Bücher, Vorsitzender der Gesellschaft „UdSSR–Niederlande", Leiter einer Fernschule zur Vervollkommnung junger Schachspieler, Forscher zu Problemen des Computerschachs – es fällt schwer, alle Verdienste und Titel Michail Botwinniks aufzuzählen. In der Schachgeschichte nimmt er einen hervorragenden Platz ein.

86. Wassili Smyslow

„Im Schach bin ich … ein überzeugter Anhänger klassischer Klarheit des Denkens. Der Inhalt einer Partie muß ein Suchen der Wahrheit sein, der Sieg Beweis ihrer Richtigkeit. Weder die üppigste Phantasie noch die virtuoseste Technik und nicht einmal das tiefste Eindringen in die Psyche des Gegners vermögen eine Schachpartie zu einem Kunstwerk zu machen, wenn diese Mittel nicht zum Hauptziel führen – zur Suche der Wahrheit."

In dieser Äußerung ist das schöpferische Kredo Smyslows, des siebenten Weltmeisters, enthalten. Die Leistungen Smyslows sind einzigartig und werden noch lange Untersuchungsgegenstand von Schachpädagogen, Psychologen und vielleicht auch von Gerontologen sein.

1927 erlernte der sechsjährige Wasja das Schachspiel von seinem Vater, der sich nun auch intensiv und systematisch mit der schachlichen Ausbildung des Sohnes zu befassen begann. Bis zum 14. Lebensjahr spielte Smyslow nicht eine Turnierpartie. Dafür studierte er eingehend die ziemlich große Schachbibliothek seines Vaters. Nach den Büchern „verfolgte ich gewissermaßen die Evolution des schachlichen Denkens und wiederholte in meiner Entwicklung ihre Hauptetappen", erzählte W. Smyslow. Und noch etwas aus seinen Erinnerungen ist aufschlußreich: „Von Anfang an lenkte er (der Vater) meine Liebe auf sogenannte ‚einfache' Stellungen, wo nicht viele Figuren am Spiel teilnehmen. Gerade sie bieten einem unerfahrenen Schachspieler die Möglichkeit, nicht nur zu verstehen, sondern auch tief zu

‚erfühlen', wozu jede Figur befähigt ist. Vielleicht überschätze ich etwas diesen Umstand, glaube aber doch, daß er eine wichtige Rolle in meiner Ausbildung als Schachspieler spielte. Die reine Technik zu erlernen, wie die Figuren ziehen – das ist nicht schwierig; es kommt darauf an, ihre Eigenarten herauszufinden, ihre Stärke und Schwäche in den verschiedenartigen Situationen auf dem Brett, die Grenzen ihrer Möglichkeiten, was sie ‚lieben' und was sie nicht ‚lieben' und wie sie sich in verschiedenen heiklen Lagen verhalten. Das zu verstehen und zu fühlen ist bedeutend schwieriger und bedeutend wichtiger. Später, wenn ein Schachspieler die Spieltechnik beherrscht und sich das erforderliche Wissen angeeignet hat – und dies ist für jeden erreichbar –, wird durch ein solches ‚wechselseitiges Verständnis' zwischen ihm und den von seiner Hand geführten Figuren sein Denken von Fesseln befreit und er kann das sehen, was häufig der rein logischen Analyse verborgen bleibt."

Dieses „Gefühl der Harmonie" zeigte sich bei Smyslow sehr früh. Innerhalb eines Jahres erreichte er die Leistungsklasse 1, fand bereits die Grundzüge seines Stils. Vierzig Jahre später sagte Smyslow: „Mit fünfundzwanzig, sechsundzwanzig Jahren spielte ich genau so, wie ich jetzt spiele – ich suche stets in der Schachpartie nicht nur den Sieg, sondern auch das Walten der Logik."

1938 wurde Smyslow Landesmeister bei den Junioren, danach teilte er den 1. Platz in der Moskauer Meisterschaft. In der 12. Meisterschaft der UdSSR (1940) war er Dritter und erreichte den gleichen Platz im Matchturnier um den Landesmeistertitel unter sechs Kandidaten. Für all diese Erfolge wurde der junge Smyslow mit dem Großmeistertitel ausgezeichnet.

Nach dem Kriege debütierte Smyslow erfolgreich in internationalen Turnieren, und die FIDE berief ihn in den Teilnehmerkreis des Matchturniers um die Weltmeisterschaft (1948). „Ich belegte den 2. Platz, damals war ich 27 Jahre alt, und in den nächsten zehn Jahren, von 1948 bis 1958, war die Periode, wo ich um die Weltmeisterschaft kämpfte. Diese Jahre forderten mich voll und ganz, und zeitweilig ging das bis an die Grenzen meiner geistigen und physischen Kräfte. Natürlich hat ein Mensch, der sich die Aufgabe gestellt hat, der erste Schachspieler der Welt zu werden, und dafür die notwendigen Anlagen besitzt, mit Recht kein leichtes Leben zu

erwarten!", schrieb Smyslow später.

Und das höchste Ziel wurde erreicht. Dreimal trafen Botwinnik und Smyslow im Kampf um die Schachkrone aufeinander. 1954 endete das Match unentschieden (12:12), und Botwinnik behielt seinen Titel. 1957 gewann Smyslow den Zweikampf (+6, −3, =13) und wurde zum Weltmeister ausgerufen. Ein Jahr später siegte jedoch Botwinnik im Revanchematch.

Auch als Exweltmeister nahm Smyslow an vielen Turnieren teil, begeisterte die Liebhaber des königlichen Spiels mit Glanzstücken seiner filigranen Technik, mit der Breite seiner strategischen Pläne und mit dem ungewöhnlichen Zusammenwirken der Figuren im Angriff und in der Verteidigung.

Eine erstaunliche sportliche Langlebigkeit demonstriert Smyslow auch heute noch. Er gehörte zu den Siegern des Interzonenturniers in Las Palmas (1982), gewann das Viertelfinale des Kandidatenturniers gegen Hübner (1983), dann das Halbfinale gegen Großmeister Ribli (1983) und erlitt erst im Finale der Kandidatenmatche eine Niederlage gegen Garri Kasparow (1984).

87. Michail Tal

„Das Rätsel Tal", „Ins Angriffs-
feuer" – solche schreienden
Titel wurden den Büchern
über den achten Weltmeister
gegeben. Man nannte ihn auch
„Zauberer der Schachkombinationen", verglich und ver-
gleicht ihn mit dem legendä-
ren Paul Morphy. „Tal ging in
das moderne Schach als das
‚wilde Blut' ein", meinte ein
bekannter Berichterstatter.
„Der Stil Tals – das ist der
Überschlag im Schach", pries
ihn ein anderer Fachmann.
„Tal – der Dämon des An-
griffs", „Tal – der Paganini des
Schachs" lauteten Zeitungs-
überschriften Ende der fünfzi-
ger und Anfang der sechziger
Jahre. Mit diesem vielstim-
migen Chor übertönte man
die Skeptiker, die meinten:
„So darf man nicht Schach
spielen!"
Jedoch das Feuerwerk der Tal-
schen Kombinationen (mochten sie auch nicht immer kor-
rekt sein – was sich erst in
der häuslichen Analyse heraus-
stellte –, so führten sie doch
fast immer in der Partie selbst
zum Ziel) und der unüberseh-
bare Dschungel der Verwicklungen, in die Tal seine Gegner am Brett zog – das alles
wirkte auf das ästhetische Gefühl von Millionen von
Schachanhängern ein und
schuf einen unvergänglichen
Nimbus des Ruhms.

Michail Tal wurde 1936 in
Riga geboren. Er war ein sehr
begabter Junge, lernte schon
mit drei Jahren lesen und kam
in der Schule sogleich in die
dritte Klasse. Die leidenschaft-
liche Liebe zum Schach ergriff
den siebenjährigen Mischa
ganz plötzlich, dann aber für
immer. Er erklomm rasch alle
Stufen der Qualifikation,
wurde mit 18 Jahren Meister
des Sports und debütierte
1956 im Finale der UdSSR-
Meisterschaft (5.–7. Platz).
Das Jahr 1957 bedeutete der
triumphale Beginn des Auf-
stiegs zum Schachthron. Tal
siegte zweimal hintereinander
bei Landesmeisterschaften
(1957, 1958), gewann das Interzonenturnier in Portorož
(1958) und nahm dann den
1. Platz im Kandidatenturnier
(1959) ein.
Im Frühling 1960 trat Tal im
Weltmeistermatch gegen Botwinnik an. Das „Schachlexi-
kon" räumt diesem Wettkampf
die folgenden knappen Zeilen
ein: „Die erste Partie endete
mit dem Sieg Tals. Überzeugend führte er zweischneidige,
komplizierte Stellungen herbei, unternahm kühn sowohl
Eröffnungsexperimente als
auch riskante Opfer im Mittelspiel, schuf so eine dauerhafte
Initiative und errang mit +6,
−2, =13 den Weltmeister-
titel."
Tatsächlich erschütterte dieses
Match die Schachwelt bis auf

den Grund. So schrieb der Schachjournalist Wassiljew über den neuen Weltmeister: „Tal drang gewaltsam in die Schachwelt ein zu einem Zeitpunkt, als der schwierige, mehrjährige Kampf zwischen zwei großen Vertretern des klassischen Stils, Botwinnik und Smyslow, auf dem Höhepunkt stand. Das war eine Ära des Schachklassizismus – weise, majestätisch, streng, rationell, von ihrer Unfehlbarkeit überzeugt. Das ungestüme Spiel Tals mit seinem intuitiven Glauben, daß fast jede beliebige Stellung unerschöpfliche Kampfreserven in sich berge, seine Fähigkeit, spontan die ‚Arbeitsproduktivität‘ der Figuren und Bauern zu erhöhen, seine stetige Bereitschaft, ein Risiko einzugehen – all das, wenn es auch nicht die Grundgesetze des Schachkampfes verletzte, ließ doch in jedem Falle eine freiere, ungebundenere Entfaltung zu."

Nach Aussage der Fachleute war das Weltmeisterschaftsmatch 1960 eines der interessantesten in der Schachgeschichte; mit ihm kündete sich die Geburt, wenn nicht eines neuen Stils, so doch zumindest einer Methode an, die auf der künstlichen Schaffung von Stellungen beruhte, in denen intuitiv-psychologische Opfer zu Verwicklungen führen, die sich einer Berechnung entziehen. In dieser Hinsicht kommt Tals Stil dem von Lasker nahe.

Während jedoch Lasker seine Gegner mit strategischen Ködern in seine Netze lockte und dann daraus mit Hilfe der Taktik Vorteil zog, inszenierte Tal, ohne die Gesetze der Strategie völlig zu verletzen und nach den üblichen taktischen Verfahren vorgehend, einen Vulkanausbruch auf dem Brett, wobei beide Spieler in der glühenden Lava verbrennen konnten. Damals sagte man, daß Tals Methode das Siegel des Genies trüge. Tals Spielweise von 1960 wiederholen konnte niemand, nicht einmal ... Tal selber. Tal, Weltmeister geworden, „verlor die Wachsamkeit" und erlitt ein Jahr später im Revanchematch eine Niederlage. Botwinnik zeigte, wie man gegen Tal spielen muß: keinerlei Kombinationen, ausgesprochen positioneller Partieaufbau. Dem Beispiel Botwinniks folgten auch andere Großmeister. Um eine Bresche in eine solche „Rundum-Verteidigung" zu schlagen, mußte Tal etwas seine Spielweise überprüfen. In seinem Schaffen kamen jetzt mehr positionelle Partien vor, aber auch seine Kombinationen wurden dem breiten Publikum „zugänglicher".

Obwohl Tal erneut Landesmeister, Sieger der Interzonenturniere und Teilnehmer an den Kandidatenturnieren wurde, gelang es ihm nicht, zu einem weiteren Zweikampf gegen den Weltmeister vorzudringen. Trotz allem ist Michail Tal auch heute noch einer der stärksten Großmeister der Gegenwart, der die Schachfreunde mit seinen sprühenden Ideen erfreut.

88. Tigran Petrosjan

„Petrosjan ist zweifellos ein phänomenaler Schachspieler, ein unvergleichlicher Matchkämpfer, ein sehr kluger Mensch, der einen starken Charakter besitzt … Die Stärke Petrosjans liegt darin, daß er eine Einengung der aktiven Möglichkeiten des Gegners anstrebt, und er tut dies virtuos. Er hält ihn gewissermaßen auf Distanz und läßt sich erst dann auf ein Handgemenge ein, wenn man, müde geworden von einem solch erschöpfenden Kampf, eine für ein Nahgefecht ungünstige Stellung erhalten hat. Dieser Stil ist originell und sehr gefährlich." Boris Spasski.
Eine Besonderheit des „eisernen Tigran" – so nannte man Petrosjan wegen seiner erstaunlichen „Undurchdringlichkeit" – bestand darin, daß er besonderes Gefühl besaß, eine Gefahr vorauszusehen, und deshalb frühzeitig – lange

vor der entscheidenden Phase der Partie – die Pläne des Gegners durchkreuzte. Diese prophylaktischen Maßnahmen Petrosjans vollzogen sich derart unmerklich, daß zuweilen der Eindruck entstand, Unentschlossenheit oder sogar Passivität läge in seinem Spiel. Und erst die hervorragenden sportlichen Erfolge Petrosjans in den Jahren der Blüte bewiesen den Kritikern, wie gewaltig seine taktischen Waffen, wie scharfsinnig seine strategischen Pläne waren und welch ein weitsichtiger Psychologe er war.
Petrosjan war der geborene Matchkämpfer. Er besaß unendliche Geduld, und in der Periode des Kampfes um den Weltmeistertitel spielte er vier Kandidatenturniere und erzielte jedesmal bessere Ergebnisse. Seine Beherrschung war grenzenlos – er gab sich z. B. nicht mit der Rolle eines Anfängers zufrieden, sondern zwang sich zur Ruhe, auch nach der Niederlage in der ersten Partie gegen Botwinnik, und spielte weiter, als wäre nichts geschehen und er schwämme im Fahrwasser Botwinniks, setzte jedoch seine Kampfweise der Einengung der gegnerischen Möglichkeiten fort. Schließlich gab es Botwinnik auf, die Spielweise des Kandidaten verstehen zu wollen, denn weder Bronstein noch Smyslow noch Tal han-

delten so. Sie alle hatten versucht, Botwinnik ihre Matchtaktik aufzudrängen, Petrosjan dagegen erklärte sich in allem mit dem Weltmeister einverstanden, bemühte sich jedoch, bei jedem Umschwung des Geschehens die Pläne des Gegners zunichte zu machen und, wenn es gelungen war, dann zu einem langsamen, aber zerstörenden Angriff überzugehen. Gerade in diesem Sinne verlief die fünfte Matchpartie 1963, in der Petrosjan seinen mächtigen Kontrahenten völlig überspielte. Lange vor dem Match schrieb Botwinnik: „Der praktische Vorteil in Petrosjans Stil, der auf einem originellen und feinen Positionsverständnis beruht, besteht darin, daß er, je mehr Erfahrungen er sammelt, für seine Gegner um so gefährlicher wird und daß seine Überlegenheit im Positionsverständnis ein ständig wirkender und nicht zufälliger Faktor ist. Irgendwann einmal wird er aufhorchen lassen ...". Diese Worte erwiesen sich als prophetisch.

Und wie einzigartig die taktische Meisterschaft Petrosjans war, wurde der Schachwelt in der 12. Matchpartie gegen Spasski vor Augen geführt. Petrosjan baute allmählich eine „Zwickmühle" auf – erfahrene Schachspieler wissen, was es für Mühe kostet, unbemerkt einen solchen gigantischen Mechanismus in Gang zu setzen –, und nur die sinnlose Zugumstellung, die den Mühlstein ein Unentschieden zu mahlen veranlaßte, raubte dem fast beendeten Meisterstück einen würdigen Platz in der Schatzkammer der Schachkombinationen.

Tigran Petrosjan wurde 1929 in der Familie eines Hauswarts des Tbilissier Hauses der Offiziere geboren. Er lernte ausgezeichnet in der Schule, und nachdem er mit dem Schachspiel vertraut war, begann er unermüdlich Schachbücher zu lesen. „Mein System" von Nimzowitsch war sein liebstes – er versteckte es nachts unter dem Kopfkissen. „Unzählige Male", schrieb später Petrosjan, „analysierte ich die Partien und Positionen aus diesem Buch, wobei ich es sehr gern ohne Schachbrett zu lesen liebte, und es war nicht verwunderlich, daß ich es schließlich auswendig kannte." Erfolge in Kinder- und dann in Jugendturnieren, Meistertitel, Teilnahme an den Finalkämpfen der UdSSR-Meisterschaft – was Wunder, daß Petrosjan bereits 1951 zu den jungen hoffnungsvollen Schachtalenten des Sowjetlandes zählte. Danach folgte ein Jahrzehnt glänzender Turnierauftritte im Heimatland und in der internationalen Schacharena. Nachdem er 1962 das Kandidatenturnier auf der Insel Curaçao gewonnen hatte, erwarb er das Recht für ein Match gegen Botwinnik. Ein Jahr später fand der Wettkampf statt, Tigran Petrosjan wurde mit +5, −2, =15 Weltmeister.

Drei Jahre später verteidigte er seinen Titel in überzeugender Weise und widerlegte damit die fast zu einer Gesetzmäßigkeit gewordene Erfahrung, daß der Weltmeister nie ungeschoren gegen den Herausforderer davonkam.

In den folgenden Jahren trat allerdings ein leichtes Nachlassen seiner Schöpferkraft ein. Er wandte sich gesellschaftlicher Tätigkeit zu und war maßgeblich an der Wiederherausgabe der Wochenzeitschrift „64" (Vorläufer der heutigen Halbmonatszeitschrift „64 – Schachrundschau") beteiligt, deren Erscheinen durch den Vaterländischen Krieg unterbrochen worden war. Dann verteidigte Petrosjan seine Dissertation zur Erlangung des Kandidatengrades der philosophischen Wissenschaften. Dadurch blieb wenig Zeit, um an Turnieren teilzunehmen und um gut gerüstet den Titel gegen den ausgezeichnet vorbereiteten Spasski zu verteidigen. So siegte dieser auch in überzeugender Weise.

Auch nach dem Verlust des Weltmeistertitels nahm Petrosjan weiter an verschiedenen Wettkämpfen teil. Er wurde Landesmeister und gewann bedeutende internationale Turniere sowie Kandidatenmatche. Jedoch die schreckliche Krankheit des 20. Jahrhunderts, der Krebs, besiegte diesen großartigen Kämpfer – er starb unerwartet im Jahre 1984.

Tigran Petrosjan blieb in seinem Leben nicht die Zeit, ein Buch zu schreiben, in dem er, ähnlich seinen Vorgängern, seine Ansichten zum Schachspiel darlegen konnte. Seine Partien aber werden für uns die beste Erinnerung an den neunten Weltmeister bleiben.

89. Boris Spasski

Die „Komsomolskaja Prawda" faßte die Ergebnisse der Sportlerumfrage 1965 folgendermaßen zusammen: „Der beste Sportler muß nicht nur kräftige Muskeln, ein ausgezeichnetes Reaktionsvermögen und ein zuverlässiges Augenmaß besitzen – für den Sieg bedarf es auch des Mutes und unbedingten Siegeswillens. An erster Stelle der Liste der mutigsten und willensstärksten Sportler steht nach Meinung unserer Leser Boris Spasski (1 181 Stimmen). Wahrscheinlich ist eine solche Ehre einem Schachspieler zum erstenmal zuteil geworden."

Ja, das Jahr 1965 wurde zu einem wahren Triumph im

sportlichen Leben Boris Spasskis. In den Kandidatenmatchen schlug er nacheinander solche renommierten Gegner wie Keres, Geller und Tal. Aber zuvor mußte er sich im Zonen- und Interzonenturnier sowie im Halbfinale und Finale der 31. Landesmeisterschaft bewähren. Aus der Feuerprobe der Ausscheidungskämpfe ging Spasski als furchtloser Kämpfer mit einem universellen Stil und als scharfsinniger Psychologe hervor, der die Fähigkeit besaß, sich während des Spiels auf die Anstrengungen des Zweikampfes entsprechend einzustellen. Von psychologischen Schwankungen und Unentschlossenheit war in den letzten Runden nichts zu spüren. Der Anwärter auf den Schachthron beeindruckte durch seine Vielseitigkeit in der Spielweise. Den erfolgreichen Keres besiegte er, indem er die strategischen und taktischen Mittel variierte; bei Geller kalkulierte Spasski dessen Neigung zu einer strategischen Partieanlage ein und legte den Akzent auf taktische Verwicklungen und auf die Zeitnotschwäche Gellers; den feurigen Kombinationen Tals begegnete er positionell. In den Kandidatenmatchen erwies sich Spasskis Wahl des Marshall-Angriffs in der Spanischen Partie als besonders glücklich, was z. B. dazu

führte, daß nicht Tal einen Bauern opferte, sondern daß gegen Tal ein Bauer für Initiative geopfert wurde. Schließlich fühlte sich Tal das ganze Match über nicht „in seinem Element".

Spasski hatte den Weltmeisterschaftskampf 1966 mit einem Punkt Rückstand verloren. In mancherlei Beziehung erklärte sich dieses Resultat durch eine Unterschätzung der Eröffnungsvorbereitung. In den folgenden Kandidatenmatchen verfügte Spasski über eine reichere Erfahrung für Zweikämpfe. Ein Gegner nach dem anderen, so stark sie auch sein mochten, verbrannte sich die Finger, besonders beeindruckend war die Niederlage Larsens, der nur 2,5 Punkte von 8 möglichen erzielte.

Kämpferisch gut vorbereitet ging Boris Spasski in ˙sein zweites Duell um die Schachkrone. Er hatte solide Eröffnungssysteme in sein Repertoire aufgenommen und eine kluge Strategie des psychologischen Kampfes im Match ausgearbeitet. Nachdem Spasski herausgefunden hatte, daß sich in den letzten Jahren „solche Eigenschaften des Schachspielers Petrosjan wie Vorsicht und Behutsamkeit eher zu Mängeln kehrten als zu Stärken", nutzte er diesen Umstand geschickt aus. Durch die Anwendung der Tarrasch-Verteidigung – die sonst in Weltmeisterschaftskämpfen ziemlich selten vorkommt – konnte der Herausforderer den Weltmeister auf dessen Gebiet, nämlich im positionellen Kampf, überspielen. Spasski führte Stellungen herbei, die voller Dynamik waren und die eine zermürbende geistige und körperliche Anspannung während der ganzen Spielzeit erforderten. Bis zur 16. Partie gelang es Petrosjan, den Ansturm des Kandidaten zurückzuschlagen. Danach neigte sich die Waagschale auf die Seite von Boris Spasski. Mit dem Ergebnis von +6, −4, =13 ging Spasski als zehnter Weltmeister in die Schachgeschichte ein.

Es war 1947. Im Nachkriegs-Leningrad erfreute man sich im Schachzirkel des Pionierpalastes an den Erfolgen des zehnjährigen Boris Spasski, war er doch der jüngste Schachspieler der Leistungsklasse 1 im Lande. Die strategisch gediegene Schachauffassung des Jungen erregte Bewunderung. In diesen Jahren spielte Spasski streng positionell, kämpfte mit Vergnügen gegen den isolierten Bauern, nutzte schwache Punkte aus – kurzum: er tat das, was seine Altersgenossen nicht taten und schon gar nicht verstanden.

Einige Jahre später trug die schachliche Handschrift Spasskis „schwungvollere Züge".

Er kombinierte gern und wandte oft das Königsgambit an. 1953 debütierte der junge Meisteranwärter beim Internationalen Turnier in Bukarest, das ihm gleich zwei Titel einbrachte: Nationaler und Internationaler Meister. Zwei Jahre danach wurde Spasski Juniorenweltmeister, und bald darauf gelangte er überraschend ins Kandidatenturnier und erreichte dort den geteilten 3.–7. Platz. Mißerfolge in den Ausscheidungsturnieren der von der FIDE neu eingeführten Zyklen gaben ihm jedoch 6 Jahre lang keine Möglichkeit, um den Weltmeistertitel zu kämpfen. Erfolg brachte erst der fünfte Versuch. Schachkönig geworden, wiederholte Spasski die Fehler seines Vorgängers. Durch die seltene Teilnahme an Turnieren behielt er nicht seine Form. Allerdings spielte Spasski während der drei Jahre, als er Weltmeister war, eine Reihe unvergeßlicher Partien. Im „Match des Jahrhunderts" siegte er sehr überzeugend gegen Larsen, bei der Schacholympiade in Siegen kam er gegen Fischer zum Erfolg. Das Resultat dieser Partie zog übrigens weitreichende Folgen nach sich. Spasski fühlte sich im bevorstehenden Kampf um die Schachkrone zu siegessicher und stand gegen Fischer auf verlorenem Posten …

Jeder Weltmeister steuerte etwas Neues zu den Schachauffassungen bei. Das Verdienst Boris Spasskis besteht darin, daß er den universellen Stil hervorragend praktizierte und dessen Gefährlichkeit bewies.

90. Robert Fischer

Unter den Schachweltmeistern hat es bisher keine rätselhaftere Persönlichkeit gegeben als den Amerikaner Robert James Fischer. Nachdem er den Schacholymp erobert und auf seinem Wege dorthin alle Bewerber buchstäblich weggefegt hatte, zog er sich vom Schachleben zurück. Als Schachweltmeister spielte Fischer keine einzige Turnierpartie. Mehr noch – er ging in die Einsamkeit, verbarg sich vor den Augen der gesamten Schachöffentlichkeit und verzichtete völlig auf Schachkontakte.

Fischers schachlicher Entwicklungsweg ist einzigartig und unwiederholbar. Von Kindheit an war Fischer einsam und auf sich gestellt (die Mutter erzog die zwei Kinder allein). Als Bobby kaum sechs Jahre zählte, begann seine Schwester ihn das Schachspiel zu lehren. Bald wurden für ihn alle anderen kindlichen Zerstreuungen zweitrangig. Bereits im Alter von zehn Jahren wollte er sich mit nichts anderem als mit Schach beschäftigen. Im Jugendalter erreichte er wahrhaft phänomenale sportliche Erfolge. Die USA-Meisterschaft. gewann er mit 14 Jahren, mit 15 wurde ihm der Titel Internationaler Großmeister verliehen, und im Alter von 16 Jahren belegte er im Kandidatenturnier in Bled 1959 den 5.–6. Platz.

Erreichte der junge Fischer im Schach auch phantastische Erfolge, so beging er in alltäglichen Dingen des Lebens offensichtlich Fehler. Der Schule kehrte er den Rücken, da sie ihn – vom Schachspielen ablenkte. Nachdem er im neuen Kandidatenturnier (Curaçao 1962) erfolglos gespielt hatte – falls der 4. Platz für einen Neunzehnjährigen als unbefriedigend bezeichnet werden kann –, beschuldigte er die sowjetischen Teilnehmer des Komplotts, und auf sein Drängen forderte der amerikanische Schachverband die FIDE auf, den Kandidatenzyklus zu reformieren, d. h. die bisherige Turnierform durch Matchkämpfe zu ersetzen. Aber auch diesbezüglich handelte Fischer inkonsequent, was die Tatsache beweist, daß er auf seine Nominierung als Kandidat für das Match um die Weltmeisterschaft verzichtete. Unter den häufigen Launen Fischers litten nicht nur die Nationalmannschaft der USA und er selbst, sondern sogar auch die Turniere, die bei seiner Teilnahme zu einer Plage für die Organisatoren wurden. So brach er beispielsweise in führender Position das Interzonenturnier in Sousse ab, ohne sich mit dem Schiedsrichterkollektiv zu verständigen.

Auf der Schacholympiade in Siegen (1970) übergab Fischer den Organisatoren eine Liste, die 25 Forderungen zu den Spielbedingungen enthielt. Der Schachverband der BRD widersetzte sich Fischer: 24 Forderungen wurden entschieden abgelehnt, eine – nämlich Fischers Spieltisch etwas von den Zuschauern zu entfernen – teilweise erfüllt. Die Wirkung war verblüffend, denn Fischer zog seine Forderungen zurück und spielte weiter.

Der Gerechtigkeit halber muß erwähnt werden, daß alle Kapriolen und Konflikte Fischers mit den Organisatoren niemals sein Spiel negativ beeinflußten. Der amerikanische Meister Mednis, der Fischers Schaffen untersuchte, schrieb: „Wenn sich Bobby ans Schachbrett setzt, versinkt er völlig in eine andere Welt, in eine Welt des Edelmuts, in der unter seiner Führung nur der König, die Dame, die Ritter (engl. Knights – Springer) und Bischöfe (engl. Bishops – Läufer) handeln. Während der Partie besitzt er die absolute Fähigkeit zur Konzentration seiner Aufmerksamkeit, und

persönliche Momente, die ihn vor und nach der Partie stören, verschwinden rasch aus seinem Bewußtsein." Diese Charaktereigenschaft Fischers bestätigte auch der bekannte amerikanische Großmeister Byrne: „Während die meisten Schachspieler in wichtigen Partien nur mit Mühe und Not ihre Emotionen unter Kontrolle bringen können, ihre Angriffschancen außerordentlich optimistisch und ihre Verteidigungschancen in schwierigen Stellungen sehr pessimistisch sehen, bringt es Fischer fertig, in kaum glaublicher Weise objektiv zu bleiben."

Natürlich fällt eine solche Eigenschaft nicht vom Himmel. Fischer hat sie sich in Jahren fanatischer Arbeit angeeignet. Er scheute weder Zeit noch Kraft, um den geheimnisvollen Sinn des Schachs zu verstehen. Er lebte völlig dem Schach, und es gab für ihn nichts anderes auf der Welt. Bei einer solchen Hingabe Fischers an seine Lieblingsbeschäftigung war es schwer zu verstehen, was ihn dazu bewegt, zeitweise aus dem Schachleben zu verschwinden. Wenn er sich wieder einmal durch die FIDE oder durch irgend jemand anderes gekränkt fühlte, war er imstande, sich für ein Jahr oder mitunter auch länger in einen „Schacheinsiedler" zu verwandeln, jede Turnierbeteiligung ablehnend. Wie Mednis bestätigte, hörte dabei Fischer niemals auf, sich intensiv mit dem Schach zu beschäftigen: „Er untersuchte alles: alte Eröffnungsvarianten und moderne Eröffnungen, das Spiel der alten und neuen Meister, Mittelspiel und Endspiel. Dies betrieb er derart beharrlich und so konzentriert, daß ihm diese Beschäftigung ein Äquivalent zu der fehlenden Turnierpraxis wurde."

Im Jahre 1970 gab Fischer das hin und wieder übliche Einsiedlerdasein auf und begann den Sturm auf die Festung Boris Spasski. Im „Match des Jahrhunderts" besiegte er Petrosjan in glänzender Weise, im „Weltturnier" in Zagreb hatte er am Turnierende zwei Punkte Vorsprung, in Buenos Aires übertraf er den 2. Preisträger mit 3,5 Punkten. Seine Überlegenheit demonstrierte Fischer auch im Interzonenturnier in Palma de Mallorca. Die Resultate Fischers in den Kandidatenmatchen jedoch frappierten einfach alle Schachfreunde: zweimal 6:0, und zwar gegen Larsen und Taimanow, 6,5 zu 2,5 gegen Petrosjan – das waren phantastische Erfolge im Kampf gegen Großmeister der Extraklasse.

Einmal fragte man Fischer, ob er irgendeine bisher unbekannte Spielmethode erfunden habe. „Nein", erwiderte Fischer, „es liegt vor allem an den Fehlern, die die Besiegten begehen. Ich nutze sie nur erfolgreich aus."

Spielte denn Fischer selbst fehlerfrei? Mednis schrieb darüber ein ganzes Buch. Er sammelte und untersuchte alle Verlustpartien des amerikanischen Champions, klassifizierte die Fehler und stellte fest, daß Fischer aus drei Gründen Verluste hinnehmen mußte:

– wegen allzu eifrigen Siegesstrebens – 7 Partien (11%);
– aus Nachlässigkeit 16 Partien (26%);
– überspielt wurde Fischer in 38 Partien (62%).

In seiner Laufbahn spielte Fischer insgesamt 576 Partien, wovon 188 remis ausgingen. Er erreichte aus den 576 Partien 421 Punkte, also eine Gewinnquote von rund 73%. Dieses hervorragende Resultat führte zu der weitverbreiteten Meinung, daß „Fischer das fehlerfreieste Spiel in der Schachgeschichte demonstrierte". Die Feststellung entsprach in der Zeit von 1970 bis 1972 vermutlich der Realität.

Vor dem Match um die Weltmeisterschaft im Jahre 1972 war das Thema „Fischer" stets in der Schachpresse zu finden. So schrieb zum Beispiel Großmeister Suetin: „… vor uns Schachspielern liegt ein breites schöpferisches Feld mit deutlich ausgeprägten Wesenszügen des klassischen Stils. Fischer liebt die Klarheit im Spiel, weicht jedoch Verwicklungen nicht aus. In komplizierten Stellungen erweist er sich besonders stark dank seiner ungewöhnlichen Schnelligkeit und Genauigkeit in der Variantenberechnung, wo sogar auf diesem Gebiet anerkannte Autoritäten mit Schwierigkeiten zu kämpfen haben. Hinzu kommen Fischers ständige Aktivität, seine hohen kämpferischen Qualitäten und seine wahrhaft filigrane Schachtechnik. Nicht vergessen werden darf, daß Fischer jung und gesund ist und eine strenge sportliche Lebensweise einhält, Tennis spielt, schwimmt, wodurch er bis zum Partieende nicht ermüdet und sich eine ausgezeichnete Form bewahrt." Fischer gewann das Match gegen Spasski überlegen (+7, −3, =11). Zum großen Bedauern spielte der elfte Weltmeister nach seinem siegreichen Match keine einzige Turnierpartie mehr, zog sich in die kleine amerikanische Stadt Pasadena zurück und lebt dort auch jetzt noch, sich vor der Schachwelt verbergend.

Seinerzeit sagte Adolf Anderssen über Paul Morphy: „Es ist nicht angebracht, seine Kunst unter Glas aufzubewahren wie einen kostbaren Edelstein und ihn von dort nur zur eigenen Betrachtung hervorzuholen. Im Gegenteil – die Kunst bewahrt ihren Glanz nur durch ständige Anwendung." Diese Worte sind auch in Beziehung auf Robert Fischer gerechtfertigt.

91. Anatoli Karpow

Im Konferenzsaal des ZK des Komsomol hatten sich Ehrengäste versammelt. Jetzt wartete man auf Anatoli Karpow, den dreifachen Schachweltmeister. Er war dieser Tage aus Italien mit dem Flugzeug zurückgekehrt, wo er den Weltmeisterschaftskandidaten Kortschnoi überzeugend geschlagen hatte. Dieses Match gestaltete sich zur Sternstunde Anatoli Karpows. Schon in der ersten Partie wurde der Herausforderer nicht bloß überspielt (und das noch mit Schwarz!), sondern regelrecht zerrissen. Ähnlich erging es Kortschnoi in der zweiten und schließlich in der vierten Partie. Das Match war nach Anzahl der Partien nicht begrenzt, gespielt werden mußte bis zu sechs Siegen. Viele vermuteten, daß dieser Wettkampf eine ähnliche Marathondistanz aufweisen würde wie das Match in Baguio, als sich die beiden Kontrahenten fast 100 Tage lang am Schachbrett gegenübersaßen. Einige nahmen an, das italienische Match könne sich analog dem auf den Philippinen entwickeln; damals glaubte Karpow, als er 5:2 führte, der Kampf sei praktisch entschieden, spielte verhalten und – verlor drei Partien. Nur mit unglaublicher Konzentration aller seiner Kräfte konnte Karpow seine Nerven im Zaume halten und entschlossen die 32. Partie gewinnen.

Das Duell in Meran verlief durchaus nicht so wie das in Baguio. Bereits nach der 18. Partie war alles zu Ende. Karpow gewann 6:2.

Karpow wurde wie ein Nationalheld empfangen. „Sowjetski Sport" widmete ihm fast eine ganze Ausgabe, eine Unmenge von Grüßen, Glückwünschen ... Und am 24. November 1981 wurde der Schachweltmeister Anatoli Jewgenewitsch Karpow auf Beschluß des Obersten Sowjets der UdSSR für seine hervorragenden sportlichen Erfolge, für seinen großen schöpferischen Beitrag zur Entwicklung der Schachschule und für seine erfolgreiche gesellschaftliche Tätigkeit mit dem Leninorden ausgezeichnet.

Erfolgreiche gesellschaftliche Tätigkeit ... Diese drei Wörter können bei weitem nicht die beträchtliche Last gesellschaftlicher Verpflichtung widerspiegeln, die Anatoli Karpow freiwillig auf sich genommen

hat. Nur, wieso Last? „Mein Leben und meine Tätigkeit im Schach betrachte ich stets als einen Auftrag des Komsomol, und die Propagierung des Schachs im Land halte ich für meine hauptsächliche Verpflichtung als Mitglied des ZK des Komsomol."

Simultanspiele, Lektionen, Reisen durch das Land, Pressekonferenzen – Karpow muß seine Zeit für ein Jahr im voraus einteilen. Chefredakteur der Zeitschrift „64 – Schachrundschau", Vorsitzender der Leitung des Sowjetischen Friedensfonds, Präsident des Kinderklubs „Weißer Turm", Delegierter des Komsomolzenkongresses, Mitglied des Präsidiums der Schachföderation der UdSSR – das ist längst nicht das gesamte Register der gesellschaftlichen Tätigkeiten Anatoli Karpows. „Schach ist mein Leben, aber mein Leben ist nicht nur Schach ..."

Und nun stand er auf der Tribüne des Konferenzsaals des ZK des Komsomol: mittelgroß, mager, schmalgesichtig, durchdringender Blick, verhalten, selbstbewußt; er sprach langsam, überflüssige Worte vermeidend, scharfsinnig. Über die Ereignisse in Meran berichtete er ausführlich wie ein Mensch, der sich bewußt ist, daß er eine schwierige Arbeit erfolgreich getan hat. Danach hatten die Helfer des Weltmeisters, die Sekundanten, das

Wort. In das Gespräch wurde auch der Presseattaché des Matches einbezogen, der Journalist Alexander Roschal; interessante Einzelheiten teilte der Delegationsleiter W. D. Baturinski mit, der zehn Jahre lang die Abteilung Schach beim Sportkomitee der UdSSR leitete.

Die jungen Schachspieler des Moskauer Pionierpalastes verlasen eine Grußadresse und wünschten Anatoli Karpow, die Leistung von Emanuel Lasker zu übertreffen, der 27 Jahre die Schachkrone trug, was mit Beifall belohnt wurde. Die Schachkarriere Anatoli Karpows verlief erstaunlich geradlinig. Er wurde am 23. Mai 1951 geboren. 1961 erreichte er im Schach die Leistungsklasse 1, 1963 war er Meisteranwärter, 1966 Meister des Sports der UdSSR; 1969 Jugendweltmeister, Internationaler Meister; 1970 Großmeister; 1975 Weltmeister; 1978 zweifacher Weltmeister; 1981 dreifacher Weltmeister.

Von Tolja Karpow begann man zu sprechen, als er der jüngste Meister des Sports im Schach in der Sowjetunion war. Damals war er bereits Schüler der berühmten Fernschule Botwinniks. Die Ratschläge des ersten sowjetischen Weltmeisters gaben dem talentierten Jungen sehr viel. Als Karpow das Unionsqualifikationsturnier für die Jugendweltmeisterschaft gewonnen hatte, wurde auf Beschluß des Schachverbandes der UdSSR Großmeister Furman sein persönlicher Trainer. Es galt nun, die Hauptaufgabe zu lösen – die Jugendweltmeisterschaft zu gewinnen. Da sich aber die Zusammenarbeit zwischen Karpow und Furman als äußerst fruchtbringend erwies, wurde sie auch danach weiter fortgesetzt, nur bestand jetzt die Hauptaufgabe darin, den Landesmeistertitel bei den Männern zu erobern.

Seinem ersten Kandidatenmatch ging Karpow sehr ruhig entgegen, und er erklärte mit der ihm eigenen Bescheidenheit, daß es nicht sein Zyklus sei. Danach stellte Michail Tal fest, daß der Sieger gewissermaßen in drei Rollen aufgetreten wäre: „Gegen Polugajewski war er, ungeachtet seiner Jugend, ein reifer Psychologe, der scharfsinnig die menschlichen Schwächen im Charakter seines Gegners ausnutzte. Wissend, daß sein Gegner, wenn sich die volle Schale zu seinem Vorteil neigte, sich gewöhnlich fürchtet, aus ihr auch nur einen Tropfen zu vergießen, spielte er so, daß er den erfahrenen Großmeister zwang, alles zu vergießen. Er kannte diesen Eigensinn Polugajewskis und nutzte ihn zu seinem Vorteil aus.

Gegen Spasski sahen wir den wirklichen, begeisterten

Schachspieler, gleichermaßen im Angriff gefährlich und in der Verteidigung hartnäckig. In rein schachlicher Beziehung war das Match Karpow gegen Spasski am eindrucksvollsten. Ja, der Exweltmeister befand sich nicht in Form und spielte nicht besser als gegen Fischer (vielleicht aber auch nicht schlechter), doch Karpows Sieg über ihn überzeugte nicht weniger als der Fischers. Während Spasski beim Weltmeistermatch in der elften Partie der zweite Sieg gelang (die zweite Partie wurde wegen Abwesenheit als verloren für Fischer gewertet), war im Match gegen Karpow in der elften Partie bereits alles entschieden.

Gegen Kortschnoi erwies sich Karpow bereits als kein Junge mehr, sondern als ein Mann, der in der Lage ist, einen der sportlichen Belastung nach beispiellosen Zweikampf zu bestehen. Karpow hat die ganze Zeit über Fortschritte gemacht und ist noch weit von seinem Höhepunkt entfernt. Ich zweifle nicht, daß er im Match gegen Fischer noch stärker sein wird."

Die Worte Tals zeigten sich als prophetisch, die Zeit bewies, daß Anatoli Karpow auch nach zehn Jahren noch nicht seinen Höhepunkt erreicht hat. Damals allerdings kam ein Weltmeistermatch nicht zustande. Robert Fischer lehnte es ab, zum Kampf anzutreten, und am 3. April 1975 rief der Präsident der FIDE, Max Euwe, im Säulensaal des Hauses der Gewerkschaften in Moskau Anatoli Karpow zum zwölften Weltmeister aus.

Während dieser Zeremonie erklärte Anatoli Karpow, daß er ein spielender Weltmeister sein werde. Und dieses Wort hielt er. Vom April 1975 bis August 1985 nahm Karpow an 48 der stärksten nationalen und internationalen Wettkämpfe teil und errang in den meisten davon den alleinigen 1. Platz. In dieser Zeit spielte Karpow 525 Partien, von denen er 214 gewann, 31 verlor und 280 remisierte. „Für mich stellt das Schach vor allem Kampf dar. Den Gegner muß man besiegen, und das strebe ich an. Ich spiele niemals oder fast niemals auf ein Remis, aber was soll man machen, wenn eine Stellung es nicht erlaubt, mehr herauszuholen?" Der Stil Karpows … Worin liegen seine Geheimnisse? Im „Uraler Edelstein" – eines der besten Bücher über den zwölften Weltmeister – schreibt Großmeister Kotow: „Hingebungsvolle Arbeit am Schach, Schaffensfreude und dem Beispiel solcher Schachgiganten wie José Raoul Capablanca und Michail Botwinnik folgend, ermöglichten es dem geborenen Schachtalent Karpow, tiefgründig eine der wichtigsten Eigenschaften eines Schachkämpfers zu entwickeln – die Fähigkeit, die Harmonie schachlicher Formationen zu verstehen, zu fühlen und vorauszusehen, die Meisterschaft zu beherrschen, gefährliche, aktive Stellungen zu schaffen, die sich einem einzigen Ziel unterwerfen und durch ihre seltene Geschlossenheit und Unerprobbarkeit Bewunderung erregen. Anatoli Karpow bemerkt viel früher als seine Gegner eine Möglichkeit, gerade eine solche Figurenaufstellung auf dem Brett herbeizuführen, die am effektivsten die strategischen und taktischen Aufgaben lösen hilft und es ermöglicht, maximal alle vorhandenen Kräfte zur Erringung des Sieges zu mobilisieren. Diese seine Aufbauformationen lassen jedesmal durch eine Besonderheit erstaunen – alle Figuren Karpows nehmen darin ideale Postierungen ein, und jede Streitkraft wirkt mit maximaler Energie und Stärke.

Die Fähigkeit, weit vorauszublicken und dabei tief in die Geheimnisse der Stellung einzudringen, versetzt Karpow in die Lage, bedeutend besser als seine Gegner die kleinsten Einzelheiten des bevorstehenden Kampfes wahrzunehmen, sich auf sie vorzubereiten und dem Gegner mit voll mobilisierter Streitmacht entgegen-

zutreten, während für die Kontrahenten viele Aufbauformationen, positionelle, strategische und taktische Ideen des jungen Großmeisters völlig überraschend kommen. Schließlich erkennen sie natürlich seine Pläne, besinnen sich und ergreifen Maßnahmen, aber am häufigsten geschieht es dann, wenn es zu spät ist!"

92. Garri Kasparow

Das zweiunddreißigste Match um die Schachweltmeisterschaft wurde im spannendsten Moment abgebrochen. So etwas war in der fast hundertjährigen Geschichte der Zweikämpfe um die Schachkrone noch nie vorgekommen.

Am 15. Februar 1985 erklärte der Präsident der FIDE, Florencio Campomanes, auf einer Pressekonferenz, daß er die Entscheidung getroffen habe, das Match zwischen Anatoli Karpow und Garri Kasparow abzubrechen, ohne einen der Spieler zum Sieger zu erklären …

Von Garri Kasparow vernahm die Schachwelt erstmals 1974, als in Moskau das Landesturnier der Mannschaften der Pionierpaläste um den Preis der Zeitung „Komsomolskaja Prawda" stattfand. Der Elfjährige der Leistungsklasse 1, der zu der Bakuer Vertretung gehörte, erwarb sich die Sympathie der zahlreichen Zuschauer, erfahrenen Trainer und gestrengen Prüfer, nämlich der Großmeister, die Simultankämpfe gegen die Jugendmannschaften austrugen. Übrigens wurde Garri zu dieser Zeit bereits von der berühmten Schule Botwinniks betreut. Später gab Kasparow eine Einschätzung der Jahre des Lernens an dieser Schule: „Meine schachliche Weltanschauung hat sich unter dem Einfluß von Michail Moissejewitsch Botwinnik herausgebildet. Ich bin überzeugt, daß die fünf Jahre, die ich in der Schule Botwinniks verbrachte (1973–1978), eine entscheidende Rolle in meiner Ausbildung als Schachsportler spielten und die Wege der weiteren Vervollkommnung bestimmten."

Daß diese Wege richtig gewählt waren, dafür sprechen überzeugend die sportlichen Erfolge Garris: bis 1979 war er zweimal Jugendmeister der UdSSR, siegte im Qualifikationsturnier zur Männermeisterschaft der UdSSR und spielte erfolgreich im Finale – der 1. Platz in einem internationalen Turnier in Jugoslawien brachte ihm den Großmeistertitel ein. Ein Jahr später war Garri Jugendweltmeister und Mitglied der Auswahlmannschaft der UdSSR für die Schacholympiade.

Die Schachanhänger gerieten schon nicht mehr in Erstaunen, wenn Kasparow in den stärksten Turnieren erste Plätze belegte. Die Schachwelt war vom Glanz der Partien des jungen Großmeisters entzückt und erwartete ungeduldig die Ausscheidungskämpfe um den Weltmeistertitel. Dieser Zyklus begann für Kasparow mit dem Interzonenturnier 1982. Der Kampf war nicht leicht, aber desto wertvoller das Ergebnis des Siegers: $+7$, -0, $=6$! Dann folgten die Kandidatenmatche gegen Beljawski, Kortschnoi und Smyslow. Und sie alle endeten vorzeitig, der Weg zum Schachthron wurde frei …
Um den Verlauf des Weltmeisterschaftskampfes 1984 zu verstehen, bedarf es einer kurzen Erklärung. Der Austragungsmodus, den Zweikampf um den höchsten Schachtitel bis zu sechs Siegen zu führen, ohne die Anzahl der Partien zu begrenzen, war noch von Robert Fischer ausgedacht worden. Nach längerem Widerstand stimmte schließlich die FIDE der Forderung des damaligen Weltmeisters zu, allerdings mit wesentlichen Vorbehalten. Wie dem auch sei, Anatoli Karpow spielte seine Matche nach diesem ihm gewissermaßen als Hinterlassenschaft auferlegten Modus der unbegrenzten Anzahl der Partien und empfand dabei keine

besonderen Unannehmlichkeiten. Vielleicht war dies dadurch zu erklären, daß in den Matchen 1978 und 1981 Karpow bedeutend jünger als der Kandidat war; jetzt allerdings war er 12 Jahre älter als sein Gegner.

Von den ersten Zügen an begann zwischen Karpow und Kasparow ein offener Schlagabtausch. Beide Großmeister waren von Anfang an bestrebt, die spielerische Initiative zu ergreifen, doch während der Weltmeister eher Jagd auf den Sperling in der Hand als auf die Taube auf dem Dach machte, überschritt der Kandidat mit einer hasardähnlichen Kampfführung einige Male die Grenzen des erlaubten Risikos, und nach 9 Partien stand es schließlich 4:0 für Karpow. Die kalte Dusche wirkte ernüchternd auf Garri Kasparow, er hatte begriffen, daß es keinen Triumphzug zum Thron geben wird und änderte augenblicklich seine Kampftaktik. Jetzt hatte sich der Kandidat die Gewährleistung der Sicherheit in jeder Partie zu seiner Hauptaufgabe gemacht, man durfte nicht mehr verlieren ... und der Herausforderer hörte auf zu verlieren. Zwei lange Remisserien folgten, in deren Verlauf Karpow den Ausgang des Kampfes den rein technischen Mitteln überlassen wollte – ihm gelang das auch in der 27. Par-

tie –, doch Kasparow führte ein ständiges „Powerplay" auf dem gesamten Schachbrett, um die Kräfte des Gegners zu zermürben. Endlich wankte Karpow und verlor die 32. Partie. Die dritte Remisserie begann. Die Erschöpfung der Gegner stach in aller Augen, denn das Duell währte bereits fünf Monate.

Es ist schwer zu sagen, wie das Match ausgegangen wäre, wenn der Präsident der FIDE es nicht nach der 48. Partie beim Stande von 5:3 zu Gunsten von Karpow abgebrochen hätte. Jedenfalls war das Urteil über die zeitlich unbegrenzten Matche gesprochen, und dies ohne das Recht auf Berufung ...

„Garri Kasparow spielt das Schach der Zukunft", so versicherten zahlreiche Kommentatoren. „Kasparow verleiht dem Schach einen völlig neuen Inhalt", äußerten sich die führenden Großmeister einmütig. Und nun lassen wir Kasparow selbst zu seinen Schachauffassungen zu Wort kommen.

„Jeder Schachspieler hat seinen eigenen Stil, den zu verstehen kompliziert ist. Von Karpow sagt man, daß das Schach, das er spielt, anderen nicht verständlich ist. Mir scheint es, daß der Stil eines Weltmeisters immer seiner Zeit vorauseilt. Anatoli Karpow nutzte derart minimale Stellungsvorteile aus, daß ich zum Beispiel vor dem vergangenen Match nicht verstand, wie ihm dies gelingt.

Mein Spiel basiert auf den Positionsgesetzen, die ich nicht verletze, und ich bemühe mich, so zu spielen, wie es die Stellung erfordert. Nicht übersehen werden darf, daß es die in die Eröffnung und das Mittelspiel investierten Anstrengungen ermöglichen, tief in die gegnerische Stellung einzudringen und manchmal solche Nuancen zu entdecken, die nicht sofort ins Auge fallen. Ich bin ständig bestrebt, mein schachliches Wissen zu vertiefen, angestrengt zu arbeiten und das ‚Arsenal der Ideen' aufzufüllen. Dies ermöglicht mir, eine große Anzahl von Stellungen herbeizuführen, in denen ich mich besser auskenne. Dabei bedarf es einer weitreichenden Berechnung, multipliziert mit Tempo und Initiative. In dieser Hinsicht ist die 16. Partie lehrreich, in der auf den ersten Blick schwer zu verstehen war, wofür Schwarz den Bauern opferte. Die ganze Frage drehte sich darum, wer es als erster verstand! Schließlich kann ein solches Herangehen zur Norm werden, und dann werden alle verwundert fragen, was hieran eigentlich erstaunlich sei."

Ja, die 16. Partie des neuen Matches zwischen Karpow und Kasparow wurde der Wendepunkt. Garri Kasparow trug den Sieg nicht nur in sportlichem (was selbstredend auch sehr wichtig ist), sondern auch in schöpferischem Sinne (was unermeßlich wichtiger ist) davon. Dieser Sieg beflügelte Kasparow, und er führte schwungvoll den letzten Teil des Matches. Besonders gut gelang ihm die 19. Partie, wo der Weltmeister auf seinem „eigenen" Gebiet, d. h. also im Positionsspiel, geschlagen wurde.

Genaugenommen besaß der Kandidat im zweiten Match fast die ganze Zeit über die Initiative. Später sagte Kasparow selbst, daß die 48 Partien des ersten Matches gegen Karpow als Schule dienten, die ihn auf eine neue qualitative Stufe im Verständnis der Gesetze des Schachkampfes hob. Dieses Verständnis offenbarte sich insbesondere auch in einer neuen Taktik des Zweikampfes.

Das Match 1985 war nach Anzahl der Partien nicht unbegrenzt. In ihm hatten die Kontrahenten nicht mehr als 24 Partien zu spielen. Auf dieser kurzen Distanz kam deshalb den Eröffnungsneuerungen sehr hohe Bedeutung zu. Kasparow wechselte jäh das Eröffnungsrepertoire und zwang Karpow, sich bereits im Laufe des Matches umzustellen.

Der Gerechtigkeit halber sei bemerkt, daß Karpow sich ungewöhnlich hartnäckig verteidigte. Selbst als er in der Eröffnung in schwierige Stellungen geriet, vermochte er in einer Reihe von Partien sein Spiel durchzusetzen und konnte den Punktabstand verringern. Eigentlich wurde der Ausgang des Matches in der letzten Partie entschieden. Nachdem Kasparow sie gewonnen hatte, stand sein Gesamtsieg mit 13:11 fest (+5, −3, =16), und er wurde als 13. Weltmeister ausgerufen … Der neue Weltmeister nimmt, ebenso wie auch sein Vorgänger, im Leben eine aktive Stellung ein. Als Mitglied des ZK des Komsomol Aserbaidshans propagiert Garri Kasparow ständig das Schach in seiner Heimatrepublik. Dank seiner vielfachen Bemühungen wurden in allen Bezirken Aserbaidshans Schachschulen eröffnet. „Ich betrachte es als meine unmittelbare Pflicht, mich für die Schachanhänger einzusetzen", bekräftigte Garri Kasparow mehrmals.

Im Leben des jüngsten Weltmeisters der Schachgeschichte ist eine neue Epoche angebrochen. Der Schacholymp wurde erstürmt, jedoch in schöpferischer Beziehung gibt es in der schachlichen Vervollkommnung keine Grenzen. Garri Kasparow weiß dies gut, und schließlich erwarten Millionen von Schachfreunden von ihm neue sprühende Kombinationen, sehr feine positionell geführte Angriffe und natürlich erste Plätze in Turnieren.

93. Partien der Weltmeister

Englisch–Steinitz
London 1883

Die positionellen Ideen, die Steinitz vor über hundert Jahren entdeckt und formuliert hat, sind heute Besitz von Millionen von Schachspielern geworden. Die folgende Partie veranschaulicht die Strategie des ersten Weltmeisters.
1.e4 e5 2.♘f3 ♘c6 3.♗b5 g6 4.d4 ed 5.♘:d4 ♗g7 6.♗e3 ♘f6 7.♘c3 0–0 8.0–0 ♘e7 9.♕d2 d5 10.ed ♘e:d5 11.♘:d5 ♕:d5 12.♗e2 ♘g4 13.♗:g4 ♗:g4 14.♘b3 ♕:d2 15.♘:d2 ♖ad8 16.c3 ♖fe8 17.♘b3 b6 18.h3 ♗e6 19.♖fd1 c5 20.♗g5 f6 21.♗f4 ♔f7 22.f3 g5 23.♖:d8 ♖:d8 24.♗e3 h6 25.♖e1 f5 26.f4 ♗f6 27.g3 a5 28.♘c1 a4 29.a3 ♗c4 30.♔f2 gf 31.♗:f4 ♗g5 32.♗:g5 hg 33.♔e3 ♔f6 34.h4 gh 35.gh ♖e8+ 36.♔f2 ♖:e1 37.♔:e1 ♔e5 38.♘e2 ♗:e2 39.♔:e2 ♔f4 40.c4 ♔g4 41.♔e3 f4+ 42.♔e4 f3 43.♔e3 ♔g3. Weiß gab auf.

Tarrasch–Lasker
Match 1908

„Das Geheimnis Laskers besteht in folgendem: Für ihn ist die Hauptsache in einer

Schachpartie der Kampf der Nerven ..." (Richard Réti). Unter allen Laskerschen Partien gilt die folgende als eine für den eigenartigen Stil typischsten des zweiten Weltmeisters.

1.e4 e5 2.♘f3 ♘c6 3.♗b5 ♘f6 4.0–0 d6 5.d4 ♗d7 6.♘c3 ♗e7 7.♖e1 ed 8.♘:d4 ♘:d4 9.♕:d4 ♗:b5 10.♘:b5 0–0 11.♗g5 h6 12.♗h4 ♖e8 13.♖ad1 ♘d7 14.♗:e7 ♖:e7 15.♕c3 ♖e5 16.♘d4 ♖c5 17.♕b3 ♘b6 18.f4 ♕f6 19.♕f3 ♖e8 20.c3 a5 21.b3 a4 22.b4 ♖c4 23.g3 ♖d8 24.♖e3 c5 25.♘b5 cb 26.♖:d6 ♖:d6 27.e5 ♖:f4 28.gf ♕g6+ 29.♔h1 ♕b1+ 30.♔g2 ♖d2+ 31.♖e2 ♕:a2 32.♖:d2 ♕:d2+ 33.♔g3 a3 34.e6 ♕e1+ 35.♔g4 ♕:e6+ 36.f5 ♕c4+ 37.♘d4 a2 38.♕d1 ♘d5 39.♕a4 ♘:c3 40.♕a8+ ♔h7 41.♔h5 a1♕. Weiß gab auf.

Capablanca–Schroeder
New York 1916

Diese Partie gehört nicht zu den bekanntesten. Außerdem war Capablancas Gegner kein Großmeister, sondern ein durchschnittlicher Meister. Jedoch wird gerade deshalb aus diesem Zweikampf deutlich, warum man den dritten Weltmeister eine „Schachmaschine" nannte. Selbst Capablanca schrieb über seine Partien, die dieser ähnlich sind: „Die Pläne beruhen auf breiten, aber im-

mer soliden Grundlagen, mit versprechenden Perspektiven, doch die Kombinationen – mögen es kurze oder lange sein – stellen ebenso wie auch die verschiedenartigen Manöver nur ein taktisches Mittel zur Verwirklichung des strategischen Planes dar. Die Gesamtidee, dieses wertvollste Moment im Spiel eines Meisters, kommt in den Partien am höchsten zur Geltung, die sich durch genaue Erfüllung der vorgesehenen Pläne auszeichnen."

1.d4 d5 2.♘f3 e6 3.c4 ♘f6 4.♘c3 ♘bd7 5.♗g5 ♗e7 6.e3 0–0 7.♖c1 a6 8.♕c2 ♖e8 9.♗d3 dc 10.♗:c4 b5 11.♗d3 ♗b7 12.a4 b4 13.♗:f6 ♘:f6 14.♘e4 ♘:e4 15.♗:e4 ♗:e4 16.♕:e4 c5 17.dc ♕a5 18.b3 ♗:c5 19.♘g5 h6 20.♕h7+ ♔f8 21.♕h8+ ♔e7 22.♕:g7 hg 23.♕:g5+ ♔d6 24.♔e2 ♖ac8 25.♖c4 ♖c6 26.♖hc1 ♔b6 27.h4 f5 28.♕g7 ♖e7 29.♕e5 ♖c6 30.♖:c5.
Schwarz gab auf.

Réti–Aljechin
Baden-Baden 1925

„Ich halte diese Partie und die Partie gegen Bogoljubow in Hastings im Jahre 1922 für die glänzendsten Partien in meiner Schachkarriere" – Alexander Aljechin, vierter Weltmeister.

1.g3 e5 2.♘f3 e4 3.♘d4 d5 4.d3 ed 5.♕:d3 ♘f6 6.♗g2 ♗b4+ 7.♗d2 ♗:d2+ 8.♘:d2

0–0 9.c4 ♘a6 10.cd ♘b4
11.♕c4 ♘b:d5 12.♘2b3 c6
13.0–0 ♖e8 14.♖fd1 ♗g4
15.♖d2 ♕c8 16.♘c5 ♗h3
17.♗f3 ♗g4 18.♗g2 ♗h3
19.♗f3 ♗g4 20.♗h1 h5
21.b4 a6 22.♖c1 h4 23.a4 hg
24.hg ♕c7 25.b5 ab 26.ab
♖e3 27.♘f3 cb 28.♕:b5 ♘c3
29.♕:b7 ♕:b7 30.♘:b7
♘:e2+ 31.♔h2 ♘e4 32.♖c4
♘:f2 33.♗g2 ♗e6 34.♖cc2
♘g4+ 35.♔h3 ♘e5+
36.♔h2 ♖:f3 37.♖:e2 ♘g4+
38.♔h3 ♘e3+ 39.♔h2 ♘:c2
40.♗:f3 ♘d4. Weiß gab auf.

Euwe–Maróczy
Zandvoort 1936

„Das Schachspiel stellt den
Kampf zweier Lager dar, und
deshalb können auf dieses
Spiel alle jene Gesetze über-
tragen werden, die im allgemeinen für den Kampf zweier
Gegner charakteristisch sind."
(Max Euwe)
1.d4 d5 2.c4 e6 3.♘c3 ♘f6
4.♗g5 ♗e7 5.e3 0–0 6.♘f3
♘bd7 7.♖c1 c6 8.a3 h6
9.♗f4 a6 10.h3 dc 11.♗:c4 b5
12.♗a2 ♗b7 13.0–0 c5
14.♘e5 c4 15.♗b1 ♖e8
16.♕e2 ♘:e5 17.de ♘h7
18.♕h5 ♘f8 19.♖cd1 ♕c7
20.♗:h6 gh 21.♖d4 f5 22.ef
♗:f6 23.♖g4+ ♗g7 24.♕:h6
♖ad8 25.♘e2 e5 26.♘g3
♖e6 27.♕h4 ♖d3 28.♘f5
♘g6 29.♕h5 ♕f7 30.h4 ♗f8
31.♘h6+ ♗:h6 32.♕:h6
♕h7 33.♕g5 ♔f7 34.♗:d3 cd
35.♕f5+. Schwarz gab auf.

Botwinnik–Vidmar
Nottingham 1936

Nach einer Bemerkung Bot-
winniks muß ein erfolgreicher
Schachspieler ein natürliches
Talent und einen festen Charakter haben, sich einer speziellen Ausbildung unterzie-
hen sowie ein widerstandsfähi-
ges und leistungsfähiges Ner-
vensystem besitzen. Michail
Botwinnik selbst vereinigte in
sich in vollem Maße all diese
Eigenschaften.
1.c4 e6 2.♘f3 d5 3.d4 ♘f6
4.♘c3 ♗e7 5.♗g5 0–0 6.e3
♘bd7 7.♗d3 c5 8.0–0 cd 9.ed
dc 10.♗:c4 ♘b6 11.♗b3 ♗d7
12.♕d3 ♘bd5 13.♘e5 ♗c6
14.♖ad1 ♘b4 15.♕h3 ♗d5
16.♘:d5 ♘b:d5 17.f4 ♖c8
18.f5 ef 19.♖:f5 ♕d6 20.♘:f7
♖:f7 21.♗:f6 ♗:f6 22.♖:d5
♕c6 23.♖d6 ♕e8 24.♖d7.
Schwarz gab auf.

Browne–Smyslow
Las Palmas 1982

„Nirgends tritt die Logik des
Denkens so klar in Erschei-
nung wie im Schlußstadium
einer Partie. Nicht ohne
Grund schenkten die großen
Schachspieler der Vergangenheit den Endspielen in ihrem
Schaffen bedeutende Aufmerksamkeit. Als ich den Geheim-
nissen ihrer Meisterschaft
nachspürte, begriff ich, daß
der Weg zu den Höhen der
Schachkunst über die Kenntnis der Gesetze des Endspiels
führt." (Wassili Smyslow)

1.d4 ♘f6 2.c4 e6 3.♘f3
♗b4+ 4.♗d2 a5 5.g3 d5
6.♗g2 dc 7.♕c2 ♘c6 8.♕:c4
♕d5 9.♕:d5 ed 10.♘c3 ♗e6
11.♖c1 a4 12.♘b5 ♗:d2+
13.♔:d2 ♔d8 14.♘e5 ♖a5
15.♘:c6+ bc 16.♘c3 ♔e7
17.♘d1 ♔d6 18.f3 c5 19.dc+
♖:c5 20.♖:c5 ♔:c5 21.♘c3
♔b4 22.♖c1 c5 23.e3 d4
24.ed cd 25.a3+ ♔b3 26.♘d1
♗c4 27.♘f2 ♘d5 28.♘e4
♘e3 29.♘c5+ ♔a2 30.♗h3
♗b3 31.♗d7 ♘c4+ 32.♔d3.
Weiß überschritt die Zeit.

Tal–Larsen
Bled 1965

Die angeführte Partie rief
einen solchen Begeisterungssturm und eine derartige Flut
analytischer „Widerlegungen"
des von Tal dargebrachten
Springeropfers hervor, daß sie
fest im Gedächtnis der Augen-
zeugen haftenblieb. Man muß
dabei betonen, daß diese Partie als letzte im Halbfinal-
match der Kandidaten gespielt
wurde und der Zweikampf vor
dieser Partie gleich stand. Für
die nachfolgenden Generationen ist diese Partie deshalb interessant, da sie am deutlich-
sten die schöpferische Spielweise des achten Weltmeisters
veranschaulicht.
1.e4 c5 2.♘f3 ♘c6 3.d4 cd
4.♘:d4 e6 5.♘c3 d6 6.♗e3
♘f6 7.f4 ♗e7 8.♕f3 0–0
9.0–0–0 ♕c7 10.♘db5 ♕b8
11.g4 a6 12.♘d4 ♘:d4
13.♗:d4 b5 14.g5 ♘d7

15.♗d3 b4 16.♘d5 ed 17.ed
f5 18.♖de1 ♖f7 19.h4 ♗b7
20.♗:f5 ♖:f5 21.♖:e7 ♘e5
22.♕e4 ♕f8 23.fe ♖f4
24.♕e3 ♖f3 25.♕e2 ♕:e7
26.♕:f3 de 27.♖e1 ♖d8
28.♖:e5 ♕d6 29.♕f4 ♖f8
30.♕e4 b3 31.ab ♖f1+
32.♔d2 ♕b4+ 33.c3 ♕d6
34.♗c5 ♕:c5 35.♖e8+ ♖f8
36.♕e6+ ♔h8 37.♕f7.
Schwarz gab auf.

Spasski–Petrosjan
Match 1966

Tigran Petrosjan bezeichnete
die siebente Partie als die beste des Wettkampfes: „Sie demonstriert meine schöpferischen Ansichten: Einengung
der gegnerischen Möglichkeiten, Strategie eines Spiels auf
dem gesamten Brett, Einkrei-
sung und allmähliche Schlie-
ßung des Ringes um den
feindlichen König."
1.d4 ♘f6 2.♘f3 e6 3.♗g5 d5
4.♘bd2 ♗e7 5.e3 ♘bd7
6.♗d3 c5 7.c3 b6 8.0–0 ♗b7
9.♘e5 ♘:e5 10.de ♘d7
11.♗f4 ♕c7 12.♘f3 h6 13.b4
g5 14.♗g3 h5 15.h4 gh
16.♗f4 0–0–0 17.a4 c4
18.♗e2 a6 19.♔h1 ♖dg8
20.♖g1 ♖g4 21.♕d2 ♖hg8
22.a5 b5 23.♖ad1 ♗f8
24.♘h2 ♘:e5 25.♘:g4 hg
26.e4 ♗d6 27.♕e3 ♘d7
28.♗:d6 ♕:d6 29.♖d4 e5
30.♖d2 f5 31.ed f4 32.♕e4
♘f6 33.♕f5+ ♔b8 34.f3 ♗c8
35.♕b1 g3 36.♖e1 h3 37.♗f1
♖h8 38.gh ♗:h3 39.♔g1

163

♗:f1 40.♔:f1 e4 41.♕d1 ♘g4
(Abgabezug) 42.fg f3 43.♖g2
fg+. Weiß gab auf.

Spasski–Fischer
Siegen 1970

Als man Boris Spasski fragte, was ihn im Schach am meisten anziehe, antwortete der zehnte Weltmeister: „… Unerforschbarkeit, der unerschöpfliche Reichtum der Möglichkeiten, der schöpferische Prozeß, der das Schachschaffen begleitet."

1.d4 ♘f6 2.c4 g6 3.♘c3 d5
4.cd ♘:d5 5.e4 ♘:c3 6.bc
♗g7 7.♗c4 c5 8.♘e2 ♘c6
9.♗e3 0–0 10.0–0 ♕c7
11.♖c1 ♖d8 12.h3 b6 13.f4
e6 14.♕e1 ♘a5 15.♗d3 f5
16.g4 fe 17.♗:e4 ♗b7
18.♘g3 ♘c4 19.♗:b7 ♕:b7
20.♗f2 ♕c6 21.♕e2 cd 22.cd
b5 23.♘e4 ♗:d4 24.♘g5
♗:f2+ 25.♖:f2 ♖d6 26.♖e1
♕b6 27.♘e4 ♖d4 28.♘f6+
♔h8 29.♕:e6 ♖d6 30.♕e4
♖f8 31.g5 ♖d2 32.♖f1 ♕c7
33.♖:d2 ♘:d2 34.♕d4 ♖d8
35.♘d5+ ♔g8 36.♖f2 ♘c4
37.♖e2 ♖d6 38.♖e8+ ♔f7
39.♖f8+. Schwarz gab auf.

Fischer–Stein
Sousse 1967

Anatoli Karpow: „Die Partien Fischers sind Partien höchster kämpferischer Spannung (die Kompromißlosigkeit Fischers ist allgemein bekannt), sie widerspiegeln seinen universellen Stil. In ihnen findet man alles: schärfste Eröffnungssysteme, sprühende Angriffe, feines Manövrieren, zähe Verteidigung schwieriger Stellungen, die Fähigkeit, kleinste Chancen für Gegenangriffe zu entdecken, tiefdurchdachte vielzügige Endspiele."

Edmar Mednis: „Die Züge Fischers, die im nachhinein so einfach, klar und selbstverständlich erscheinen, waren in der Tat das Ergebnis sorgfältiger Eröffnungsvorbereitung (darin war ihm keiner ebenbürtig), voller Capablancascher Logik und höchster Aljechinscher kämpferischer Qualitäten."

1.e4 e5 2.♘f3 ♘c6 3.♗b5 a6
4.♗a4 ♘f6 5.0–0 ♗e7 6.♖e1
b5 7.♗b3 d6 8.c3 0–0 9.h3
♗b7 10.d4 ♘a5 11.♗c2 ♘c4
12.b3 ♘b6 13.♘bd2 ♘bd7
14.b4 ed 15.cd a5 16.ba c5
17.e5 de 18.de ♘d5 19.♘e4
♘b4 20.♗b1 ♖:a5 21.♕e2
♘b6 22.♘fg5 ♗:e4 23.♕:e4
g6 24.♕h4 h5 25.♕g3 ♘c4
26.♘f3 ♔g7 27.♕f4 ♖h8
28.e6 f5 29.♗:f5 ♖f8 30.♘e4
♕:f4 31.♗:f4 ♖e8 32.♖ad1
♖a6 33.♖d7 ♖:e6 34.♘g5
♖f6 35.♗f3 ♖:f4 36.♘e6+
♔f6 37.♘:f4 ♘e5 38.♖b7
♗d6 39.♔f1 ♘c2 40.♖e4
♘d4 41.♖b6 ♖d8 42.♘d5+
♔f5 43.♘e3+ (Abgabezug)
43. … ♔e6 44.♗e2 ♔d7
45.♗:b5+ ♘:b5 46.♖:b5
♔c6 47.a4 ♗c7 48.♔e2 g5
49.g3 ♖a8 50.♖b2 ♖f8 51.f4
gf 52.gf ♘f7 53.♖e6+ ♘d6

54.f5 ♖a8 55.♖d2 ♖:a4
56.f6. Schwarz gab auf.

Karpow–Kasparow
Match 1984

„Schachweltmeister Anatoli
Karpow ist zweifellos einer
der leuchtendsten Sterne des
Sports unserer Zeit. Er besitzt
nun schon viele Jahre diesen
Titel, demonstriert immer wieder neue Qualitäten seines
außergewöhnlichen Talentes.
Aber hat nur das Talent Karpow Anerkennung in der Welt
gebracht? Ich denke, dem ist
nicht so.
Ich kenne Anatoli seit langem.
Ich hatte oft die Gelegenheit,
ihn bei seinen Reisen durch
unser Land und durch die
Welt zu begleiten, bei vielen
Turnieren verschiedenster Art
dabeizusein. Und aus voller
Überzeugung kann ich sagen,
daß die Grundlage seiner Erfolge sein starker, aufrechter
Charakter ist. Seine Devise am
Schachbrett heißt – vorwärts
ohne Furcht und Zweifel!
Seine Lebenseinstellung
heißt – maximal dem Vater-
land nützlich zu sein, sich im
Gedränge der die Welt bewe-
genden Ereignisse zu befinden." (Witali Sewastjanow,
zweimaliger Held der Sowjetunion, Flieger-Kosmonaut der
UdSSR, Vorsitzender des sowjetischen Schachverbandes)
1.♘f3 d5 2.d4 ♘f6 3.c4 e6
4.♘c3 ♗e7 5.♗g5 h6 6.♗:f6
♗:f6 7.e3 0–0 8.♕c2 c5 9.dc

dc 10.♗:c4 ♕a5 11.0–0 ♗:c3
12.♕:c3 ♕:c3 13.bc ♘d7
14.c6 bc 15.♖ab1 ♘b6
16.♗e2 c5 17.♖fc1 ♗b7
18.♔f1 ♗d5 19.♖b5 ♘d7
20.♖a5 ♖fb8 21.c4 ♗c6
22.♘e1 ♖b4 23.♗d1 ♖b7
24.f3 ♖d8 25.♘d3 g5 26.♗b3
♔f8 27.♘:c5 ♘:c5 28.♖:c5
♖d6 29.♔e2 ♔e7 30.♖d1
♖:d1 31.♔:d1 ♔d6 32.♖a5
f5 33.♔e2 h5 34.e4 fe 35.fe
♗:e4 36.♖:g5 ♗f5 37.♔e3
h4 38.♔d4 e5+ 39.♔c3 ♗b1
40.a3 ♖e7 41.♖g4 (Abgabe-
zug) 41. ... h3 42.g3 ♖e8
43.♖g7 ♖f8 44.♖:a7 ♖f2
45.♔b4 ♖:h2 46.c5+ ♔c6
47.♗a4+ ♔d5 48.♖d7+ ♔e4
49.c6 ♖b2+ 50.♔a5 ♖b8
51.c7 ♖c8 52.♔b6 ♔e3
53.♗c6 h2 54.g4 ♖h8
55.♖d1 ♗a2 56.♖e1+ ♔f4
57.♖e4+ ♔g3 58.♖:e5 ♔:g4
59.♖e2. Schwarz gab auf.

Karpow–Kasparow
Match 1985

„Etwa zwei Wochen vorher
war die 12. Partie gespielt
worden. Sie war, äußerlich gesehen, durchaus nicht bemer-
kenswert – dauerte ungefähr
zwei Stunden und endete bereits im 18. Zug friedlich.
Diese Miniatur war allerdings
für die Theorie von enormer
Bedeutung. Kasparow wandte
in ihr eine Neuerung an, die
eine in Jahrzehnten gefestigte,
unumstößlich anmutende Auffassung zu einer der Schlüsselstellungen in der Siziliani-

schen Verteidigung in Zweifel zog. Sein gefundener Zug war überraschend und verwegen. Als Karpow mit diesem rätselhaften Problem konfrontiert wurde, traf er die einzig richtige Entscheidung: Er ließ sich nicht unvorbereitet auf dieses theoretische Wagnis ein, und nachdem er Maßnahmen zur Neutralisierung der Ideen des Gegners in die Wege geleitet hatte, endete die Partie schnell remis. Der prinzipielle theoretische Streit ging in der 16. Partie vor sich.

Die Stellung nach dem 8. Zug von Weiß ist in jeder Monographie über die Sizilianische Verteidigung enthalten und kam in den letzten Jahrzehnten, ohne zu übertreiben, in Tausenden von Partien vor. Sowohl durch die Theorie als auch durch die Praxis bestätigt, spricht für diese Stellung erstens, daß die von Weiß aufgestellten wachsamen Bauernvorposten unerschütterlich ihr Lager vor Aufrollungsangriffen in Verbindung mit den Vorstößen b7–b5 oder d6–d5 schützen, was dem Anziehenden ein langanhaltendes positionelles Übergewicht sichert; zweitens ist Schwarz, ungeachtet der Festigkeit seiner Stellung, zu einer mühseligen Verteidigung verurteilt mit dem Recht, mit seinen Figu-

ren innerhalb von drei Reihen zu manövrieren, und kann lediglich davon träumen, in unvoraussehbarer Zukunft nach geduldiger Vorbereitung einen der programmierten Befreiungsvorstöße zu unternehmen. Die folgenden Züge wurden fast automatisch im Geiste eines zurückhaltenden Manövrierens ausgeführt. Und da plötzlich unternahm Kasparow, ohne zu zaudern, den Versuch, den gordischen Knoten zu zerschlagen auf einem scheinbar unumstößlichen, sorgsam behüteten Abschnitt der Theorie!" (Mark Taimanow)

1.e4 c5 2.♘f3 e6 3.d4 cd
4.♘:d4 ♘c6 5.♘b5 d6 6.c4
♘f6 7.♘1c3 a6 8.♘a3 d5
9.cd ed 10.ed ♘b4 11.♗e2
♗c5 12.0–0 0–0 13.♗f3 ♗f5
14.♗g5 ♖e8 15.♕d2 b5
16.♖ad1 ♘d3 17.♘ab1 h6
18.♗h4 b4 19.♘a4 ♗d6
20.♗g3 ♖c8 21.b3 g5
22.♗:d6 ♕:d6 23.g3 ♘d7
24.♗g2 ♕f6 25.a3 a5 26.ab
ab 27.♕a2 ♗g6 28.d6 g4
29.♕d2 ♔g7 30.f3 ♕:d6
31.fg ♕d4+ 32.♔h1 ♘f6
33.♖f4 ♘e4 34.♕:d3 ♘f2+
35.♖:f2 ♗:d3 36.♖fd2 ♕e3
37.♖:d3 ♖c1 38.♘b2 ♕f2
39.♘d2 ♖:d1+ 40.♘:d1
♖e1+. Weiß gab auf.

> *„Schach kann, wie auch jede andere schöpferische Tätigkeit, nur gedeihen durch die Einigkeit von Menschen, die zu ihrer schöpferischen Ausübung befähigt, und von Menschen, die in der Lage sind, diese schöpferische Tätigkeit zu organisieren."*
> Michail Botwinnik

SECHSTES KAPITEL

Methodische Empfehlungen

94. Das sowjetische Ausbildungssystem junger Schachspieler

Zu den hervorragendsten Leistungen der sowjetischen Schachschule in den letzten Jahren zählt der Sieg im Match „Auswahl der UdSSR–Weltauswahl" 1984.

Endete der erste Wettkampf dieser Art (1970) mit dem Sieg der sowjetischen Mannschaft mit einem Vorsprung von einem Punkt (20,5:19,5), so verdoppelte sich 14 Jahre später der Punktvorsprung (21:19). Großmeister Krogius stellte in diesem Zusammenhang mit Recht fest, daß „die Jahre vergehen, die Aufstellungen sich ändern – die Überlegenheit unserer Schachspieler jedoch bleibt unerschütterlich".

Nicht zufällig zieht das Match zwischen den Auswahlmann-schaften der UdSSR und der Welt die Aufmerksamkeit auf sich. Unter den zehn Spielern der sowjetischen Mannschaft gab es sieben, die im Laufe ihrer Entwicklung zu Spitzenspielern am Kampf um die Jugendweltmeisterschaft teilgenommen hatten, und fünf davon wurden auch Weltmeister, nämlich die Großmeister Karpow, Beljawski, Jussupow, Kasparow und Sokolow.

Das genannte Quintett ist beredter Ausdruck für das hohe Niveau des sowjetischen Ausbildungssystems für Schachspieler. Mit den Jahren hat sich dieses System, die Erfahrungen der besten Trainer und Organisatoren nutzend, herausgebildet, staatliche Unterstützung gefunden und gilt gegenwärtig als optimal.

Wenden wir uns nun den Hauptbestandteilen dieses Systems zu.

1. Ausbildungseinrichtungen für Kinder

In der Sowjetunion ist Schach seit langem zum Volkssport geworden, und es ist auch unter den Kindern sehr beliebt. Gerade deshalb bestehen in allen großen Städten und Orten des Landes im Rahmen der verschiedenen außerschulischen und staatlichen Einrichtungen für Kultur und Bildung Kinderschachsektionen. Hauptsächlich sind das die Schachzirkel der Pionierpaläste, die Schachabteilungen der Kinder- und Jugendsportschulen und die Schachsektionen in allen möglichen Betriebs- und Dorfklubs. Natürlich erlernt ein gewisser Teil der Kinder das Schachspielen zu Hause, im Kreise der Familie, aber früher oder später geraten diese Kinder irgendwie in das Blickfeld der Kindertrainer.

1.1. Schulschachzirkel

Das ist die verbreitetste Form des Schachunterrichts für Kinder. In der Regel vereinigen die Schulschachzirkel Neulinge, Kinder der Unter- und Mittelstufe. Nach dem Unterricht bleiben die am Schachspiel interessierten Kinder, gewöhnlich sind es 15 bis 20 Teilnehmer in jeder Klassenstufe, in der Schule, spielen Turniere um die Klassenmeisterschaft und hören den Erklärungen des Lehrers zu.

Solche Veranstaltungen werden wöchentlich ein- bis zweimal durchgeführt und hauptsächlich von schachbegeisterten Lehrern geleitet. Ziel der Schulschachzirkel ist es, die Kinder mit dem Schach vertraut zu machen und sie für dieses Spiel zu begeistern.

1.2. Schachzirkel der Pionierpaläste

In jedem großen Verwaltungszentrum des Landes befindet sich ein Pionierpalast (oder Pionierhaus), in dem es neben den verschiedenen anderen Zirkeln auch einen für Schach gibt. Die Mitglieder eines solchen Zirkels treffen sich zwei- bis dreimal wöchentlich nach einem festen Programm. Gewöhnlich besteht jeder Zirkel aus mehreren Unterrichtsgruppen mit einer Gesamtzahl von 30 bis 100 jungen Schachspielern. Für die Durchführung der Lehrunterweisungen werden erfahrene Schachspieler herangezogen, die mindestens die Leistungsklasse 2 oder 1 besitzen. In solchen Zirkeln werden nicht nur allgemeine Kenntnisse zur Schachtheorie vermittelt, sondern es können auch die Normen für die Leistungsklassen erfüllt werden (in der Regel bis zur zweiten).

1.3. Schachabteilung der Kinder- und Jugendsportschule (KJS)

Die Kindersportschulen bilden die Hauptreserve des Nach-

wuchses für die Landesaus-
wahlmannschaften in den verschiedenen Sportarten. Auch
die Schach-KJS machen hier
keine Ausnahme. Sie vereinigen 200 bis 500 junge Schachspieler, eingeteilt in Ausbildungsgruppen entsprechend
Alter und sportlicher Qualifikation. Die Unterweisungen
werden in den KJS von Be-
rufstrainern durchgeführt, und
zwar drei- bis sechsmal wöchentlich. Die Kinder erhalten
im Laufe vieler Jahre eine
Ausbildung an den Schach-
KJS, die mit Elementarkennt-
nissen beginnt und bis zur Erreichung der Leistungsklasse
Meisteranwärter führen kann.

1.4. Die Kinder- und Jugendsport-
spezialschule des Moskauer Stadt-
palastes der Pioniere und Schüler
für den Schachnachwuchs

Als Beispiel wollen wir die Arbeit der Schachsportschule des
Moskauer Stadtpalastes der
Pioniere und Schüler betrachten. Diese Sportschule gehört
zu den Sportschulen der höchsten Kategorie und gilt als
eine der besten des Landes.
Sie wurde 1976 auf der Basis
der großen Schachsektion des
Pionierpalastes gegründet. Bereits nach einigen Jahren
zählte die Sportschule über
800 junge Schachspieler, die
in 45 Ausbildungsgruppen von
16 erfahrenen Trainern betreut
wurden. Unter diesen Schachpädagogen waren 3 Großmei-

ster, 4 Meister, 9 Meisteranwärter, und alle besaßen
Hochschulausbildung, und 4
hatten sogar die Schachhoch-
schule absolviert.
Im Alter von 6 Jahren werden
die Kinder in eine Vorberei-
tungsgruppe der Sportschule
aufgenommen und dann bis
zum Abschluß der Mittel-
schule (d. h. bis zum 17. Lebensjahr) unterrichtet. Natürlich hört ein Teil der Schüler
auf, sich für das Schach zu begeistern und verläßt zu irgendeinem Zeitpunkt die Schule,
aber die Mehrzahl lernt bis
zum Schulabschluß.
Den Kindern wird Interessantes geboten: In Lektionen über
die Schachtheorie werden
ihnen mannigfaltige Kenntnisse vermittelt; in praktischen
Übungen werden ihre Partien
analysiert, Fehler aufgezeigt;
alle Schüler der Sportschule
sind verpflichtet, Qualifikationsturniere zu spielen. Die
besten Spieler kommen in die
Auswahlmannschaft der
Schule und nehmen an großen
Wettkämpfen in anderen Städten und sogar in anderen Län-
dern teil.
Die jungen Schachspieler des
Moskauer Pionierpalastes erhalten eine gute Ausbildung.
Dafür ein aufschlußreiches
Beispiel. Eines Tages schlug
die Schulschachvereinigung
Kopenhagens vor, einen zwei-
rundigen Vergleichskampf an
50 Brettern auszutragen. Die

Gäste reisten in Moskau an, wurden sehr gastfreundlich empfangen, und am Ende des Wettkampfes lautete das „ungastfreundliche" Ergebnis 92,5:7,5 für die Mannschaft des Pionierpalastes.

Einige Jahre später zeigte sich, daß 10 Mannschaftsführer der Sportschule Meister des Sports wurden, zwei sogar Jugendweltmeister (W. Tschechow und A. Jussupow) und dann Großmeister.

Mit veranlagten jungen Schachspielern beschäftigen sich die Trainer der Sportschule individuell nach einem besonderen Trainingsplan, begleiten sie zu den verschiedenen Wettkämpfen und Trainingslehrgängen. Im Sommer ist es für alle aussichtsreichen Schachspieler Pflicht, mit ihren Trainern in ein Trainingslager zu fahren.

In der Sportschule wird der erzieherischen Arbeit mit den jungen Schachspielern sehr große Aufmerksamkeit gewidmet. Jeder Schüler hat den gesellschaftlichen Auftrag, in der Sportschule oder in der allgemeinbildenden Schule regelmäßig an den verschiedenen gesellschaftlichen oder politisch-erzieherischen Veranstaltungen teilzunehmen, damit bei den Kindern zielstrebig das Bedürfnis zu staatsbürgerlicher Aktivität geweckt wird. Ein solches Aufeinanderabstimmen der Unterrichts-,

Trainings- und erzieherischen Arbeit zeitigt gute Ergebnisse. Die Zöglinge des Moskauer Pionierpalastes siegten wiederholt in den wichtigsten Kinder- und Jugendwettkämpfen im Landesmaßstab, und zwar sowohl in Einzel- als auch in Mannschaftskämpfen, und nehmen Anteil am gesellschaftlichen Leben.

1.5. Sportklassen mit Ganztagsausbildung

Diese für den Schachsport verhältnismäßig neue Ausbildungsform für veranlagte Kinder existiert bereits an vielen Sportschulen des Landes. Ihre Aufgabe ist es, für begabte junge Schachspieler optimale Trainingsbedingungen zu schaffen. Solche Kinder werden (mit Einwilligung der Eltern) in eine allgemeinbildende Schule mit Ganztagsunterricht delegiert. Der Unterrichtsprozeß dieser Schule ist völlig auf die Trainingsarbeit abgestimmt. So sind die ersten zwei Stunden täglich entweder für den Unterricht in Schachtheorie, Schwimmen oder für die allgemeine körperliche Ausbildung vorgesehen. Danach folgen die allgemeinbildenden Fächer, Mittagessen, Erholung und Anfertigung der Hausarbeiten. Die Trainingsarbeit in der zweiten Tageshälfte wird für die Schüler der Sportklassen streng individuell nach einem Zeitplan durchgeführt, der die Beanspruchung der Kinder in der allgemeinbildenden Schule, die Qualifikationsturniere und die offiziellen Wettkämpfe berücksichtigt.

Die Arbeit in den Sportklassen erfordert von den Lehrenden und Lernenden große Anstrengungen, aber dafür stellen sich auch gute Ergebnisse ein. So wurden beispielsweise Kinder dieser Schulen bereits mehrmals Sieger im Unionsturnier der Pioniermannschaften um den Preis des Klubs „Weißer Turm", dem populärsten Kinderwettkampf.

1.6. Fernschulen zur Vervollkommnung des schachlichen Könnens

Derartige Schulen stehen unter der Leitung bekannter Großmeister. Das dort praktizierte Ausbildungssystem garantiert weitgehend, daß kein talentierter Schüler der Aufmerksamkeit entgeht, selbst wenn er in einem entlegenen Winkel der UdSSR wohnt. Als erster schuf M. Botwinnik seine Schule, danach taten es ihm W. Smyslow, T. Petrosjan, M .Tal, E. Geller, M. Taimanow und andere Großmeister nach.

Die Arbeit an den Fernschulen geht so vor sich, daß drei- bis viermal im Jahr auf Vorschlag der Sportgesellschaften aussichtsreiche Schachspieler zu 15tägigen Lehrgängen (Kursen) eingeladen werden.

Der Leiter der Schule analysiert die Partien der Schüler, stellt individuelle Aufgaben bis zum nächsten Lehrgang und teilt seine eigenen schachlichen Erfahrungen mit. Ein solcher Erfahrungsaustausch erweist sich für die jungen Schachspieler als sehr nützlich. Die Praxis hat bewiesen, daß fast alle Teilnehmer an den Fernschulen zur Vervollkommnung des schachlichen Könnens später Meister des Sports und einige sogar Großmeister wurden.

1.7. Die Propagierung des Schachs unter den Kindern

Große Bedeutung für die Popularisierung des Schachspiels unter den Kindern hat die ständige propagandistische Arbeit, die von den Redaktionen der Kinderzeitungen und -zeitschriften sowie vom Fernsehen und Rundfunk betrieben wird.

Schachspalten werden ständig geführt in der „Pionerskaja Prawda", in den Pionierzeitungen der Republiken, in den Zeitschriften „Pioner", „Kostjor" (Lagerfeuer) u. a.

Eine ganze Reihe von Presseorganen unterstützt die Propagierung des Schachs unter den Kindern. Das sind in erster Linie die Zeitung „Sowjetsport", ferner die „Lehrerzeitung", die Zeitschriften „Der Pionierleiter", „Elternhaus und Schule". Mit Interesse lauschen die

Kinder dem Rundfunkprogramm „Pionerskaja sorka" (Pionierwacht) und der Sportsendung „Wnimanije! Na start!" (Auf die Plätze! Fertig! Los!), in denen stets schachliche Probleme behandelt werden. Das Zentrale Sowjetische Fernsehen strahlt in der Sendung „Weißer Turm" ein Lehrprogramm für Anfänger aus, berichtet in Sondersendungen regelmäßig über das Kinderschachgeschehen und bringt Direktreportagen von Wettkämpfen.

Im ganzen gesehen, sorgt die Schachpropaganda in Form der Kommunikationsmittel Rundfunk, Fernsehen und Presse für einen großen Zustrom von Pionieren und Schülern in die Schachsektionen. So gehen beispielsweise für einen Fernwettbewerb zur Lösung von Schachaufgaben und -studien, der von der „Pionerskaja Prawda" ausgeschrieben wird, stets bis zu 20 000 Kinderbriefe ein. Nach den in diesen Wettbewerben erzielten Ergebnissen erhalten die Kinder eine Leistungsklasse (von 4 bis 2), und es werden Empfehlungen für den Unterricht in den Schachsektionen gegeben.

2. Kinderwettkämpfe

Die dem System der Kinderwettkämpfe im Schach zugrunde liegende Idee „Vom Massensport zur Meisterschaft!" verleiht ihm Ausgewogenheit und Vollständigkeit. Für die Umsetzung dieser Idee setzen sich alle staatlichen Stellen und gesellschaftlichen Organisationen ein, die sich mehr oder weniger mit dem Kindersport befassen: das Sportkomitee der UdSSR, das Ministerium für Volksbildung der UdSSR, die verschiedenen Gebiets- und Verwaltungsbehörden.

Die Kinderschachwettkämpfe sind ihrer Struktur nach mit einer großen Pyramide vergleichbar. Das Fundament bildet das Massenturnier der Pionierfreundschaften, an dem sogar Neulinge teilnehmen können. Die Mannschaftswettkämpfe der Pionierhäuser schließen sich an, wo man bereits Spieler der Leistungsklasse 1 antrifft. Als nächste Stufe der Pyramide sind die Wettkämpfe der Sportschulen zu betrachten. Die Mehrzahl der Teilnehmer dieses Turniers tragen den Titel Meisteranwärter. Das System der Mannschaftswettkämpfe wird durch die Unionsspartakiade der Schüler gekrönt. In den Aufgeboten der Unionsrepubliken gibt es nicht selten Schüler mit dem Titel „Meister des Sports". Die eigentliche Spitze der Pyramide bildet das Hauptturnier – die UdSSR-Meisterschaft der Jungen und Mädchen. Nach den Ergebnissen dieses Wettkampfes werden die Kandidaten zur Vorbereitung auf den Kampf um die Jugendweltmeisterschaft ausgewählt.

2.1. Das Unionsturnier der Pionierfreundschaften um den Preis des Klubs „Weißer Turm"

Dies ist der größte Massenwettkampf für Kinder, an dem sich jedes Jahr über eine Million Pioniere beteiligen. Jede Schule des Landes kann eine Mannschaft, bestehend aus vier Jungen und einem Mädchen – Schülern der Klassen 3 bis 7 –, aufstellen und mit ihr an den Qualifikationswettkämpfen teilnehmen, beginnend auf der unteren Ebene bis zum Finale. Nach der Ausschreibung sind die Turniere um den „Weißen Turm" die einfachsten – an ihnen können sich Neulinge beteiligen.

2.2. Das Unionsturnier der Mannschaften der Pionierpaläste um den Preis der Zeitung „Komsomolskaja Prawda"

Das ist ein sehr populärer Wettkampf, über den auch die zentrale und lokale Presse, der Rundfunk und das Fernsehen berichten. Eine besondere Note erhält dieses Turnier durch die Einbeziehung von Großmeistern in die Kindermannschaften, die das Finale erreichen. Die Großmeister tragen Handikapspiele (Uhrensimultan) gegen die jungen Schachspieler der gegnerischen Mannschaften aus. Die von den Großmeistern gewonnenen Punkte und die seiner Mannschaft werden addiert und so die beste Mannschaft ermittelt.

2.3. Die Landesmeisterschaft der Sportschulen

Sportschulen bestehen in der UdSSR seit über zwanzig Jahren. Die beste Schule wird bei den Landesmeisterschaften ermittelt, die alle zwei Jahre durchgeführt werden. Unter den Turnierteilnehmern befinden sich viele junge Schachspieler, denen die Kämpfe um den „Weißen Turm" eine gute Schule war.

2.4. Die Landesspartakiaden der Schüler

Diese Wettkämpfe stellen eine Art Leistungsschau über die schachliche Arbeit mit den Schülern in den Unionsrepubliken sowie in Moskau und Leningrad dar. An diesen Kämpfen nehmen die besten Schachspieler teil, die über eine vieljährige Erfahrung durch das Spielen in starkbesetzten Kinderturnieren (und mitunter in denen der Erwachsenen) verfügen.

2.5. Die Jugendmeisterschaft der UdSSR

Diese Turniere werden alljährlich in den Januarferien ausgetragen. Der Kampf verläuft hier sehr scharf, nehmen doch an den Wettkämpfen nur die Sieger und Preisträger der Republikmeisterschaften teil. Je talentierter ein junger Schachspieler ist, desto früher gelangt er erfahrungsgemäß in den Kreis der Teilnahmeberechtigten an der UdSSR-Meisterschaft. Die Praxis zeigt, daß sich den Siegern der Jugendmeisterschaften der direkte Weg zu großen Schacherfolgen auftut.

So gesehen, ermöglicht der pyramidenförmige Aufbau der Kinder- und Jugendwettkämpfe, talentierte Schachspieler zuverlässig zu sichten.

3. Die Ausbildung der Kindertrainer

Aus den vorangegangenen Abschnitten wird klar, daß für die erfolgreiche Arbeit mit jungen Schachspielern eine ziemlich große Anzahl von Kindertrainern notwendig ist. Und diese stehen in ausreichender Anzahl zur Verfügung. Als Trainer in den Kindersektionen arbeiten Schachpraktiker: erfahrene Spieler mit der Leistungsklasse 1 in den Pionierhäusern, Meisteranwärter und Meister in den Sportschulen. Außerdem werden an den öffentlichen Universitäten für Schachkultur bei den Republikverbänden Trainer ausgebildet. Wer als Trainer arbeiten möchte, belegt einen Jahreskurs in einer Abendschule und erwirbt danach ein entsprechendes Diplom. In den Lehrveranstaltungen an den öffentlichen Universitäten für Schachkultur werden nicht nur rein schachliche Fragen behandelt, sondern auch organisatorische, pädagogische und andere Aspekte der Trainertätigkeit. Die Trainer gehen in der Regel selbst in die allgemeinbildenden Schulen, agitieren und werben, um die Kinder für ihre Sektionen zu gewinnen – „Wenn der Berg nicht zum Propheten kommen will, muß der Prophet zum Berge gehen."

3.1. Spezialrichtung Schach an den Instituten für Körperkultur

Die Idee einer Hochschulausbildung im Schach wurde bereits in den dreißiger Jahren geboren, sie zu realisieren gelang jedoch erst 1966, als eine Spezialausbildung Schach am Zentralinstitut für Körperkultur in Moskau eröffnet wurde. Seit dieser Zeit werden alljährlich 15 Studenten in diese Fakultät aufgenommen, und in den Folgejahren sind solche Ausbildungsrichtungen bereits an 7 Sporthochschulen des Sowjetlandes eingeführt worden. Auf diese Weise nehmen jedes Jahr etwa hundert diplomierte Trainer ihre Arbeit in den Kinderschachsektionen auf.

Während des Studiums werden den Schachstudenten grundlegende Kenntnisse in der allgemeinen Theorie der Körperkultur und des Sports vermittelt, erhalten sie eine Ausbildung in den medizinisch-biologischen Disziplinen, in Theorie und Praxis der einzelnen Sportarten. Große Aufmerksamkeit wird den gesellschaftswissenschaftlichen Disziplinen sowie auch der Pädagogik und der Organisation der praktischen Trainerarbeit gewidmet. Natürlich enthalten die Lehrpläne auch ein umfangreiches Ausbildungsprogramm im Schach, z. B. zur Eröffnungstheorie, zum Mittelspiel und zum Endspiel, zur praktischen Vervollkommnung der Studenten in Turnieren verschiedener Stärke, zum Studium der Schachgeschichte. Einen besonderen Platz nehmen Fragen der Methodik im Schachunterricht mit Kindern und die unmittelbare Trainertätigkeit in den Schachsportschulen ein.

In der Zukunft wird es mit Hilfe der Schachfakultäten der Institute (deren Netz ständig erweitert wird) möglich sein, das Problem der Ausbildung von Kindertrainern für die Schachsektionen der Pionierpaläste und Sportschulen zu lösen.

3.2. Die Hochschule für Schachtrainer

1983 wurde an der Hochschule für Trainer am Zentralinstitut für Körperkultur in Moskau die Fakultät Schach eröffnet. In diese Fakultät werden Trainer aufgenommen, die sich in der praktischen Arbeit bewährt haben, einen Hochschulabschluß und den Titel Meister des Sports besitzen.

Ziel der Hochschule ist es, die Qualifikation der praktisch tätigen Trainer zu erhöhen und ihnen die neusten Erkenntnisse der Sportwissenschaft zu vermitteln sowie die gesammelten Erfahrungen zu den verschiedenen Fragen der Theorie und Praxis des Schachs zu verallgemeinern. Während des zweijährigen Studiums werden die an der Hochschule für Trainer Immatrikulierten nach individuellen Plänen betreut, leisten ein Praktikum in der Oberliga der UdSSR bei den besten Trainern des Landes ab, verfassen Abhandlungen und halten Referate.

Die Aufnahme in die Hochschule für Trainer geschieht auf Beschluß des Kollegiums beim Sportkomitee der UdSSR.

4. Literatur

Eine gute Organisation des Schachunterrichts für Kinder

ist ohne entsprechende Lehrprogramme, methodische Materialien, Lehrbücher und andere Schachbücher nicht möglich. In der UdSSR wird diesen Fragen besondere Aufmerksamkeit gewidmet.

4.1. Lehrprogramme

Das erste Lehrprogramm für Schach erschien 1931. Sein Verfasser war J. R. Rochlin. Inzwischen sind bereits dreizehn Auflagen erschienen (1986). Jedes Lehrprogramm spiegelte den jeweiligen Entwicklungsstand der sowjetischen Methodik des Schachunterrichts wider. Besonders die zwei letzten Ausgaben der Lehrprogramme für Kinderschachsektionen (1977 und 1986) sind so aufgebaut, daß nicht nur eine schrittweise Vermittlung aller Grundlagen der Schachtheorie vorgesehen ist, sondern die Schüler auch das Wichtigste aus der Schachgeschichte kennenlernen und außerdem in die Wettkampf- und Schiedsrichterpraxis eingeführt werden. Für jeden Teil dieses Lehrprogramms erscheint eine spezielle methodische Anleitung, in der eine stundenmäßige Aufgliederung aller Themen enthalten ist.

4.2. Methodisches Lehrmaterial

Als Autoren der Lehrmaterialien für Trainer zeichnen die besten sowjetischen Schachmethdiker und -pädagogen ver-

antwortlich. Zu ihnen zählen P. Romanowski, W. Sak, I. Boleslawski, I. Maiselis, A. Koblenz, A. Kotow, A. Suetin und viele andere Autoren. Jede methodische Anleitung behandelt tiefgründig den jeweiligen Theoriebereich, gibt Empfehlungen zur Aneignung der Grundkenntnisse, führt konkrete Lehrbeispiele aus Partien der Großmeister und Meister an. Solche Lehrmaterialien erleichtern den Kindertrainern das Suchen der nötigen Musterbeispiele aus der Turnierpraxis.

4.3. Lehrbücher

Für Schachanfänger, die Selbstunterricht betreiben, werden in der Sowjetunion ständig Schachlehrbücher herausgegeben. Allein im Zentralverlag „Fiskultura i sport" erschienen über 50 Publikationen dieser Art, Übersetzungen inbegriffen. So wurden zum Beispiel die Lehrbücher von Lasker, Capablanca, Nimzowitsch, Réti und Euwe übersetzt und in sehr hohen Auflagen veröffentlicht. Von den zeitgenössischen Autoren kann man die Werke von J. Awerbach und M. Beilin („Lerne Schach selbst", „Reise in das Königreich des Schachs"), D. Bronstein („Erlerne das Schachspiel selbst"), M. Judowitsch („Unterhaltsames Schach"), B. Chenkin („Wohin der König geht"),

W. Nowopaschin („Lerne das Schachspiel kennen") usw. als recht erfolgreich bezeichnen.

4.4. Partiesammlungen und Monographien

Den Hauptteil der herausgegebenen Schachliteratur bestreiten Turnierbücher, Partiesammlungen hervorragender Schachspieler, Monographien über Eröffnungen und Endspiele sowie Bücher über Schachkompositionen. Jährlich erscheinen in der UdSSR bis zu 50 Schachbücher.
Es ist für den Trainer nicht leicht, sich in diesem Literaturstrom zu orientieren, aber dafür besitzt er unerschöpfliche Möglichkeiten, seinen Schülern die Schachgesetze anhand der besten Partien bekannter Schachspieler der Vergangenheit und Gegenwart zu veranschaulichen.

Abschließende Bemerkung

In der UdSSR ist die Organisation und Ausbildungsmethodik junger Schachspieler ein Teil des sowjetischen Systems der Körpererziehung der Bevölkerung, das in der staatlichen Politik auf dem Gebiet der Körperkultur und des Sports begründet ist. Dadurch werden auch die Erfolge der sowjetischen Schachschule gewährleistet und der ständige Zustrom talentierter Sportler, Trainer und Organisatoren zum Schachsport gesichert.

95. Wie man einen Schachzirkel in der Schule organisiert

Schach vereinigt in sich nicht nur Elemente des Sports, der Wissenschaft und Kunst, entwickelt nicht nur den Willen, das Gedächtnis und das logische Denken, sondern bereitet auch den Boden für künstlerisches Schaffen sowie für sportliche Leistungen und dient als wichtiger kultureller und erzieherischer Faktor bei der Lösung der Frage einer sinnvollen Freizeitgestaltung unserer Kinder.
Kinder lieben das Schachspiel sehr. Die Zauberwelt der Kombinationen, das sportliche Wagnis, das stolze Gefühl, Schacharmeen zu befehligen – all das macht das alte Spiel für die Kinder anziehend. Deshalb bereitet ihnen die Beschäftigung im Schachzirkel ein solches Vergnügen, besonders wenn ihre Mitschüler und ihr Lieblingslehrer dabei sind. Gewöhnlich ist es ziemlich einfach, Schüler zu gewinnen, die am Schachzirkel teilnehmen möchten. Selbstgefertigte Anschläge und Bekanntmachungen informieren über den Beginn der Aufnahme in den Zirkel. Zu diesem Zweck kann auch der Schulfunk eingesetzt werden, und die aktivsten Schüler des künftigen Zirkels können durch die Klassen gehen und von ihrem Vorhaben

berichten. Ein Simultanspiel bildet in der Regel den Abschluß der organisatorischen Periode bei der Gründung des Zirkels. Wenn übrigens für diese feierliche Veranstaltung keine Schachspiele vorhanden sind, können diese von zu Hause mitgebracht werden.

Erfahrungsgemäß möchten die Kinder dem Schulschachzirkel beitreten, die im Schachspiel die ersten Schritte machen. Qualifiziertere Spieler, etwa von der Leistungsklasse 3 aufwärts, besuchen gewöhnlich die Sektionen der Pionierhäuser und Sportschulen. Verständlicherweise müssen sich jedoch auch Schüler, die einer Leistungsklasse angehören, zur Arbeit des Schulzirkels hingezogen fühlen, an großen Veranstaltungen teilnehmen und konkrete Aufträge übernehmen.

Ebenfalls sehr wünschenswert ist es, daß jedes Mitglied kleine Aufträge übernimmt, z. B. ein Turnier in der Klasse durchführen, einem Schulkamerad die Spielregeln erklären, einen Bericht über ein gelesenes Schachspiel geben, eine in einer Zeitung abgedruckte Partie auswählen und mit eigenen Worten den Sinn der Züge beider Spieler erläutern, und Aufträge ähnlicher Art. Wenn die Kräfte der Zirkelteilnehmer wachsen und, was die Hauptsache ist, alle sich einsetzen, wird das schachliche Klima schöpferischer, interessanter.

Das führt in erster Linie zu einer Festigung des Kinderkollektivs. In dieser Hinsicht sind gemeinsame Vorhaben der Zirkelteilnehmer, wie die Durchführung der Schulmeisterschaft, sehr wichtig. Für ein solches Turnier müssen die Zirkelteilnehmer frühzeitig Vorbereitungen treffen, die Aufgaben sind zu verteilen und der Freundschaftsrat zur Unterstützung zu gewinnen. Neben anderen interessanten Veranstaltungen sind die Durchführung eines Schachquiz oder ein Simultanspiel bei einem Schülerabend bzw. eine Vorführung „Lebendes Schachspiel" in Betracht zu ziehen. Die Kinder lieben auch ein kollektives Fernschachspiel gegen einen Schulschachzirkel aus einer anderen Stadt und Freundschaftskämpfe mit benachbarten Schulen.

Sehr gut ist es, im Zirkel eine eigene Wandzeitung zu gestalten, eine Schachecke einzurichten. Und vergessen darf man nicht, daß alle Veranstaltungen des Zirkels einen würdigen Abschluß finden. Turnierergebnisse sind unbedingt bekanntzugeben, die Erfolge der besten Spieler hervorzuheben.

Die Erfahrung beweist, daß in den Schulen, wo begeisterte Lehrer wirken, die Arbeit des

Schachzirkels sehr gute Früchte trägt. Auch ein ständiger Raum für den Klub muß vorhanden sein, das notwendige Inventar und ein Elternaktiv. Und was die Hauptsache ist – die Kinder selbst müssen begeistert werden für das „königliche Spiel"!

96. Wie man den Schachunterricht durchführt

Die Tätigkeit des Schulschachzirkels wird durch instruktive Materialien des Ministeriums für Volksbildung der UdSSR geregelt. Die vorgesehenen Lehrprogramme beziehen sich auf 2 bis 3 Unterrichtsstunden pro Woche, aber es ist natürlich möglich, von diesem Schema abzuweichen. Jeder Unterricht besteht gewöhnlich aus einem theoretischen und einem praktischen Teil. Im theoretischen Teil vermittelt der Zirkelleiter Grundkenntnisse in der Eröffnung, dem Mittelspiel oder dem Endspiel; der praktische Teil umfaßt das Lösen von Kombinationen, Studien und Problemen, das Spiel der Zirkelteilnehmer untereinander in Qualifikationsturnieren, die Analyse der von den Kindern gespielten Partien mit Hilfe des Zirkelleiters.

Hier nun ein Aufbau einer theoretischen Unterweisung als Musterbeispiel. Als

„schachliches Aufwärmen" wird am Demonstrationsbrett ein leichtes, aber interessantes Beispiel dargeboten (Studie, Schachaufgabe, Fragment einer Partie). Für die Lösung sind nicht mehr als 3 bis 5 Minuten vorzusehen. Danach werden die Hausaufgaben kontrolliert und der theoretische Stoff erklärt. Beendet wird die Unterrichtsstunde mit der Bekanntgabe der Ergebnisse und dem Stellen der Hausaufgabe (selbständige Lösung einer Studie). Oft führt man anstelle der Erklärung des theoretischen Stoffes einen Wettbewerb im Finden von Kombinationen durch oder wählt Partien von irgendeinem Großmeister- (oder Kinder-!) Turnier aus. Eine interessante Unterrichtsform kann das Spiel „Prüfe Dich selbst" sein: Der Übungsleiter führt am Demonstrationsbrett Züge aus einer speziell ausgewählten Partie vor, aber beispielsweise nur die mit den schwarzen Steinen. Die Kinder sollen nun selbständig die Antwortzüge von Weiß finden und sie stillschweigend in ihre Hefte schreiben. Nach einer Minute zeigt der Leiter am Demonstrationsbrett den tatsächlichen Zug von Weiß in der Partie. Für jeden richtigen Zug werden entsprechende Punkte gegeben. Nach Beendigung der Partie erhalten die Kinder Noten für die erreichte

Punktzahl, werden die Ergebnisse angeführt und die Sieger belohnt.

Überhaupt erweist sich im Unterricht eine spielerische Methode als sehr produktiv. Zum Beispiel ist es beim Erlernen der Schachnotation eine gute Methode, mit dem Spiel „Schiffe versenken" zu beginnen und dabei dann das lateinische Alphabet und Schachfiguren anstelle der Schiffe zu verwenden. Kinder haben es auch gern, wenn man sie paarweise zum Demonstrationsbrett kommen läßt und sie auffordert, eine konkrete Stellung zu spielen. Dazu eignet sich sehr gut das Thema „Mattführung des alleinigen Königs", verschiedene andere Endspielverfahren usw.

Die Vorbereitung auf den Unterricht wird wesentlich erleichtert, wenn der Leiter für sich einen kurzen Entwurf anfertigt und einen Stoffplan für die zeitliche Behandlung des ganzen Themas besitzt. Jedes der obenangeführten Themen (Nr. 1–93) entspricht dem konkreten Teil des Lehrprogramms (siehe Nr. 101). Der Leiter kann sich, entsprechend den konkreten Bedingungen, ohne weiteres ein ihm geeignetes Schema für die Darbietung des Lehrprogrammstoffes auswählen.

Die Analyse der gespielten Partien ist eine der Hauptformen zur Vervollkommnung eines Schachspielers. Deshalb sollte der Zirkelleiter die Kinder zum Aufschreiben der Partien erziehen und sie danach analysieren lassen. Während der Qualifikationsturniere enden die Partien gewöhnlich rasch, so daß der Leiter einen Teil davon auswählen und jeweils mit den beiden Kontrahenten besprechen kann.

97. Wie man ein Schachturnier ausrichtet

Die Turnierleitung richtet sich bei Schachwettkämpfen nach den offiziellen Spielregeln. Nachstehend die Hauptpunkte für die Durchführung von Schülerschachturnieren: Benennung des Hauptschiedsrichters; Aufstellung der Teilnehmerliste; Bestätigung der Turnierordnung; Auslosung; Rundenverlauf; Führung der Turniertabelle; Bekanntgabe der Turnierergebnisse; Siegerehrung.

Die wesentlichsten Prinzipien für die Leitung von Schülerturnieren:

Der Hauptschiedsrichter ist für die Einhaltung der Disziplin der Teilnehmer verantwortlich. Damit die Partien streng nach der Ansetzung der Runden gespielt werden, darf es nur wenige Hängepartien geben. Vor Beginn der letzten Runde müssen alle Hängepartien beendet sein.

Während der Runde dürfen sich die Teilnehmer nicht miteinander unterhalten. Das Spiel ist streng nach den Regeln zu führen, Herumlaufen ist untersagt, die Regel „Berührt – geführt" gilt es unbedingt einzuhalten.

Handelt es sich um ein Qualifikationsturnier zur Erreichung der Leistungsstufe 3, so müssen die Teilnehmer ihre Partien aufschreiben und nach Beendigung der Partie beim Kampfrichter abgeben. In solchen Turnieren ist die Verwendung von Schachuhren Bedingung.

Nach Beendigung des Turniers verkündet der Hauptschiedsrichter die Ergebnisse, führt die Siegerehrung durch und stellt die Bescheinigung für die erreichte Leistungsklasse aus.

98. Wie eine Turniertabelle aufzustellen ist

Es gibt verschiedene Systeme für die Durchführung von Schachwettkämpfen, aber das

Nr. Name	1	2	3	4	5	6	7	8	9	10	11	12	Punkte	Platz
1.	×													
2.		×												
3.			×											
4.				×										
5.					×									
6.						×								
7.							×							
8.								×						
9.									×					
10.										×				
11.											×			
12.												×		

verbreitetste ist das Runden-system. In ihm treffen alle Teil-nehmer aufeinander. Die Rei-henfolge der Paarungen und die Farbe der Figuren werden nach speziellen Tabellen be-stimmt, die im Schachregel-werk enthalten sind.

Darüber hinaus sollte der Zir-kelleiter das einfachste System für die Aufstellung einer Tur-niertabelle kennen.

So sieht eine Tabelle nach der Auslosung aus. Die Paarungen für jede Runde werden nach der Methode der „mechani-schen Annäherung" zusam-mengestellt. Dabei sind einige Gesetzmäßigkeiten der Tabelle (s. unten) zu beachten: Die Teilnehmer, die in der oberen Tabellenhälfte angeführt sind, spielen eine Partie mehr mit den weißen Steinen; der letzte Teilnehmer mit der geraden Zahl spielt mit Schwarz gegen alle oberen Nummern (hier gegen 1–6) und mit Weiß ge-gen alle unteren (hier 7–11); die Farbe der Steine wird nach der Unterschiedlichkeit der Nummern bestimmt: bei unge-raden Zahlen hat die geringere Zahl die weißen Steine; bei geraden Zahlen die geringere die schwarzen Steine; falls die Anzahl der Turnierteilnehmer eine ungerade Zahl ist (z. B. elf), so bleibt die Paarungsta-belle in der Reihenfolge wie vorher, aber der jeweilige Geg-ner der letzten geraden Zahl (in diesem Falle sind es alle Gegner der Nummer zwölf) ist in jeder Runde spielfrei.

  1. Runde: 1–(12), 2–11, 3–10, 4–9, 5–8, 6–7
  2. Runde: 1–2, 11–3, 10–4, 9–5, 8–6, (12)–7
  3. Runde: 3–1, 4–11, 5–10, 6–9, 7–8, 2–(12)
  4. Runde: 1–4, 2–3, 11–5, 10–6, 9–7, (12)–8
  5. Runde: 5–1, 4–2, 6–11, 7–10, 8–9, 3–(12)
  6. Runde: 1–6, 2–5, 3–4, 11–7, 10–8, (12)–9
  7. Runde: 7–1, 6–2, 5–3, 8–11, 9–10, 4–(12)
  8. Runde: 1–8, 2–7, 3–6, 4–5, 11–9, (12)–10
  9. Runde: 9–1, 8–2, 7–3, 6–4, 10–11, 5–(12)
 10. Runde: 1–10, 2–9, 3–8, 4–7, 5–6, (12)–11
 11. Runde: 11–1, 10–2, 9–3, 8–4, 7–5, 6–(12)

In ähnlicher Weise werden die Paarungstabellen für jede be-liebige Anzahl von Teilneh-mern aufgestellt.

99. Wie das Schulturnier um den Preis des Klubs „Weißer Turm" organisiert wird

Eine der interessantesten Veranstaltungen des Schulschachzirkels können die Wettkämpfe des Klubs „Weißer Turm" sein. An diesem Massenturnier der jungen Schachspieler darf jede Schulmannschaft, die sich aus 5 Schülern der siebenten Klassen zusammensetzt, teilnehmen. Der „Weiße Turm" erfreut sich bei den Kindern großer Beliebtheit. Manche Schulen nehmen an diesen Turnieren Jahr für Jahr teil und füllen ihre Mannschaft ständig durch den Nachwuchs auf.

Die Wettkämpfe des Klubs „Weißer Turm" umfassen fünf Etappen: Schule, Kreis, Bezirk, Unionsrepublik, Land. Die erste Etappe ist die wichtigste, formt sich doch hier die Schulmannschaft und bilden sich die Traditionen des kleinen Kollektivs heraus. Hier einige Auszüge aus der Turnierausschreibung:

– Das Landesturnier der Pionierfreundschaften wird alljährlich zur Popularisierung des Schachs unter den Pionieren und zur regelmäßigen Teilnahme der Schüler am Schachunterricht durchgeführt;

– die Wettkämpfe der ersten Etappe leitet der Freundschaftsrat zusammen mit dem Hauptpionierleiter und einem Lehrer der Schule; zu einer Mannschaft gehören vier Jungen und ein Mädchen – Schüler der Klassen 3 bis 7 einer Schule;

– der Mannschaftskapitän wird aus den Reihen der Mannschaftsmitglieder bestimmt;

– ein Pionierleiter oder ein Pädagoge betreut die Mannschaft; auf der ersten Etappe werden die stärksten Schachspieler der Pionierfreundschaft ermittelt und die Mannschaft danach aufgestellt;

– die Wettkämpfe der ersten Etappe werden in den Schulen im September/Oktober ausgetragen;

– die Siegermannschaft der ersten Etappe sowie die besten Organisatoren (Pioniere, Pionierleiter, Lehrer) werden mit entsprechenden Diplomen und die Mannschaftsmitglieder und Organisatoren mit Urkunden ausgezeichnet.

Mit der Entscheidung, am Turnier „Weißer Turm" teilzunehmen, übernimmt der Schulschachzirkel eine verantwortliche Aufgabe. Konkrete Aufgaben sind: Aushänge anfertigen und alle Klassen über den bevorstehenden Wettkampf informieren; die Turnierausschreibung ihrer Freundschaft abfassen; Anmeldungen von denen einsammeln, die am Turnier teilnehmen möchten; Urkunden für die künftigen Sieger vorbereiten; die Spieltermine der folgenden Etappe des Turniers „Weißer Turm" (Kreis- oder Stadtebene) beachten, damit die Teilnahmemeldung rechtzeitig abgegeben wird.

Die Meisterschaft der Pionierfreundschaft kann entweder als Einzel- oder als Mannschaftsturnier durchgeführt werden. An der Einzelmeisterschaft können alle Pioniere teilnehmen, die Mannschaft wird dann nach den Turnierergebnissen aufgestellt. Wenn beschlossen wird, die Freundschaftsmeisterschaft als Mannschaftsturnier durchzuführen, dann sind erst die Meisterschaften der Pioniergruppen auszutragen, und danach kämpfen die Auswahlmannschaften der Gruppen untereinander.

In Schulen, wo das Schachspiel zum Lieblingssport der Kinder geworden ist, nehmen viele an der Meisterschaft teil, so daß sogar Vor- und Finalkämpfe angesetzt werden müssen. Wo sich in Schulen feste Schachtraditionen ausgebildet haben, gehen die Turniere um den „Weißen Turm" gewöhnlich auf zwei Ebenen vor sich. In dem einen wird die Haupt-

schulmannschaft ermittelt, die in der nächsten Etappe gegen die Mannschaften der anderen Schulen kämpft. In der Regel setzt sich diese Auswahl aus Kindern der Klassen 6 und 7 zusammen. Im zweiten Turnier spielen die jungen Schachsportler der Klassen 3 bis 5. Die besten Spieler von ihnen bilden die zweite Auswahlmannschaft, die mit den älteren Schülern trainiert und sich so auf die kommenden Kämpfe vorbereitet.

Die Erfahrung beweist, daß in den Wettkämpfen um den „Weißen Turm" alle Pioniergruppen der Freundschaft teilnehmen können.

100. Wie das Blitzturnier „Weiß–Schwarz" durchgeführt werden kann

Für den Schulschachzirkel lassen sich viele interessante Veranstaltungen ausdenken. Bei den Kindern sind vor allem Blitzpartien sehr beliebt, da diese Spielform zu einer raschen Orientierung in einer Stellung und zur schnellen Entscheidungsfindung erzieht und auch das taktische Sehvermögen entwickelt. Von Bedeutung ist auch die Fähigkeit, das konkrete Schachwissen anzuwenden. Allerdings darf man die Begeisterung für das Blitzspiel nicht übermäßig fördern. Bei Neulingen kann es zur Oberflächlichkeit verführen, zum „Abräumen der Figuren", wie erfahrene Trainer sagen. Deshalb müssen Blitzschachturniere im Schachzirkel unter Aufsicht des Leiters durchgeführt werden, denn seine Ratschläge und Bemerkungen nach Beendigung der Partien können den jungen Schachspielern viel geben.

Es gibt eine sehr einfache und bequeme Form zur Durchführung von Turnieren im Blitzschach ohne die Verwendung von Schachuhren. Früher spielten sogar Meister nach diesem System, Neulingen macht es viel Spaß und ist von großem Nutzen. Dieses System wird „Weiß–Schwarz" genannt. Seine Besonderheit liegt darin, daß für jeden Zug 5 Sekunden zur Verfügung stehen: der die Zeit überwachende Kampfrichter ruft „Weiß", und alle Turnierteilnehmer, die mit den weißen Steinen spielen, führen den Zug gleichzeitig aus; danach sagt der Kampfrichter „Schwarz", und die Spieler der schwarzen Steine ziehen. Diese Prozedur dauert zehn Minuten, unbeendete Partien werden nach dem vorhandenen Figurenmaterial abgeschätzt (Materialübergewicht ohne sichtbare Kompensation des Gegners bedeutet Gewinn). Bei „Weiß–Schwarz" darf kein Zug ausgelassen werden. Ein nichtausgeführter Zug gilt als Niederlage.

Nach einigen Trainingspartien haben sich die Kinder an die Besonderheiten des Spiels „Weiß–Schwarz" gewöhnt und kommen mit dem schnellen Tempo zurecht. Solche Blitzturniere werden gewöhnlich im Zirkelunterricht durchgeführt. Wenn man diese Wettkämpfe mit besonderen Ereignissen des Zirkellebens verbindet, werden solche Veranstaltungen zu Höhepunkten, und die Kinder erwarten sie ungeduldig.

101. Programme und Lehrpläne des Schachzirkels

Die Ausbildung der Schachspieler für die Leistungsklassen 4 und 3 im Schulschachzirkel wird durch bewährte Programme geregelt, in denen die Möglichkeit vorgesehen ist, entsprechend der spezifischen Bedingungen der Schachzirkel Änderungen und Ergänzungen vorzunehmen.

Programm der LKl 4

Entwicklungsgeschichte des Schachs: Entstehung des Schachspiels; Legende von dem König und dem Weisen; Verbreitung des Schachspiels im Osten.
Schachregelwerk: Einfache Kenntnisse über das System

Nr.	Bezeichnung des Themas	Stundenzahl		
		Theoretische Unterweisung	Praktische Unterweisung	Insgesamt
1.	Entwicklungsgeschichte des Schachs	6	—	6
2.	Schachregelwerk	1	—	1
3.	Grundlagen des Schachspiels	5	5	10
4.	Taktik	10	10	20
5.	Strategie	3	3	6
6.	Endspiel	6	6	12
7.	Eröffnung	2	—	2
8.	Klassifizierungswettkämpfe, Partieanalysen, Analysen typischer Stellungen	—	66	66
9.	Simultanspiele	—	10	10
10.	Lösungswettbewerbe, Aufgaben, Studien, Finden von Kombinationen	1	10	11
	Insgesamt:	34	110	144

der Schachwettkämpfe; Turnierregeln; Regel „Berührt – geführt!"

Grundlagen des Schachspiels: Notation; Aufzeichnung der Partien; Umwandlungsregel des Bauern; Schlagen im Vorübergehen, Rochade; Matt; Remis; Patt; ewiges Schach; relativer Wert der Figuren; Schwer- und Leichtfiguren; Mattführung mit unterschiedlichen Figuren; Zentrum und Flügel; Eröffnung, Mittelspiel, Endspiel, Begriffsbestimmung.

Taktik: Definition von Taktik und Kombination; taktische Grundverfahren: Fesselung, Doppelangriff, Abzugsschach; Ablenkung; Hinlenkung; Kombination mit dem Motiv ersticktes Matt; Ausnutzung der Schwäche der Grundreihe; Zerstörung der Bauerndekkung; Feldräumung; Linien; Überdeckungen; Blockade; Bauernumwandlung; Überlastung; Vernichtung der Verteidigung.

Strategie: Definition der Strategie; Prinzipien zur Realisierung eines Materialvorteils; vereinfachte Prinzipien für die Mittelspielführung (zweckmäßige Figurenentwicklung, Mobilisierung der Streitkräfte, Wahl des Planes, Festlegung der nächsten und nachfolgenden Aufgaben); Zentralisierung.

Endspiel: Definition des Endspiels; die Rolle des Königs im Endspiel; Bedeutung der Figurenaktivität im Endspiel; Bauernendspiele: König und Bauer gegen König, Regel des Quadrats, Opposition, Zugzwang, König und Bauer gegen König und Bauern, der entfernte Freibauer, der gedeckte Freibauer, Dreieck, Bauerndurchbruch, Dame gegen Bauer; Turmendspiele: König, Turm und Randbauer gegen König und Turm; Tarraschs Prinzip (Turm hinter den Bauern); die Stellung Philidors; „Brückenbau".

Eröffnung: die Eröffnung als vorbereitendes Stadium für das Mittelspiel; Einfluß der Eröffnung auf das Mittelspiel;

Stoffplan für die Ausbildung von Schachspielern der Leistungsklasse 3

Nr.	Bezeichnung des Themas	Stundenzahl		
		Theoretische Unterweisung	Praktische Unterweisung	Insgesamt
1.	Entwicklungsgeschichte des Schachs	14	—	14
2.	Klassifizierungssystem, Leitung und Organisation von Wettkämpfen	2	—	2
3.	Taktik	15	15	30
4.	Strategie	7	7	14
5.	Endspiel	7	8	15
6.	Eröffnung	8	—	8
7.	Klassifizierungswettkämpfe, Analyse gespielter Partien und typischer Stellungen	—	84	84
8.	Konsultationspartien	—	12	12
9.	Simultanspiele	—	12	12
10.	Wettbewerbe in der Lösung von Aufgaben, Studien und im Finden von Kombinationen	—	9	9
11.	Blitzturniere	—	16	16
	Insgesamt:	53	163	216

Klassifizierung der Eröffnungen; Grundprinzipien der Eröffnungsführung; Grundideen der Italienischen Partie.

Klassifizierungswettkämpfe, Analyse gespielter Partien und typischer Stellungen: Teilnahme der jungen Schachspieler an Klassifizierungswettkämpfen; Auswahl von gespielten Partien gemeinsam mit dem Zirkelleiter.

Simultanspiele: Durchführung von Simultanspielen mit dem Zirkelleiter mit anschließender Analyse der Partien.

Wettbewerbe in der Lösung von Schachaufgaben, Studien und im Finden von Kombinationen: Begriffsbestimmung der Schachkomposition; Regeln für die Durchführung von Wettbewerben.

Programm der LKl 3

Entwicklungsgeschichte des Schachs: die Weltmeister.

Klassifizierungssystem, Leitung und Organisation der Wettkämpfe: Grundlagen der Leitung und Organisation von Schachwettkämpfen um den Preis des Klubs „Weißer Turm".

Taktik: Angriff auf den gegnerischen König; das klassische Läuferopfer; der Begriff des Tempos; Angriff auf den nichtrochierten König; Angriff auf den König bei beiderseitig gleicher Rochade; Angriff auf den König bei heterogener

Rochade; Gegenangriff im Zentrum als Antwort auf einen Flankenangriff.

Strategie: Plan des Spiels; Stellungsbewertung; Raumvorteil; Zentrumsproblematik; das geschlossene Bauernzentrum; der Bauernkeil; das bewegliche Bauernzentrum; Bauerndurchbruch im Zentrum und Bildung eines Freibauern; Bauern- und Figurenzentrum; Besetzung des Zentrums von den Flanken; die Rolle des Zentrums bei Flankenoperationen; offene und halboffene Linien; Schwerfiguren auf offenen und halboffenen Linien; Vorposten; Besetzung der siebenten (zweiten) Reihe.

Endspiel: Mattführung mit Läufer und Springer; Bauernendspiele: Übergang ins Bauernendspiel, Endspiele mit Freibauern; eine Leichtfigur gegen Bauern; Läufer und Bauer gegen Läufer; Springer und Bauer gegen Springer; Vergleich der Stärke des Läufers und des Springers im Endspiel; Turmendspiele: Aktivität des Königs und des Turmes, Turm gegen Bauern, Turm und Mittelbauern gegen Turm.

Eröffnung: der Plan in der Eröffnung; Gambite; Begriff der Initiative in der Eröffnung; Bauernopfer in der Eröffnung für Initiative; Grundideen des Evans-Gambits, des Königsgambits, der Schottischen Partie und des Zweispringerspiels im Nachzuge.

Literatur

Awerbach, J. L., u. a.
Die Schachschule. FIS, Moskau, 1976
Awerbach, J. L.
Was man über das Endspiel wissen muß. FIS, Moskau, 1979
Baturinski, W. L., Karpow, A. E.
Auf dem Schacholymp. Sowjetskaja Rossija, 1984
Botwinnik, M. M.
Die Erreichung des Zieles. Molodaja gwardija, Moskau, 1978
Wainschtein, B. S.
Der Denker. FIS, Moskau, 1981
Wassiljew, W.
Das Rätsel Tals. Das zweite „Ich" Petrosjans. FIS, Moskau, 1973
Capablanca, J. R.
Lehrbuch des Schachspiels. Meine Schachkarriere. FIS, Moskau, 1983
Kostjew, A. N.
Der Schachzirkel in der Schule und im Pionierlager. FIS, Moskau, 1980
Kostjew, A. N.
Unterrichtsstunden im Schach. FIS, Moskau, 1984
Kostjew, A. N.
Schachprogramm. Im Sammelband „Programme für außerschulische Betätigungen. Die Sportzirkel." Prosweschtschenie, Moskau, 1986
Kotow, A. A.
Der Edelstein aus dem Ural. Moskau, Sowjetskaja Rossija, 1980
Kotow, A. A.
Alexander Aljechin. FIS, Moskau, 1973
Lasker, E.
Lehrbuch des Schachspiels. FIS, Moskau, 1980
Mednis, E.
Wie man Bobby Fischer besiegt. Progress, Moskau, 1981
Neistadt, J. I.
Der erste Weltmeister. FIS, Moskau, 1971
Panow, W. N.
Capablanca. FIS, Moskau, 1970
Smyslow, W. W.
Auf der Suche nach der Harmonie. FIS, Moskau, 1979
Schachwörterbuch. FIS, Moskau, 1963

Inhalt